NON SOLO FOOTBALL

L'invasione populista nel calcio, nella politica e nel cinema italiano

Federico Zulato

Friends (Amici)
If you've lost your way (Se avete perso la via)
You will find it (La ritroverete)
Again some day (Nuovamente un giorno)
Come down (Scendete)
From your pedestals (Dai vostri piedistalli)
And open your mouths (E aprite le vostre bocche)
That's all (Questo è tutto)
Get right with me... (Chiaritevi con me...)

MARTIN LEE GORE, GET RIGHT WITH ME

IL LIBRO

Che rapporto esiste tra *football,* populismo e cinema? Oggettivo nell'analisi, e pragmatico nelle conclusioni, il pensiero del giovane scrittore Federico ci accompagna alla riscoperta del fenomeno del calcio a partire dalle sue origini, sino a legarlo ai dibattiti politici a noi oggi più vicini e resi pubblici dai *media* nazionali e internazionali.

Scaltro nell'utilizzo delle fonti storiche, il pensiero dell'italiano medio e la sua identità sono stati esposti dall'autore, seguendo un filo logico avente il calcio, la politica e la cinematografia come testimonianze delle diverse stagioni sociali, culturali, politiche ed economiche vissute dal popolo italiano nell'arco del XX e XXI secolo.

Questa breve raccolta d'informazioni, sintetizzate al minimo indispensabile e di facile comprensione, non fanno altro che generare in noi un senso d'impotenza verso una società in continuo mutamento sì, ma tuttora ancorata a idee e preconcetti tutt'altro che di recente acquisizione.

Ancora una volta sarebbero da porsi ulteriori domande alle quali il possibile lettore, durante la decodifica di questo testo, possa rispondere: Il gioco del *football* che ruolo ha avuto sinora nella costruzione delle società occidentali? E gli italiani avranno finalmente imparato dai propri errori commessi nel passato per impedire che, ancora una volta, *leader* di turno traviati, capaci soltanto di fingere di stare temporaneamente dalla parte del popolino, finiscano per esercitare il potere della solita *élite* capitalista estranea alla vita reale del Bel Paese?

SOMMARIO

RINGRAZIAMENTI

Voglio qui personalmente ringraziare i miei docenti universitari, prof. Mirco Melanco e prof. Denis Lotti, per avermi indotto a redigere un testo inerente al cinema, al calcio e al populismo.

Questa mia ricerca, qui esposta, è iniziata ancora a inizio estate del 2021 con la redazione di una prima bozza del mio elaborato finale di triennale presso l'Università di Padova. Questo mio primo tentativo è stato giustamente scartato dal mio relatore, poiché non avente alcun parametro riconducibile a una tesi di triennale in Discipline delle Arti, della Musica e dello Spettacolo.

Ho per cui dovuto mettere da parte i miei scritti iniziali, non rassegnandomi però all'idea di aver buttato via del tempo in un nulla di compiuto. Ho difatti deciso di riprenderli in mano solo a partire dalla fine di Novembre dello stesso anno e approfondirli ulteriormente per realizzare questa mia prima umile, e spero ordinata, essenziale opera.

La ricerca delle fonti e la stesura sono proseguite senza sosta nell'arco dei primi mesi del 2022, seppur con molte difficoltà: il periodo della "terza ondata pandemica" di covid 19, il lavoro di venditore nel weekend, gli impegni musicali andati a rotoli, etc. L'insieme di questi elementi, a cui andrebbe aggiunta la mole di tristezza e di depressione fin qui accumulate, è stato in ultima istanza aggravato dall'improvvisa morte di una persona a me molto cara: la mia cara nonna Ivana.

Il mio grazie più sentito va quindi a lei, alla mia famiglia tutta, a mia madre Marisa, a mio padre Claudio e a tutti gli amici e amiche che in questi lunghi mesi/anni ho in-volontariamente trascurato per compiere questo mio importante primo passo verso il miglioramento del pensiero critico e della comprensione dell'Io in un mondo altamente scompigliato.

INTRODUZIONE

Il libro ha l'intenzione di approfondire ciò che è stato il fenomeno del *football* ripreso dalle macchine da presa e trasmesso nei grandi e piccoli schermi degli Italiani. In particolare, ci si è accorti dell'importanza avuta dal calcio e dal cinema nel plasmare l'identità degli italiani, palesando a più riprese l'oggi temuto sintomo populista.

L'obiettivo principale del percorso qui proposto è il tentare di dimostrare come la demagogia populista, di stampo calcistico e politico, sia riuscita a essere rappresentata nella mente dell'italiano medio anche attraverso la cinematografia; in stretta connessione con la società nella quale noi oggi viviamo.

Nei cinque paragrafi relativi al primo capitolo di questo testo, intitolato *"Le origini del fenomeno calcistico"*, sarà da me fornita una panoramica storica relativa all'origine del gioco del calcio e la sua evoluzione e diffusione tra le grandi masse di persone di tutto il mondo.

Nel primo paragrafo spiegherò sinteticamente come il cosiddetto *football* moderno sia nato ufficialmente nell'Inghilterra Vittoriana il 26 Ottobre 1863. In quel periodo storico ci furono enormi mutazioni sociali ed economiche che favorirono anche la nascita delle prime associazioni e società calcistiche guidate, successivamente, da *leader* capaci di gestire al meglio ogni compito loro affidato, assumendosi il ruolo di *manager* del *club.* Il caso di "Capitani di vascello", quali Herbert Chapman prima e Alex Ferguson poi, hanno reso noi testimonianza delle capacità necessarie per rivestire un incarico di tale prestigio e responsabilità.

Nel secondo paragrafo vi sarà un breve approfondimento storico su come, dall'Impero Britannico, gli inglesi abbiano esportato il calcio nel mercato mondiale e influenzato tutte le civiltà a essi connesse. Si citerà inoltre la commistione presente tra *football* e guerra al momento dello scoppio del primo conflitto mondiale. Dopo la fine del suddetto drammatico periodo, l'acceso populismo e nazionalismo sono cresciuti in Italia, terra fertile per un nuovo "ismo" che avrebbe rivoluzionato il pensiero politico, culturale, sociale ed economico di un'intera generazione.

Nel terzo paragrafo si affronteranno altri temi che in ultima istanza erano stati solo accennati, e cioè della fascistizzazione dell'Italia e dell'utilizzo del calcio come calamita per attrarre glorie e larghi consensi al Duce. Le diverse dittature di stampo fascista hanno tutte avuto l'obiettivo, non secondario, di preparare le menti delle persone all'avvento di una possibile nuova guerra nella quale si avrebbe combattuto per dimostrare i nuovi valori diffusi dai *media* nazionali e dal gioco del pallone: lo spirito di squadra, il culto del corpo, il trionfo personale e quello in nome della propria patria. Questo fu il caso del Nazismo in Germania, del Fascismo in Italia, del Franchismo in Spagna, del governo di Salazar in Portogallo e di molti altri governi autoritari sia capitalisti che comunisti.

Nel quarto paragrafo continuerò con il resoconto del secondo dopoguerra calcistico: un periodo storico nel quale finirono gran parte delle dittature Europee e mondiali, fu riorganizzata la *Fifa* e venne fondata la *UEFA*.

Le diverse tappe storiche, fin qui riportate, ci accompagneranno all'avvento nelle case degli italiani di un nuovo potentissimo *media*: la televisione. I nuovi telespettatori, appassionati di calcio, saranno ancor più coinvolti nella storia dei loro *club* del cuore e alimenteranno un giro d'affari prodotto dalla vendita dei diritti di ritrasmissione delle partite sul piccolo schermo, dal neonato totocalcio e dai trasferimenti, sempre più costosi, di giovani calciatori. Gli eventi italiani non faranno altro che condurci al fenomeno Berlusconi e al suo *Milan* stellato degli anni '80-90.

Nell'ultimo paragrafo del primo capitolo riassumerò, in modo sintetico, il significato di *fan*, *ultrà* o *ultras* in Italia e all'estero. Le tifoserie costituiscono un elemento centrale di questa ricerca, poiché sono state soggetti attivi del populismo; manifestando frenesie, insulti, minacce e azioni violente contro arbitri, giocatori e *supporters* rivali. Episodi mirati di aggressività, mossi non soltanto da mere motivazioni agonistiche, misti a ricordi di tragedie calcistiche storiche, come il *Grande Torino* degli anni '40, hanno contribuito alla creazione dei così definiti "*fandom*". A ciò è conseguita una sacralizzazione del fenomeno sportivo imitando, a diversi livelli, alcuni aspetti della religione e convertendo lo *sport* in *medium* di massa.

Conclusa questa prima parte, nei tre paragrafi del secondo capitolo, intitolato *"Il Populismo"*, cercherò di fornire, come fatto per il calcio, una disamina relativamente all'origine del fenomeno del populismo in Italia, distinguendolo dall'accezione italiana di "popolare". Parola chiave del nostro tempo, il populismo è un fenomeno storico che ha avuto molteplici declinazioni, in un rapporto speciale con la politica, ma non solo.

Concepibile da alcuni studiosi come un'ideologia debole avente un «nucleo forte»[1], il populismo e le sue interpretazioni si sono moltiplicate a tal punto da renderne difficile una sintesi o poterne limitare i confini. Tuttavia esso è possibile definirlo come una mentalità, una *forma mentis* avente dei punti cardine e capace di riconfigurarsi a seconda del contesto nel quale esso si presenti. Il cinema stesso, nella sua dimensione di "Arte Popolare", al momento di rappresentare le masse sul grande schermo, si è intrecciato con una serie di caratteristiche rappresentanti il popolo e con ciò che aggettivamente è definibile come populista: una «parola-elastico»[2] tra le più usate e meno ricche di significato perché troppo piene di accezioni contrastanti.

Nel secondo paragrafo di questo nuovo capitolo si potrà osservare, in breve, come questo tipo di "idioma" sia entrato a far parte anche della sfera politica Italiana negli anni successivi all'acquisizione del *club* calcistico dell'*AC Milan,* il 10 febbraio 1986, da parte del magnate Silvio Berlusconi.

Con la fine politica della così chiamata prima Repubblica Italiana, avvenuta con lo scandalo di Tangentopoli, Berlusconi portò una ventata di aria fresca sul come fare politica. Egli si propose agli italiani come un uomo nuovo, un grande comunicatore e *leader* populista per eccellenza, in un momento storico nel quale non si sapeva più di chi potersi fidare. Dopo aver analizzato i comportamenti e i discorsi tipici del berlusconismo, cercherò di riportare una serie di altri esempi di politici italiani che sono stati protagonisti di questo nuovo secolo per quanto concerne l'uso sfrenato del populismo. Ecco dunque apparire sul piano nazionale diversi nuovi movimenti popolari come il *M5S*, la *Lega* di Matteo Salvini e il nuovo *Partito Democratico* di Matteo Renzi.

Nel terzo paragrafo, per mezzo della "lente del cinema", verranno anatomizzate determinate caratteristiche del populismo che hanno avuto la tendenza di ripetersi nel corso dei decenni in diversi film italiani sin a partire dagli anni Venti del Novecento. Il cinema è stato di fatto utilizzato nel corso del XX secolo come strumento per rappresentare le masse e per far loro provare una forte emotività verso alcuni "soggetti" *leader*, identificandosi in quest'ultimi e creando con essi un legame di profonda vicinanza. Il medesimo divismo si è affermato proprio grazie all'industria cinematografica con conseguenze riscontrabili poi non solo in quest'ambito, ma anche sulla trasformazione della società stessa e sull'agire politico delle persone.

Nel contesto italiano, incrociandosi con ciò che è stato il fenomeno calcistico discusso nel primo capitolo e la sua variopinta rappresentazione sul grande schermo di «tanto calcio nei film»[3], sarà possibile constatare l'effettiva presenza del fenomeno populista tra le tifoserie dei diversi *club* di *football* e l'esaltazione di queste per i propri beniamini calcistici; facendo riaffiorare alcuni tra gli elementi più emblematici di ciò che si pensava fosse stato eliminato a seguito della fine della Seconda Guerra Mondiale: il fascismo. La familiarità con il calcio visto e giocato consentirà al cinema di utilizzare questi rimandi come metafore per raccontare il Bel Paese.

Nel terzo ed ultimo capitolo, riprendendo da dove si era lasciato in sospeso, investigherò, per mezzo dell'analisi filmica, su come il populismo sia entrato a far parte dell'identità italiana rappresentata nella cinematografia popolare di commedia all'italiana. Tra l'enorme quantità di film prodotti nel corso del Novecento, saranno esaminati quattro particolari film topici, rappresentanti la società italiana, aventi il calcio e il fenomeno populista insito in esso come sfondo. Nella disamina delle pellicole, focalizzerò lo sguardo sul contesto storico entro il quale i prodotti audiovisivi sono usciti nelle sale cinematografiche e a ciò che è stato visto nel corso della visione dei film, servendosi, all'evenienza, di opportuni parallelismi con fatti o battute presenti in altri filmati o fatti storici realmente accaduti. Oltre a ciò, saranno ripercorse le vicende dei vari protagonisti, riportando aneddoti degli stessi attori o registi, in merito ai prodotti cinematografici interpretati o girati, e citando eventuali loro espressioni o frasi solo qualora queste fossero utili alla disquisizione delle tematiche poste inizialmente.

CAPITOLO 1 - LE ORIGINI DEL FENOMENO CALCISTICO

1.1 La nascita del *football* Britannico e l'importanza dei *manager*

Nel diciannovesimo secolo ci fu, a seguito della rivoluzione industriale e del progresso scientifico, un interesse maggiore verso le discipline sportive e la cura del benessere fisico a partire dalla Francia[1]. Questo fece sì che il cosiddetto *football* o palla per i piedi, diffusosi prima tra le classi inferiori, entrò ben presto a contatto con le borghesie dell'alta società. Da questa pratica sportiva, caratterizzata da un'accesa competizione, nacque il calcio moderno nei *college*, sebbene questo tipo di *sport* fosse considerato come volgare dai più, tramutandosi poi come "il gioco del popolo", secondo quanto affermato anche da James Walvin nel suo libro[2]. In quei tempi agli operai non era neppure concesso prendere parte a competizioni atletiche, poiché già duramente oberati dal lavoro nelle *factories*.

Ciò che caratterizzò l'inizio del calcio moderno fu la disparità di regole presenti e utilizzate tra un *college* e un altro e solo dal 1862, a seguito della redazione di un primo codice calcistico nel 1857 presso il Trinity College di Cambridge, nacquero i primi *club* non universitari. Ecco pertanto la nascita di società calcistiche come lo *Sheffield Club*, il *Notts County* e molte altre, fino alla datazione del 26 ottobre 1863 con la fondazione del gioco del calcio moderno. In quel distinto giorno si riunirono undici *club* londinesi che uniformarono i regolamenti costituendo successivamente, con il solo uso dei piedi e una minor violenza fisica, la cosiddetta *Football Association*. Da quel momento in poi, i *supporters* di ogni singolo *team* divennero parte integrante della società, partecipando in prima persona da sostenitori economici dei loro beniamini e seguendo, tramite le trasferte, il viaggio delle proprie squadre nelle città o sedi dove avrebbero giocato come ospiti.

Quello che avvenne in quegli anni in Inghilterra fu un evento che aveva dell'inverosimile: le masse operaie, aventi il bisogno di occupare il tempo libero loro lasciato dopo il lavoro[3], decisero di dedicare il fine settimana al seguire o praticare in prima persona lo sport. Tra tutti, fu proprio quello del calcio il cosiddetto *"sport* più umile" e al tempo stesso l'unico capace di attrarre le masse facenti parte di qualunque ceto sociale: trasformando i tifosi in veri e propri *fans*, ovvero fanatici del calcio.

Rispetto al *football*, nell'Inghilterra Vittoriana il *cricket*, il *tennis* e il *rugby* avevano una valenza e un prestigio maggiori. Nelle università di Oxford e Cambridge era di solito necessario avere delle solide tradizioni e delle salde braccia per venir ammessi. Pure la pratica della caccia fu l'attività maggiormente diffusa dell'epoca, specialmente nei salotti borghesi e aristocratici. Questa era praticata nelle terre private dei ricchi, cacciando animali grandi e piccoli allevati/ protetti per lo specifico ruolo di vittime. Nel *fox hunting*[4] vi erano presenti tutti i tratti distintivi dell'attività sportiva dove l'obiettivo consisteva nel catturare una volpe, senza voler però poi consumarne la carne. Nel resoconto fatto dagli uomini alle dame, relativamente alle creature braccate, non si poteva far riferimento alcuno alla volgare e violenta uccisione, bensì al rischio corso per catturare tigri, elefanti, leoni o animali feroci: dimostrando la propria nobile virilità.

In breve tempo il fenomeno calcistico divenne lo sport nazionale invernale per eccellenza, seguendo lo sviluppo di una maggiore democratizzazione della società inglese. Certamente lo *sport* moderno del XVIII secolo ha avuto una spinta dettata dalla civilizzazione progressiva dell'utilizzo del proprio corpo nella volontà di ridurre la violenza fisica e di avere un maggiore autocontrollo e autocoscienza delle proprie azioni. Questo permise, nei secoli precedenti alla nascita del *football*, di diffondere altre tipologie di giochi agonistici come gli *sport* di sala (biliardo), le bische, la pallacorda e i giochi d'azzardo. Inoltre, l'età dei lumi permise di riesumare un'attività sportiva come quella della Ginnastica che venne pure inserita nell'enciclopedia di Diderot e d'Alembert.

Dalla fine del XVIII secolo furono inoltre istituiti in Inghilterra i cosiddetti *clubs*[5]: luoghi di ritrovo dove poter socializzare, riunirsi liberamente e praticare *sport* collettivi o individuali, seguendo una certa organizzazione condivisa; come nel caso dei cricket *club*, oppure dell'ippica. La prima squadra di calcio inglese fondata fu lo *Sheffield Football Club*. Sheffield divenne luogo dove si praticò lo *sport* e dove avvenne l'organizzazione e l'introduzione di nuove regolamentazioni. Tra le svariate norme proposte e testate, si approvarono l'uso iniziale di mani e piedi, un limite massimo di violenza accettata durante il *match*, la modalità di messa in gioco del pallone, le dimensioni del campo e molte altre.

Come già espresso precedentemente, le regole di Cambridge furono il *first step* per poter creare il già citato calcio moderno. Il tutto fu poi approfondito e messo nero su bianco nel 1856 con ulteriori regole e clausole volte a migliorare l'esperienza calcistica. Nel 1863 le norme furono nuovamente aggiornate e accettate da diversi *club* inglesi costituendo, nell'ottobre dello stesso anno, la *Football Organization* con a capo il primo Presidente elettivo, Arthur Pember[6]. Nella *F.A.* ogni *club* partecipante pagava una quota annuale e veniva rappresentato da due membri nell'assemblea che di norma veniva organizzata nel mese di settembre.

Inizialmente gli *handlers e i dribblers* (rugbisti e calciatori) erano assieme all'interno della stessa associazione per poi dividersi alla fine dello stesso anno e permettere così il sorgere del gioco del *rugby football* e il gioco *dell'Association Football*. In seguito avvenne la riformulazione delle diverse regole calcistiche, anche se non furono ancora precisati il numero dei giocatori e la durata dei *match*. Quest'ultimi erano, per il momento, definiti all'inizio di ogni partita tra i rispettivi capitani di squadra. Nel 1873 il numero di squadre partecipanti al *rugby* era ancora maggiore rispetto a quello della *football Association* e non tutti i *clubs* vollero adottare le medesime istanze. In quegli anni, nel 1871, fu inoltre deciso di fondare la *F.A. Cup*[7] o *Coppa d'Inghilterra*: una coppa sul modello della *Cock House Competition*, un torneo a eliminazione diretta disputato tra vari *college* inglesi. Questa competizione, oltre a dividere nuovamente *rugby* ed *F.A.*, favorì l'unificazione delle diverse regole adottate dai *club* calcistici partecipanti, fissando il numero di giocatori a undici con il *goal keeper* e la durata degli incontri a un'ora e trenta minuti[8].

La nuova legge per la riduzione degli orari di lavoro del 1874 riuscì a far ottenere ai lavoratori proletari una piccola diminuzione delle ore lavorative del sabato a sei ore e mezza. Grazie a questa disponibilità di maggior tempo libero, le masse di operai poterono dedicarsi anche alla neonata passione sportiva in fermento. Il tutto venne ulteriormente promosso dal costante e progressivo sviluppo tecnologico, dalla presenza di nuovi mezzi di trasporto pubblici e dalla diffusione delle notizie sportive, con cronache delle partite e risultati trasmessi radiofonicamente in diretta al sabato sera[9].

Nel 20 luglio 1889 la *Football Association* decise di legalizzare l'assunzione di giocatori professionisti presso le proprie squadre con la limitazione del salario recepito e della circolazione dei giocatori tra *clubs.* Queste innovazioni furono dettate anche a seguito della creazione, nell'anno precedente, della *Football League*, un'organizzazione avente all'origine 16 membri. Nel 1892 fu creata una seconda lega, con relativa regolamentazione di passaggio da una *table* all'altra, e nel 1895 fu inoltre creata una *Southern League* inglese costituita esclusivamente da *clubs* professionisti e semi-professionisti provenienti dal sud del Regno Unito.

La crescita avvenne di pari passo con la razionalizzazione e il miglioramento delle regole calcistiche, ove si consideravano le squadre come macchine, i giocatori come pistoni e i tiri come le mazzate. Le innovazioni prodotte da Taylor nell'organizzazione del lavoro nelle fabbriche furono orbene motivo d'ispirazione per l'organizzazione societaria ideale delle squadre calcistiche moderne. Le folle lavoratrici, che presero parte al seguito dei loro *club* beniamini, affluirono costantemente negli stadi o nei *pub* sportivi locali, inducendo un aumento dei consumi di alimentari e di bevande.

Dal 1892, con l'inaugurazione dello stadio di *Goodison Park* dell'*Everton F.C.*, ebbe inizio una fase definita da Paul Dietschy come: «febbre dell'edificazione»[10], cioè la volontà tra i *clubs* di voler edificare maggiormente e ospitare più persone presso i propri stadi, al fine di ottenere un maggior profitto dalla vendita dei biglietti delle partite. Lo stadio, come anche il *pub*, era un luogo di ritrovo sociale, di libertà dalla monotonia e di eccitazione per uno *sport* agonistico. Tale euforia portò i *supporters*, in un secondo momento storico, ad addobbarsi dei colori della propria squadra del cuore, a brandire striscioni e cartelloni di invito a vincere e improvvisare canti e inni all'unisono all'ingresso dei giocatori in campo.

Non passò molto tempo affinché i comportamenti tra tifoserie rivali degenerassero, arrivando al fenomeno dell'hooliganismo a partire dagli anni Ottanta e Novanta dell'Ottocento. Questi soggetti decisero di colpire in prima persona gli arbitri e i giocatori avversari. Fu pertanto necessaria la presenza della polizia negli stadi per proteggere forme di violenza o di aggressione a uno o più attori. I suddetti gesti erano certamente dettati dalla volontà di restaurare una giustizia sportiva equa rispetto ai momenti salienti occorsi nel *match*, estirpando possibili mutazioni o influenze esterne come, ad esempio, l'arbitraggio o le abilità di singoli giocatori rivali.

Diffusosi a livello nazionale, il fascino della nuova disciplina aumentò a dismisura tra gli spettatori, rendendo necessario fare un ulteriore salto di qualità a livello di *governance* e di gestione del mondo del pallone. La serie di cambiamenti sociali ed economici, avvenuti all'interno dell'*UK* tra la fine del diciannovesimo e l'inizio del ventesimo secolo, aumentò le presenze sugli spalti dalle circa 602.000 persone durante la prima stagione calcistica, sino a quasi nove milioni nel 1913[11]. Le squadre calcistiche erano però ancora dei semplici enti sportivi, composti da giocatori considerati come signori dilettanti per il fatto di non accettare alcuna retribuzione.

Nel periodo Vittoriano i giochi di squadra erano appunto visti come lo strumento adatto per impartire lezioni di virtù morali e sociali ai partecipanti. Di conseguenza, molti *clubs* furono fondati senza fini di lucro e pensati come semplici ritrovi tra amici. La pratica del calcio crebbe enormemente, incitando gli adepti a partecipare in prima persona oppure osservarla da spettatori/tifosi, esponenti delle classi popolari. Oltre ai collegi e ai vecchi *club* di *cricket*, decisero di prendere parte alla fondazione di *club* calcistici anche i patronati anglicani e industriali, come il *Bolton Wanderers* e il *West Ham United*.

La diffusione del *football*, partita da Sheffield, riuscì allora a coinvolgere nel giro di poco tempo gran parte della Gran Bretagna secondo il modello "social-diffusionista" di Tranter[12]. Per sintetizzarla, i figli delle classi sociali borghesi, frequentanti i diversi *college* e scuole locali, tornando a casa con il pallone, decisero di continuare a giocare anche in età adulta e formare una serie di squadre. Ciò è sicuramente avvenuto in certi specifici casi, come il *Turton FC* co-fondato da James Kay, un ragazzo che si appassionò al calcio dopo aver giocato con degli operai durante delle vacanze lontano da Harrow. Un altro caso è occorso con la fondazione del *Blackburn Rovers* nel 1874 da parte di due *ex* liceali, John Lewis e Arthur Constantine[13].

Più spesso, invece, la diffusione sociale del calcio avvenne in modo diverso, cioè da coloro che desideravano incoraggiare attività sportive tra lavoratori; come detto anche già in precedenza[14]. Tale fu il caso della nascita, nel 1879, del *Sunderland and District club* grazie allo scozzese James Allan. Un discreto numero di enti erano stati direttamente creati dalle chiese locali, come con il *club* dell'*Everton FC*. Anche i luoghi di lavoro furono un altro possibile luogo d'origine di squadre di *football*, come nel caso del *Newton Heath* (il futuro *Manchester United*), dell'*Aston Villa*, del *Middlesbrough* e molte altre.

La rapida diffusione delle associazioni regionali, composte dai diversi *team*, portò con sé persino la proliferazione di coppe, che si affiancavano a quelle minori e agli eventi di beneficenza nell'elenco dei *match* da disputare nell'arco della *season*. Ciò generò un grande entusiasmo, rispetto al disputare una misera amichevole, ravvivando l'orgoglio campanilistico civico locale.

L'aumento del numero di *clubs* produsse simultaneamente l'effetto di far accrescere addirittura i viaggi impiegati per poter andare a disputare le partite in esterna, dovendo obbligatoriamente sovvenzionare economicamente i giocatori per permettere loro di spostarsi e arrivare a destinazione. Con l'acquisto dei campi da gioco, le proprietà scelsero di far pagare il biglietto ai rispettivi *supporters* e migliorare, di conseguenza, gli impianti sportivi e il terreno su cui ospitare le partite: allestendo nuovi *stand* di ristoro e riservando parti degli spalti esclusivamente ai più ricchi (pagando a un sovrapprezzo il biglietto d'accesso rispetto ai più umili proletari).

Già nel 1880, le regole dell'*F.A.*, che vietavano di pagare i calciatori, furono violate, specialmente in Scozia. Come osservato anche da Dave Russel, non si trattava solo di essere pagati per giocare, ma anche di venir sovvenzionati economicamente per impegnarsi a rinunciare ad altri lavori e dedicarsi esclusivamente al calcio: stabilendosi ufficialmente come calciatori professionisti[15]. Lewis scoprì tre pratiche indicanti la presenza del professionismo nel Lancashire: il mercato di giocatori, l'uso di "ospiti" in prestito, l'induzione e il "bracconaggio" di calciatori delle squadre rivali.

A seguito di un breve lasso di tempo di inutili divieti, il dibattito sulla questione si fece sempre più intenso sino alla data del 1884 e lo scoppio dello scandalo avvenuto nel *club* del *Preston North End* mediante l'utilizzo illegale di giocatori professionisti durante il quarto turno di *F.A. Cup*. Ciò fece bandire il *team* dalla competizione assieme a *Burnley* e *Great Lever*. Dopo più di un anno di indagini, incontri, proposte e controproposte, una *British National Association* separatista, composta da circa 40 *clubs* del nord, pose sotto pressione la *F.A.*[16]. L'anno seguente, la *Football Association* si vide costretta a legalizzare il pagamento di un salario ai giocatori, sebbene con determinate regole e limitazioni simili a quelle presenti nel *cricket*. La professionalità ebbe però l'effetto indesiderato di aumentare la rivalità tra *clubs* dentro e fuori dal campo, e di estinguere molte tra le più piccole società calcistiche delle *big cities* a scapito di quelle più conosciute; il *Blackburn Olympic* fu una tra coloro che chiusero attività a fine del decennio[17].

Nel 1914, il giro di affari del gioco del pallone produsse oltre le 20.000 sterline di fatturato, facendo emergere determinate squadre, che si affermarono come le più famose e importanti a livello nazionale, militando nel campionato di prima divisione inglese. La professionalizzazione dei calciatori permise a quest'ultimi di esprimere finalmente il loro potenziale, vendendosi al miglior offerente sul mercato e, con l'aumento delle spese, le piccole realtà calcistiche divennero a tutti gli effetti delle società di capitali.

Da questa situazione emersero i cosiddetti *manager* o allenatori di calcio, inizialmente affiancati da un "segretario" che doveva gestire la società in accordo con i dirigenti del *club*. Preso atto che il calcio professionistico era un'industria agli albori, i *clubs* decisero di affidare le proprie panchine a delle figure competenti che potessero guidarli verso il successo per mezzo della loro esperienza pregressa, e dunque professionale. Diversi dirigenti e segretari delle squadre di quel primo periodo erano qualificati come ragionieri, professori scolastici od operai specializzati. Fu solamente a seguito del ritiro della prima generazione di calciatori professionisti dal mondo dal calcio giocato che molti *ex* giocatori ricoprirono la carica di *manager* o di dirigente/segretario.

Ciò che più importava prima del 1914 era la direzione da intraprendere per gestire al meglio gli affari. Per questa ragione si tennero molte riunioni o assemblee tra le varie componenti dei *teams* al fine di organizzare al meglio ogni minimo ramo interno all'azienda. Con l'inevitabile crescita esponenziale e la diffusione mondiale del *football*, i diversi *club* calcistici divennero troppo grandi per le proprie radici amatoriali, convertendosi, a partire dal 1899, al professionismo. Tale sviluppo costrinse le squadre, come il *Middlesbrough* o il *Sunderland*, a nominare qualcuno che potesse dedicare tutto se stesso alla gestione della squadra di calcio, richiedendo circa 17 ore settimanali di lavoro.

Ogni giorno l'allenatore era responsabile dei giocatori e della loro *performance* atletica, dovendo necessariamente conoscere i metodi di allenamento per poterli addestrare a dovere. Certi *manager* erano stati in precedenza addestratori dell'esercito, come nel caso di Hubert Dillon del *Birmingham* nel 1910. Oltre a questa mansione, l'allenatore doveva inoltre salvaguardare il comportamento fuori dal campo dei propri "pedoni", cercando di far sì che non si mettessero nei guai e facendo loro perdere la paga giornaliera o settimanale qualora questi fossero stati assenti dalle sessioni di *training* per motivi diversi da quelli di salute.

Un altro limite imposto ai calciatori era quello di non passare gran parte del tempo libero nei *pub,* poiché sarebbe potuto accadere che gli stessi si presentassero ubriachi all'allenamento o alla vigilia di un incontro importante. Ci sono dunque stati *club* che decisero, paternalisticamente, di ottenere il controllo e la lealtà dei giocatori, fornendo loro strutture per passare il tempo libero e altri benefici. Nel 1892-93, l'*Aston Villa* costruì una *club-house* nel campo di Perry Barr per offrire ai calciatori dei servizi, come sale da gioco e di scrittura, oltre a rinfreschi analcolici. Altre forme di paternalismo includevano persino una compensazione finanziaria a coloro che, infortunati, non potevano più perseguire la carriera di calciatori. Fu questo il caso di J. Belger del *Preston Nord End* che fu costretto al ritiro dal calcio giocato, ricevendo un assegno finale di risarcimento al giocatore per il servizio offerto al *club*[18].

All'avvento del nuovo secolo, i *club* decisero di far vietare ai propri sottoposti di fare altri lavori al di fuori del *football.* Questo garantì un ulteriore passaggio a un calcio ancor più professionistico, a un allenamento ancor più dinamico e all'aumento delle pressioni sui giocatori e sul *manager* nel caso di risultati settimanali mediocri mostrati sul campo da gioco. Tutto ciò andò di pari passo con l'ottenimento di un miglior salario, un miglior stile di vita e una finalmente più possibile mobilità sociale per mezzo del successo sportivo.

Uno tra i *manager* di maggiore successo, nella prima metà del ventesimo secolo, fu Herbert Chapman. Grazie alla sue doti, avvenne una frattura tra il gioco del calcio più tradizionale e quello moderno, separandosi dal passato amatoriale e approcciandosi a un approccio più professionale. La sua carriera proseguì ininterrotta dal 1907 fino alla sua morte improvvisa avvenuta nel 1934 a 55 anni, definendo per primo il concetto di «organizzare la vittoria»[19]. Il suo impatto complessivo sul *football* è stato riconosciuto attraverso le diverse generazioni a lui future e per il modo nel quale gestì la squadra calcistica dell'*Arsenal*, trasformando il gioco stesso del calcio[20]. Come riconosciuto anche da Bernard Joy, *ex* calciatore dell'*Arsenal*:

> «Herbert Chapman non solo ha messo l'Arsenal in cima al mondo del calcio. Ha più per il calcio professionistico di qualsiasi altro uomo da William McGregor, il fondatore della *Football League*. [...] Ha dimostrato che le squadre gestite da "*directors*" dilettanti non potevano eguagliare quelle gestite da *manager esperti*. [...] Ha reso le grandi partite di calcio alla moda»[21].

L'idea di Chapman era quella di avvicinare l'idea del calcio a quella del mondo dello spettacolo, cercando di attrarre e soddisfare un pubblico sempre più eterogeneo e interessato al nuovo gioco del momento. Capace di ottime qualità relazionali, psicologiche, disciplinari e tattiche, Chapman fu uno tra i migliori *manager* della storia del calcio di prima metà Novecento. La preparazione della partita divenne inoltre il fulcro sul quale basare il futuro successo, sviluppando idee tattiche innovative (a seguito dell'introduzione nel 1925 della regola del fuorigioco) orientate al gioco di squadra, più che all'esaltazione di singoli individui all'interno della rosa di calciatori[22].

L'eredità di Herbert, tuttavia, non si limitava unicamente alla gestione delle sue squadre, ma anche ad abbracciare un'idea di *business* calcistico basato sulla gestione della pubblicità, delle pubbliche relazioni del *club* e d'interviste ai giornali: rendendo il calcio e la squadra dell'*Arsenal* ancor più popolari.

In termini di gestione di un *club*, nell'era post Chapman i segretari-*manager* avrebbero dunque simboleggiato il controllo totale della squadra calcistica e tutti i componenti si sarebbero rivolti esclusivamente a quella specifica figura, identificandosi nell'allenatore: il regista della situazione. Senza di esso non vi sarebbe più stato un volto pubblico, associato al *club*, capace responsabilmente di partecipare a incontri ed eventi atti a rendere ancor più amichevole l'opinione pubblica locale, nazionale e internazionale. La stampa divenne orbene una fonte di pubblicità e, nel 1929, l'*Arsenal* decise di assumere l'agente F.J. Coles come pubblicitario ed editore del programma del *club*, garantendo rapporti delle partite da pubblicare sui quotidiani Londinesi. La *B.B.C.* fu, negli anni Venti del Novecento, un altro mezzo importante per pubblicizzare le opinioni di Chapman sul calcio e sul suo futuro. Non mancarono anche altre idee brillanti, come il rinominare la stazione ferroviaria di linea Piccadilly, proprietà della *London Electric Railway*, in *Arsenal*[23].

Analizzando l'era calcistica a noi oggi più attuale, in seguito anche dell'esperienza di Herbert Chapman, negli anni Venti e Trenta del Novecento l'attrazione principale per le masse di tifosi divenne la lotta per l'ottenimento del successo nel gioco del *football*. Anche altri *club*, oltre all'*Arsenal*, ambivano a vincere trofei o a conseguire obiettivi più modesti come una promozione o evitare di retrocedere dalla *Football League*. Le divisioni inferiori fissarono quindi target diversi e la stabilità finanziaria è forse infine divenuta la meta più realistica, aiutata dalle nuove regole della *Lega* sugli stipendi e sui trasferimenti dei calciatori tra squadre.

Nonostante ciò, la pressione sugli allenatori è sempre rimasta anche nelle basse classifiche, facendo puntualmente perdere il lavoro ai *manager*. A causa del crescente profilo mediatico calcistico, i Presidenti delle rispettive squadre di *football* mostrarono sempre meno pazienza agli allenatori, licenziandoli in tronco non appena le tifoserie locali avessero mostrato un leggero scontento per i risultati ottenuti. Chiaro che le motivazioni per recedere un contratto erano ben altre; in primis fra tutte c'era l'aspetto economico.

Negli anni '60 è ragion per cui avvenuto un radicale passaggio dalla tradizione amatoriale del *management* a un approccio più professionale. Col mercantilismo, l'abolizione di un salario massimo con il quale operare e una concorrenza sempre più spietata, occorreva affidarsi a un esperto in grado di saper gestire le finanze del *club* nel migliore dei modi e accontentare sia pubblico, che dirigenza.

I giornalisti non facevano altro che riportare le parole del *leader* unico alla stampa e le sue azioni, rendendo ancora più rilevante il suo ruolo all'interno del *team*. Dopo Herbert Chapman, Matt Busby è stato il successivo sviluppatore dello *status* di "capitano del vascello".

Le televisioni sono state la molla che trasformarono il volto del *manager* in notorietà pubblica immediata e la sua personalità venne conosciuta in tutto il globo. Bill Shankly fu, molto probabilmente, uno tra i primi a costruire la propria reputazione in questo modo e a essere un culto tra la popolazione del Merseyside. Sfruttando il suo legame professionale con la classe operaia, Bill ebbe un discreto successo per se stesso e per il *club* del *Liverpool*, mostrando competenze mediatiche e motivazionali di tutto rispetto con giornalisti e calciatori.

Forse, il requisito principale di un *manager* potrebbe essere la fortuna, dacché è difficile poter avere voce in capitolo sul proprio destino. È capitato spesso che la buona sorte prendesse forme tali che nel calcio, seppur dominando nel possesso palla e nel numero di tiri in porta, la squadra avversaria vincesse inspiegabilmente l'incontro. La sfortuna può essere attribuita eventualmente a un errore umano dell'arbitro o anche a una serie d'infortuni capaci d'influenzare l'esito di una partita o di una stagione intera. Non esiste una formula segreta per raggiungere il successo calcistico, tuttavia i dirigenti e i *manager*, se capaci, possono fare la differenza nei giusti ambienti. Nel caso di Alex Ferguson, Wenger e Keegan, allenatori capaci di giudicare le abilità dei calciatori, è stato loro concesso il tempo necessario per costruire un *team* di successo.

Mentre a Manchester venivano utilizzati prettamente giocatori della nazionale inglese, Arsene Wenger fece dell'*Arsenal* un *club* cosmopolita, costruendo la rosa con giocatori in prevalenza francesi. L'importante era infine motivare, persuadere e costruire consenso nei confronti del *coach* per potergli credere e seguirlo ciecamente verso la vittoria. Il carattere è l'elemento sul quale bisogna saperci fare per essere un'autorità nei confronti dei propri giocatori, imponendo loro dei trattamenti specifici. Ferguson, ad esempio, seppur buono caratterialmente, sapeva imprimere la paura ai suoi "soldati", imparando ad adattarsi alle situazioni e ai calciatori per mantenere una disciplina ferrea all'interno del gruppo.

A completamento delle diverse tecniche di gestione degli uomini, il *football* si è poi occupato di migliorare la preparazione atletica dei giocatori, permettendo di fare un altro *step* verso la specializzazione dei ruoli all'interno del *club.* La precedente idea che il *manager* fosse anche l'unico che allenasse i propri calciatori è stata sorpassata dall'utilizzo di specialisti in diversi settori, come nella corretta nutrizione, nell'aumento della forza fisica, della resistenza, della velocità, della mentalità psicologica e di diverse altre *skills* necessarie per consentire il salto di qualità al singolo e all'intero gruppo. Come testimoniato anche da Jim Smith:

> «Prima ero completamente "pratico", ma non è davvero possibile nella Premiership. Ho un buon allenatore e poi ci sono persone come i tuoi massaggiatori e i tuoi allenatori di *fitness*. Un tempo i tuoi giocatori correvano attorno a un campo, mangiavano una torta e delle patatine e giocavano. Ma a causa dei soldi coinvolti nella permanenza in Premiership, dobbiamo fare tutto il possibile per preparare

adeguatamente i giocatori»[24].

Non è certo un caso che Wenger e Ferguson siano stati in prima linea gli artefici di questo rinnovamento nell'assunzione di esperti di salute e *fitness* per allenare i calciatori e seguirli durante la loro crescita. La dieta è stata fondamentale per aumentare l'energia, ridurre la fatica fisica e conseguentemente raggiungere la fine della stagione sportiva senza essere completamente esausti. Tatticamente, i giocatori assunsero nuove posizioni in campo e il *manager* era l'unico che potesse pensare a fornire i compiti giusti e stabilire la strategia da adottare.

Se il calcio e la sua gestione sono diventati dei lavori ancor più stressanti a partire dal 1990, è vero anche che i *manager* hanno raggiunto una visibilità tale da sopperire al fatto di essere costantemente sotto processo mediatico per le scelte e i risultati ottenuti. La gestione è quindi stata riconosciuta come il fattore cruciale e determinante per una squadra di *football*. I *manager* hanno portato nuovi stili e idee di gioco, oltre che a una gestione del tutto innovativa e più professionale dei *players* all'avvento del nuovo secolo.

Oggi la sfida più grande è riuscire a costruire un *team* che riesca a durare nel tempo. Per fare ciò sono necessari impegno e forza di carattere da parte di determinati attori chiave, una gestione sapiente delle risorse finanziarie a disposizione e una chiara visione a lungo termine di un *leader* di successo . Per quanto riguarda il *club* del *Manchester United*, Ferguson è riuscito a costruire e ricostruire intere squadre, a partire dal 1986, e lo fece ripetutamente per circa un quarto di secolo, durante la sua permanenza in panchina. Non sorprende neppure che il successo a breve termine possa arrivare solo dove stanno *leader* che riescano a pianificare per un ben più ampio lasso di tempo. La squadra del Liverpool dei mitici anni '60, '70 e '80 era appunto famosa per la sua idea di *long timing* espresso nella volontà ferrea di non cacciare gli allenatori, ma di lasciar loro il tempo necessario per apportare i giusti cambiamenti, stabilizzare la situazione e migliorare di anno in anno.

Dall'esperienza del *Liverpool* e delle altre *Big*, si possono cogliere quindi diversi principi che hanno consentito di vincere a tutti i livelli nel lungo periodo. In primis, è necessario prendere decisioni forti e rapide, ossia far crescere i giocatori tecnicamente, motivarli, formare e plasmare una squadra, creare equilibrio al suo interno e bilanciare le esigenze di campionato e coppe. Lo stesso assistente allenatore di Sir Alex, Walter Smith, ha osservato come lui fosse pronto a prendere decisioni difficili, dimostrando una forza di carattere che lo ha caratterizzato rispetto ad altri.

È poi necessario avere un grande bagaglio di conoscenze per essere un grande *manager,* conoscere enciclopedicamente i giocatori, i loro bisogni e saper risolvere i problemi: una combinazione di conoscenza ed esperienza ottenibili solo mediante lo studio e la sperimentazione.

Come terzo punto, è necessario concentrarsi sulle persone, oltre che sui calciatori in quanto tali, entusiasmandoli con discorsi motivanti o rimproverandoli, qualora fosse necessario. Logicamente, per stare al passo coi tempi, è necessario sapersi adattare, cambiare modulo e tattiche in base all'avversario e al momento calcistico che si sta vivendo.

Quando Ferguson arrivò al *Manchester United* nel novembre 1986, egli ereditò un *club* che non conosceva successi da quasi 20 anni, dovendo risalire alla vittoria nella *Coppa dei campioni* del 1968 come ultimo importante trofeo vinto. Nel dicembre dell'anno successivo, lo *United* aveva concluso il decennio appena fuori dalla *relegation table* e già pubblico e stampa volevano le dimissioni del *coach* appena arrivato. Solo all'alba del nuovo anno si poterono finalmente vedere i primi risultati sul campo da gioco con la vittoria dell'*F.A. Cup* nello stadio di Wembley.

Uno dei principali problemi che Ferguson dovette affrontare al suo arrivo fu una squadra troppo vecchia e senza ricambi. Per sopperire a ciò, si dovette far ricorso alla rapida formazione e all'inserimento in rosa di giovani calciatori dall'*academy* del *club.* Questo, infatti, fu l'ultimo punto su cui Sir Alex decise d'investire. Grazie agli *scout* si potevano ricercare nuovi talenti per la rosa che potessero aiutare, in un futuro prossimo, a vincere le partite e sostituire coloro che, ormai prossimi al ritiro, avevano dato già tutto per la squadra e per la società.

La seconda parte del lavoro di un *manager* consiste invece nel costruire qualcosa di più grande di se stessi, cioè di plasmare, con il proprio carattere, il *club* di cui si fa parte e influenzare l'ambiente circostante. In seconda istanza, è necessario stabilire una visione e dei valori che siano duraturi per poter assicurare una successione al ruolo di allenatore nella società di calcio di riferimento. È necessario cioè garantire un successo basato su di un'organizzazione meticolosa, che incarni gli stessi valori anche dopo molti anni dal cambio di panchina.

Gli stessi *leader* sono dei semplici esseri umani e per questo motivo la loro carriera, non solo calcistica, fa sì che debbano affrontare pressioni tali che altri, al loro posto, non ce l'avrebbero fatta. Le aspettative sempre più alte aumentano esponenzialmente dopo ogni stagione alla guida di un *club* e la tentazione di cambiare in corsa le proprie idee calcistiche non è rara. Chi si è dimostrato consapevole e responsabile del proprio ruolo è stato, ad esempio, Brendan Rodgers: un *manager* capace di guidare lo *Swansea City*, nel 2010, alla promozione in *Premier League* e condurli la stagione successiva alla salvezza; evitando di molto l'essere parte della lotta per la relegazione in *Championship*. La filosofia di Rodgers si è basata su due importanti principi, ossia giocare un bel calcio ricco di passaggi, in pieno stile *tiki taka*, e far credere ciecamente a tutto l'ambiente sportivo nella causa del *club*: simbolo della città di riferimento.

Accanto alle sfide che si presentano nella realtà del nostro mondo, corrono parallele una serie di battaglie interne a noi stessi: una voce interiore che ha la capacità di contaminare la salute mentale, arricchendola di dubbi e negatività. Essa ci fa credere di essere inferiori rispetto agli altri atleti o *leader* e diminuisce il potenziale massimo al quale si può tranquillamente arrivare a esprimersi. Bisogna dunque saper affrontare i propri demoni e le interferenze interne a noi stessi o si verrà altrimenti così sedotti da soccombere. Come per tutti, anche le storie delle leggende hanno avuto alti e bassi. A volte ci si è sentiti in pieno controllo delle proprie abilità, altre volte meno.

Man mano che la carriera assume una sua forma primordiale, il *leader* deve saper cercare di fornire un senso a tutti gli accadimenti, riflettendo sugli episodi e meditando su essi per avere la meglio nel prosieguo degli eventi. Più si ha successo, più sorgono opportunità alle quali poter fare ricorso, adattandosi al grande palcoscenico e affrontando pure decisioni non sempre facili.

Occupando parte del tempo per capire meglio il proprio percorso professionale, i *leader* devono sviluppare una consapevolezza di se stessi che sia sufficiente per rimanere agli alti livelli, senza scomparire da un giorno all'altro. Neil Warnock, dopo circa 30 anni vissuti come *leader* indiscusso del calcio, ha compreso dove risiedevano i suoi punti di forza e quelli di debolezza. Consapevole di avere tutte le abilità per far promuovere i *club*, egli credette in se stesso. Lo stesso filosofo Graham Jones ha definito questo fenomeno come una comprensione obiettiva delle capacità personali di fornire ciò che è loro richiesto[25]. Solo conoscendo la propria mente si può diventare un vero *leader* del calcio.

In circa vent'anni, Rodgers è emerso come un *manager* premuroso, determinato e ottimista, capace d'ispirare tutti con uno scopo e una visione comuni. La stessa bussola ce l'hanno avuta anche altri, come Ferguson e Mourinho, aventi tutti un obiettivo da raggiungere e la forza psicologica necessaria per ottenere la vittoria. La componente finale, che è necessaria per completare una storia vincente ricca di successi, è senz'altro anche la capacità di saper crescere costantemente e di non finire mai d'imparare.

Al di là del lavoro quotidiano, bisogna saper stare al passo con i propri giocatori e con il calcio mondiale, dimostrando ogni giorno di possedere una conoscenza alla quale potersi affidare.

Sin da giovane, Rodgers ha investito nel consolidamento di solide basi teoriche e pratiche. Il giovane *coach* ha allenato per circa 10 anni nelle giovanili del *Reading*, crescendo costantemente in ogni ruolo assunto temporaneamente e salendo pian piano di grado. Ogni stagione, come crescevano il *club*, i giocatori e lo staff, cresceva anche il *manager* stesso. Partire dall'allenamento dei giovani può servire per imparare il lavoro e questo vale in ogni ambito! Il *"work hard"* e la determinazione costituiscono le fondamenta delle proprie conoscenze personali. Come ribadito anche dall'allenatore David Moyes:

> «Solo perché ottieni il tuo lavoro, non puoi mettere i piedi sotto il tavolo e dire "L'ho fatto ora e basta". L'autoapprendimento e l'autosviluppo è essenziale per me. Guardo molto calcio solo perché so che ci sono molte cose che posso imparare. Se fossi disoccupato andrei in Sud America e darei un'occhiata a quello che stanno facendo, al perché così tanti giocatori ora in Europa e in Champions League provengono da Uruguay, Brasile, Argentina...»[26].

L'autentico *manager* e *leader*, capace di raccontare una storia che possa essere entusiasmante per chiunque, deve pertanto rispettare i principi esplicitamente qui sopra descritti. Invece di disperare, essi si assumono la responsabilità delle proprie azioni senza incolpare nessun altro. Essi sono forti nell'autostima basata su fatti realmente accaduti, sprigionando ottimismo. Le sole battute d'arresto sono utili come opportunità di crescita e le soddisfazioni personali servono per essere messe in pratica nel luogo di lavoro. Quando si tratta, invece, di condividere un dolore per una situazione, i grandi *leader* sanno fare delle scelte che richiedono approcci diversi per essere attuate. A volte è effettivamente giusto mostrare le proprie debolezze, mentre in altre è essenziale cercare di non palesare i propri capricci agli altri. Tutto dev'essere calcolato e intenzionale per ottenere un impatto voluto.

Nella condivisione di una gioia collettiva, i grandi *managers* sanno celebrarla e rimanere al tempo stesso misurati: si può gioire delle piccole cose, ma soprattutto di quelle che valgono la pena di essere celebrate.

Non è nuovamente da scordarsi come dietro ogni storia raccontata vi siano delle persone in carne e ossa che, nonostante le differenze culturali, i quadri di riferimento ai quali ispirarsi e alle prospettive, sono tutte concordi su di una cosa distinta: qualunque sia l'obiettivo da raggiungere, qualunque sia la visione soggettiva, bisogna essere veramente capaci d'ispirare gli altri, connettersi con i giocatori/elettori, investire tempo ed energie necessari per lasciare un'eredità importante nella memoria di tutti.

Questi caratteri dei *leader/manager*, qui mostrati in ambito calcistico, vedranno poi un'applicazione anche nella politica, ma se ne discuterà in questo libro in un secondo momento. Cercheremo prima di comprendere come il calcio si sia diffuso a livello mondiale, evoluto ed espresso non solo grazie a tali figure.

1.2 Il calcio Internazionale e il primo dopoguerra

L'impero Britannico può essere considerato come il fulcro, luogo dove, per mezzo di uomini e di risorse, gli inglesi riuscirono a dominare i mercati dall'alto e influenzare tutte le civiltà loro limitrofe. Negli anni Novanta dell'Ottocento il calcio aveva già oltrepassato mari e oceani, sino ad arrivare in luoghi come il Bengala, l'Africa e, successivamente, l'America Latina. Walvin stesso riportò in un importante articolo come:

«I piedi degli inglesi erano dappertutto, giocavano nelle scuole, giocavano tra se stessi nel mondo degli adulti [...] e giocandolo nelle fabbriche e negli scali ferroviari. I soldati britannici portavano i palloni da calcio negli zaini e i marinai britannici li infilavano nelle loro borse. Squadre britanniche e allenatori britannici erano richiesti in tutta Europa e oltre»[27].

Orbene, la diffusione del gioco seguì a livello mondiale le rotte del commercio, piuttosto che quelle dell'Impero. In Europa, le traiettorie tracciate da Londra alle altre capitali europee limitrofe ne consentirono un rapido incremento. Toccò prima ai Paesi Bassi e alla Germania, mentre solo dal 1890 in poi avvenne la circolazione anche nell'Europa centrale e meridionale. Da questa esportazione, ecco che il fenomeno calcistico si presentò in Italia, un momento storico nel quale si stava altresì cercando d'importare l'uso della bicicletta dagli inglesi, dai francesi e dai tedeschi.

Il *Genoa Cricket and Football Club* nacque nel 1893 nell'*ex* Repubblica marinara di Genova. Il calcio si diffuse anche in Russia e nell'Impero Ottomano, a Istanbul, sviluppandosi nelle zone dove vi era un forte sviluppo industriale e in piena comunione tra aristocratici e tecnici-commerciali per l'avvio di una moda calcistica appetibile per tutti. *L'International FC* di *Torino*, una tra le prime squadre di calcio italiane, nacque proprio a seguito di un'unione tra impiegati di Bosio e gli

Aristocratici "snob" del Duca degli Abruzzi, salvo poi sparire rapidamente e lasciar spazio alla *Juventus FC*.

Sebbene gli *sport* in prima pagina sui giornali furono principalmente la Scherma, la *Boxe* e la Ginnastica (specie le Olimpiadi), il 6 gennaio 1898 ebbe luogo il primo incontro calcistico italiano a Ponte Carrega fra il *Genoa* e l'*International* di *Torino*. Durante la gara, i dirigenti dei due *club* capirono che il *football* potesse divenire uno strumento di attrazione delle masse e dunque un guadagno economico per gli organizzatori dei *match*. Fu così deciso d'investire nella fondazione di una federazione calcistica italiana a soli cinque mesi dalla partita del *Genoa*. Ciò fu promosso soprattutto dal già citato Luigi di Savoia, Duca degli Abruzzi.

Nella giornata dell'8 maggio 1898 scesero contemporaneamente in campo ben 4 squadre con a bordo campo un centinaio di spettatori. I giornali italiani non riportarono però alcun dato inerente agli incontri, poiché la loro attenzione fu assorbita dalla manifestazione contro il rincaro del pane accaduta in piazza a Milano. Pochi anni più tardi, la neonata squadra del *Pro Vercelli* scelse degli atleti ginnasti, esclusivamente vercellesi, per il ruolo di calciatori del *club*. Con il loro inserimento e riconversione al mondo del *football*, si poté osservare sul campo da gioco un maggior furore e velocità tra i giocatori, ora atleticamente allenati, consentendo al pubblico di godere ulteriormente della spettacolarità delle partite.

Il calcio internazionale sorse poi sotto due forme distinte: le partite tra *club* appartenenti a federazioni diverse e tra formazioni rappresentanti le federazioni stesse. Il primo incontro internazionale fu disputato dall'Inghilterra contro la Scozia, nel 1872, nel *West of Scotland Cricket Club* a Patrick[28]. Le altre federazioni nazionali delle nazioni straniere nacquero solo 20 anni più tardi, come nel caso della federazione olandese, sorta nel 1889, o di quella italiana nel 1898, e solo a partire dal primo decennio del Novecento si disputarono i *match* internazionali[29]. Nel 1904 ci fu la prima partita tra la nazionale del Belgio e quella della Francia a Bruxelles. Dal 1908, le squadre nazionali furono invitate ai giochi Olimpici tenutesi in quell'anno a Londra e aventi come partecipanti 6 *teams*. Ciò che fu interessante notare dai giochi di Londra è stato senz'altro il selezionamento dei giocatori da portare con sé in nazionale e la premiazione del gioco collettivo mostrato in quel frangente dalla nazionale Danese.

L'effetto prodotto fu tale che, dal 1912, il calcio non rimase più esclusiva della classe borghese e cosmopolita, ma si estese anche ai ceti più bassi della scala sociale, sino a giungere tra i proletari, radicalizzandosi nelle *big cities* e nazionalizzandosi nell'immaginario collettivo della popolazione. Per certi gruppi di persone, giocare a calcio significava incarnare lo stile di vita cosmopolita e moderno da contrapporre alla tradizionale Ginnastica.

Quest'accelerazione di diffusione del morbo calcistico portò, nel 1904, alla creazione della già citata *Fifa*: un'associazione sportiva internazionale del calcio. Quest'ente internazionale, nei primi suoi due anni, non vide però il coinvolgimento dei suoi principali fautori: i britannici. Solo dopo aver intuito che la nuova LEGA sarebbe stata un corpo permanente, anche le federazioni calcistiche dell'*UK* si unirono a essa nel 1906. Il governo inglese sfruttò, a detta di Jones, il calcio come parte integrante della propaganda culturale britannica all'esterno: «cercando di ritrarre la Gran Bretagna come una nazione di giustizia e fair play e di sostenere obiettivi diplomatici»[30].

Fu proprio dai successivi giochi Olimpici tenuti a Stoccolma del 1912 che le regole sportive si legarono alle realtà geopolitiche degli stati; di scontro simbolico tra nazioni. La nazionale vincente dei giochi fu ancora una volta la Gran Bretagna, madre del *football*, vincitrice della medaglia d'oro. Questo evento provocò una volontà di rivalsa e di riscatto delle nazioni perdenti nei riguardi della vincente. Le sconfitte decisero di riorganizzarsi e di ingaggiare allenatori e formatori inglesi e scozzesi per migliorare il proprio gioco e le proprie tattiche. Gli effetti si videro solo nel primo dopoguerra: un momento nel quale le squadre dell'Europa centrale ottennero la gratificazione e la gloria di essere loro le nuove nazioni vincitrici sul campo da calcio. Le partite tra nazionali furono inoltre seguite al punto da far sì che divenissero uno spettacolo di massa di enorme successo per merito della foga agonistica, della volontà di sacrificarsi e di dare tutto per la vittoria e la difesa dell'onore della propria maglia.

La tendenza a equiparare il calcio internazionale al campionato annuale, tra i rappresentanti dell'Inghilterra, della Scozia, del Galles e dell'Irlanda, proseguì indisturbato anche durante il primo conflitto armato: segnando ulteriormente il senso di rivalsa e d'indipendenza dal governo centrale.

In Scozia, l'appuntamento annuale contro l'Inghilterra crebbe come evento popolare comparabile a una battaglia campale, portando gli *"Scots"* a vincere 12 dei 20 incontri disputati tra i due conflitti mondiali. La fuga dei calciatori scozzesi verso *club* inglesi e il viaggio biennale allo stadio di *Wembley* costituivano altri due motivi per i quali era necessario lottare con il coltello tra i denti, provocando un sentimento nazionale d'inorgoglimento nei confronti del vicino calcistico più ricco e potente[31].

Anche il successo gallese del *club* del *Cardiff City* negli anni '20 offrì un ulteriore esempio di acceso nazionalismo e populismo glorificato dalla stampa locale. La vittoria in finale di *F.A. Cup* della compagine gallese fu descritta dai giornali locali come la metaforica invasione gallese capace di "portar via" la coppa agli inglesi. Sebbene la squadra del *Cardiff City* fosse composta da solo 3 calciatori gallesi, la vittoria fu ugualmente percepita dalla stampa e dai tifosi come un risultato nazionale lodevole, sedendosi comodamente a fianco del senso di *Britishness*[32].

Forse il problema di quegli anni più degno d'esser riportato fu il caso irlandese. Durante il 1921, sulla scia della spartizione politica dell'anno seguente, si formò la *Football Association* d'Irlanda (*FAI*). La separazione delle diverse leghe spaccò le 6 contee del nord e le 26 contee del nuovo stato libero dell'Irlanda del sud. Dal 1921 in poi, il calcio irlandese seguì un binario differente rispetto agli altri *sport* nazionali, che videro un'unione tra i due stati d'Irlanda. Nel 1923, la federazione irlandese del nord (*FAIFS*) fu ufficialmente riconosciuta e ammessa dalla *Fifa*. Nonostante la spartizione politica, L'attuale Irlanda del Nord era ancora riconosciuta dalle autorità calcistiche britanniche e internazionali come Irlanda.

Con lo scoppio della Prima Guerra Mondiale, la così definita "stagione di crisi" del calcio, avvenuta nel 1914-1915, è stata il momento probabilmente più ricco di tensioni e di preoccupazioni. Le diverse associazioni sportive di *hockey*, *golf*, *rugby* e *tennis* sono state in gran parte sospese per consentire un maggior investimento di risorse allo sforzo bellico che il Regno Unito avrebbe dovuto sostenere nel breve periodo. Al contrario, *sport* come il *football,* l'ippica e tutti coloro che impiegavano personale professionale, poterono proseguire nella loro attività sportiva. Molti videro questa decisione come scellerata, antipatriottica e controproducente per il sostentamento al fronte dei soldati. Il giornale del *Times* fu la voce che più si espresse contro tale situazione:

> «Non ci sono scuse per deviare dal fronte centinaia di atleti solo per allietare le folle di spettatori inattive che non sono adatte per combattere o non sono adatte per essere combattute. [...] Ciascun club che impiega un giocatore di football professionista, sta corrompendo una recluta necessaria ad astenersi dall'arruolarsi e ogni spettatore che i paga i soldi del biglietto sta contribuendo molto verso la vittoria tedesca»[33].

Per la stampa di settore, il conflitto era così importante che la morte degli uomini al fronte per la propria patria era considerata glorificante rispetto a dei semplici *goals* segnati con la nazionale. Da queste provocazioni, la *F.A.* rispose con l'affermazione di aver contribuito, nel novembre 1914, a fornire circa 100.000 reclute, di cui 2.000 professionisti, alle forze armate britanniche; una cifra superiore a qualunque altro *sport*. All'interno del calcio ufficiale scozzese, ad esempio, queste critiche, promosse non solo dai non appassionati, produssero l'effetto di stigmatizzare il *football* e non far giocare coppe e incontri internazionali.

Entro la metà di novembre, le presenze sugli spalti crollarono di quasi il cinquanta per cento, dovendo necessariamente tagliare i costi, ovvero gli stipendi di *staff* e calciatori, di circa il 5/15 percento nella sola Inghilterra. Inutilmente, nella stagione successiva si modificò il regolare programma calcistico, fino a sospenderlo per scelte economiche[34]. Solo il calcio di alto livello riuscì a essere giocato, modificando le sue regole e troncando certi incontri: in Inghilterra non ci sarebbero stati campionati, *F.A. Cup* e incontri internazionali di alcun tipo, né era consentito il trasferimento di calciatori, ma solo l'eventuale prestito.

Nella stagione 1915-1916, trenta *clubs* della *Football League* presero parte a delle competizioni regionali, facendo sì che il calcio non cessasse del tutto dall'essere praticato anche in tempo di guerra; sopravvivendo a scapito di condizioni estreme. Ciò comportò in primo luogo l'adozione in molte scuole del *rugby*, preferendolo di gran lunga al calcio per un fattore di associazione al militarismo patriottico di cui il *football* era l'antitesi. Con il *rugby*, a detta di alcuni presidi, si poteva mostrare la vera virilità e *leadership* della persona.

In secondo luogo, il gioco professionistico, negli anni del primo conflitto mondiale, subì una serie di accuse e scandali che ne flessero il rapporto con l'opinione pubblica. Il più significativo momento di crisi fu la partita del Venerdì santo tra *Manchester United* e *Liverpool* nel 1915: una frode totale. Si scoprì in quell'occasione che quattro giocatori di *Liverpool*, tre di *Manchester* e uno di *Chester* avevano deliberatamente cercato di indirizzare l'incontro sul 2 a 0 per la compagine dei *Red Devils*. Nel frattempo, il *Leeds United* divenne il primo *club* a essere espulso dalla *Football League* per aver pagato nel 1919 i suoi giocatori, violando così il divieto imposto loro dalla *F.A.*

Se l'immagine del calcio fu offuscata dagli accadimenti interni, è anche vero che la sua reputazione non vide indebolimento. Il suo contributo nella creazione di attività ricreative e d'intrattenimento, per il sostentamento psicologico del morale delle forze britanniche al fronte, fu motivo di popolarità e di positività tra i soldati, facendo loro, seppur per un istante, dimenticare le atrocità della battaglia in corso. L'identificazione di un migliore e di un peggiore all'interno di una competizione agonistica poté inoltre riflettersi sul conflitto armato, ora ritenuto come una forma di preselezione naturale di stampo *darwiniano*.

Per quanto riguarda la diffusione del calcio negli anni tra le due guerre, nel loro insieme, avvenne un periodo di crescita dettato dalla sua forma più informale, a volte improvvisata e non sempre affiliata allo *street game*. Questo modo di praticare il *football* portò spesso i suoi partecipanti al conflitto con le autorità locali che, di fatto, lo vietavano dall'essere esercitato per le strade. Gradualmente, quest'abitudine venne sostituita, secondo Ross McKibbin, dalle partite disputate su terreni incolti o nei parchi pubblici[35].

Allo stesso modo, non si possono nemmeno nascondere i dati ufficiali, che hanno sancito una crescita a spirale della presenza di campetti e squadre calcistiche pressocché in ogni città, frazione o villaggio nel Regno Unito al momento dello scoppio del secondo conflitto mondiale. Persino all'inizio degli anni '30, con la grande depressione, i numeri di *club* calcistici esistenti raggiunse il picco massimo di 874, come nella stagione 1933-1934.

Nel primo dopoguerra si ricorse allo *sport* con il tentativo di dimenticare le atrocità subite durante il conflitto armato e per ritrovare una sorta di svago e di divertimento. In quegli anni il calcio divenne un fenomeno transatlantico, con la partecipazione di nazionali del Sud America, e la guerra produsse un livellamento delle differenze sociali, diffondendo la cultura di massa interclassista come unica via da percorrere e di successo, come nel caso del cinema muto hollywoodiano.

Dopo un'improbabile ricerca di una possibile pace, promossa dalla stessa *Fifa* nel 1914, alla fine della guerra furono punite anche calcisticamente le federazioni degli imperi centrali, ritenute come le sole responsabili dei crimini di guerra compiuti e dell'invasione di paesi neutrali quali il Belgio, cacciando dagli organi di organizzazione internazionale le nazioni vinte. Le squadre ungheresi e austriache furono riammesse all'interno dell'*association* solo nel 1923 con qualche riserva, mentre fu perpetuato l'allontanamento della federazione DBF tedesca sino al 1928.

I sintomi di un acceso populismo e nazionalismo si poterono avvertire sin dall'immediato dopoguerra con i giochi Olimpici del 1920 ad Anversa. Lo *sport* divenne in quel frangente la voce della lotta combattuta dalla patria e i suoi beniamini divennero l'espressione delle singole comunità di appartenenza. Fu questo il caso dell'incontro avvenuto in finale tra Belgio e la neonata Cecoslovacchia: due identità nazionali che si ritrovarono ferite dalla guerra appena finita, ma al tempo stesso felici per l'ottenimento della vittoria e della libertà politica. Qui il patriottismo scoppiò in un fenomeno di violenza e grida di guerra tra le due compagini, in un ambiente avente di tutto fuorché il pacifismo.

Questa fu dunque la nuova posta in palio promossa dai giochi Olimpici: la volontà di non voler soccombere all'avversario e di cercare di fare di tutto per far sì di non essere la squadra nazionale perdente; in un mix tra politica e sportività, con i risultati sportivi posti al centro dell'attenzione. Come anche nella *Boxe*, praticata negli anni del primo dopoguerra, si stava probabilmente cercando di ottenere, per mezzo dello *sport*, quella vittoria euforica non ottenuta sul piano politico tra le fazioni della triplice intesa e della triplice alleanza durante la Grande Guerra. Ciò fece orbene partorire un ardore e una foga maggiori tra le masse di spettatori: ora più poveri e liberi dai proclami fatti loro prima dell'entrata nell'esercito.

Al termine del primo conflitto mondiale, molti tra i soldati di ritorno dal fronte decisero di dedicarsi al calcio e fu proprio così che in quegli anni si arrivò a contare un numero di circa tremila *club* calcistici affiliati alla *Fifa*. Un breve *boom*, manifestatosi alla fine della Grande Guerra nel Regno Unito, fu seguito da un crollo inaspettato con l'aumento tra il 1921 e il 1938 della disoccupazione, che coinvolse più di un milione di persone. La produzione fu pertanto spostata verso il sud e nelle *Midlands*, con la fabbricazione di autoveicoli e beni di consumo durevoli da vendere nel mercato interno della corona inglese.

Nonostante gli anni della Depressione, accaduta tra il 1929 e il 1932, gli anni '30 segnarono l'incremento della domanda di beni di consumo per il tempo libero e, consecutivamente, un aumento della spesa dei consumatori nella partecipazione a spettacoli teatrali, proiezioni cinematografiche ed eventi sportivi. Il calcio vide un significativo sviluppo, passando dai 23,4 milioni di spettatori della *football League* inglese nel 1927 ai 31,4 milioni per la stagione 1937-1938. Le entrate dei *club* poterono consentire un ulteriore *step* di evoluzione, sebbene questo riguardò prevalentemente solo le squadre calcistiche meridionali o compagini di spicco come *Middlesbrough*, *Sunderland* e *Newcastle*.

In Italia ci si sarebbe potuti aspettare che l'avviamento allo *sport* delle grande masse di persone, prima dell'avvento del fascismo, non fosse stato spinto da cattolici e socialisti, ma così non fu. Costoro, le due ideologie più in voga nell'Italia di quegli anni, in quanto antiborghesi, vollero inizialmente essere alternativi al modello britannico di riferimento, cioè alla strumentalizzazione dello *sport* per rafforzare il patriottismo e l'educazione militare. Il magro risultato che ottennero fu però l'opposto di ciò che ci si sarebbe potuti aspettare.

Nei giornali socialisti degli anni '20 l'educazione fu ugualmente considerata come un programma complesso per preparare la rivoluzione e i possibili soldati di un ipotetico esercito "rosso". Nondimeno, pure in riviste religiose, come «La Civiltà Cattolica» del 1909, ci si auspicava che la Ginnastica potesse forgiare «figli forti dal petto gagliardo»[36], pronti a sacrificarsi cristianamente al momento del bisogno.

È giusto ricordare che, nella filosofia socialista, il riscatto passava non per mezzo del gioco, ma attraverso il lavoro creativo e il corpo non era oggetto di culto al quale dover necessariamente badare. L'unico tipo di corpo che i socialisti avevano scolpito di fronte ai loro occhi era invece quello del povero lavoratore proletario sfruttato, malnutrito e ammalato: vessato da una situazione d'inferiorità sociale.

La medesima componente irrazionale, presente nello *sport*, è stata completamente sottostimata da Marx, non ammettendo altri filtri se non il pensiero critico. Per cui, sui giornali come *"L'Avanti"* non mancarono inviti a sabotare le manifestazioni agonistiche. Presto i socialisti si accorsero della necessità di dover interferire sulle attività sportive per non lasciarle totalmente nelle mani della borghesia, inserendo la propaganda "rossa" all'interno di diverse associazioni sportive e fondando società sportive operaie, come l'Apef nel 1920.

Serrati affermò che la ricreazione fisica avrebbe potuto rivelarsi come uno strumento valido di organizzazione, di propaganda e di lotta di classe, ma era necessario sapere come usarla[37]. Purtroppo per loro, la creazione di una federazione sportiva operaia italiana non ebbe mai luce, a causa della lentezza adottata per far abbracciare lo *sport* alla classe operaia prima dell'avvento del fascismo. Con il nuovo regime si vide invece nello *sport* la capacità di costruire una comunità e assicurarsi, per mezzo di essa, il "controllo" sulle persone, sollecitandone la diffusione a livello nazionale.

Il rapporto esistente invece tra il cristianesimo e il corpo fu più ambiguo del dovuto. Come anche detto da padre Semeria a fine del diciannovesimo secolo, il cristianesimo aveva per ideale un'umanità moralmente più forte e quindi un corpo altrettanto docile e robusto, temprato dall'attività fisica. La chiesa auspicava che gli operai e i contadini preferissero le palestre, rispetto ai circoli più ribelli, per limitare l'attività sessuale e promuovere invece il godimento attraverso il movimento e lo *sport*.

L'educazione fisica non fu pertanto il diavolo né per il cattolicesimo, né per il socialismo e, sul piano educativo, la disciplina fisica stava ormai assumendo una collocazione pressoché stabile all'interno dell'organizzazione della società pre-fascista. In un tale disegno, ebbero sviluppo società sportive cattoliche e socialiste dedite essenzialmente alla Ginnastica e all'attrazione di giovani da istruire al miglior verbo in circolazione, prima della procrastinazione in Italia di una nuova ben più preoccupante ideologia. Nel 1910 fu fondato il *FASCI*, un'associazione sportiva cattolica italiana che provocò, durante il Ventennio Mussoliniano, un notevole ritardo alla realizzazione di un unico monopolio sportivo di stato. Enti statali come *l'ENEF* e la Milizia Volontaria per la Sicurezza Nazionale cercarono di minare l'associazione cattolica fino al 1927, anno nel quale il regime liquidò con un provvedimento i suoi atti alla mera oratoria[38].

In Italia la fine della guerra recò una sensibile e comprensibile euforia, subito seguita dall'amara constatazione che la povertà e il disagio sociale erano significativamente cresciuti. Le perdite italiane subite sui campi di battaglia, spaventose in termini di caduti, non furono sufficienti per far rivalere le proprie intenzioni di conquista di nuovi territori durante le trattative a Versailles. Molte delle fabbriche, adibite alle necessità belliche, si ritrovarono chiuse al momento della pace siglata tra le nazioni vincitrici e quelle vinte. Fra proletari e piccola borghesia si delineava un dissidio sociale che, se abilmente sfruttato, avrebbe portato, nel giro di poco tempo, al fascismo. I medesimi socialisti, screditati per essersi espressi a favore dell'entrata in guerra dell'Italia, si spaccarono politicamente su posizioni opposte.

Nel disastro economico e sociale che seguì il primo conflitto mondiale, le bocche da sfamare furono sempre più, specialmente quelle delle nuove terre annesse al Regno d'Italia. Tuttavia, quest'esperienza poté indubbiamente sveltire il popolo italiano, togliendo di mezzo l'alta gerarchia piemontese e diffondendo ancor più l'attività sportiva, già in voga in America e in Inghilterra. Lo *sport* è perciò entrato a far parte delle necessità sociali nelle grandi città italiane urbanizzate.

A Vittorio Pozzo, già segretario federale e commissario tecnico della nazionale italiana in occasione delle Olimpiadi di Stoccolma del 1912, fu affidato il duro compito di riformare il campionato italiano. La nuova organizzazione comportò anche una conseguente maggior apparizione del *football* nelle pagine sportive dei giornali, oltre che nelle contese politico-sociali.

Quando Mussolini costituì il suo primo governo come Presidente del Consiglio, le società calcistiche, spaccate in due macro gruppi, decisero di riunirsi in un'unica Federazione e assecondare i voleri della nuova classe dirigente volenterosa di plasmare la nuova nazione a sua immagine e somiglianza.

1.3 Il calcio e i totalitarismi

Nel 1930, il congresso della *Fifa* decise di organizzare la prima coppa del mondo di calcio, che si sarebbe giocata ogni 4 anni sul territorio di una delle nazioni partecipanti per la durata di un mese. Fu scelto l'Uruguay come meta per diversi fattori: i risultati olimpici ottenuti dalla nazione uruguagia, lo sviluppo del calcio in America latina, la celebrazione dell'indipendenza uruguagia del 1930 e il riconoscimento delle nazioni dell'America Latina nella *Fifa*[39]. Così facendo, si poté abbattere il pressante eurocentrismo geopolitico, concentrato precedentemente nella sola Europa. Malauguratamente, stava però già andando diffondendosi nel vecchio continente una concezione di etnocentrismo e di dominazione politica esercitata da alcune fazioni a scapito di altre. Fu questo il caso dell'Italia Fascista, della Germania Nazista e di altri paesi della Mitteleuropa aventi tendenze dittatoriali e nazionaliste.

Di tutte le nazioni, solo quattro decisero di raggiungere le otto nazionali latinoamericane e gli *U.S.A.* a Montevideo. La prima coppa del mondo non vide neppure un'enorme discussione da parte della stampa Europea (come in Francia e Italia), preferendo sponsorizzare altri eventi, come il *Tour De France* o altre coppe nazionali[40]. Le 13 squadre partecipanti del mondiale furono divise in 4 gruppi di qualificazione i cui vincitori, per mezzo di una classifica a punti, dovevano poi sfidarsi nella semifinale. La finale fu tutta Sudamericana e vide la compagine della squadra di casa fronteggiare l'Argentina ospite. Il risultato vide un ribaltamento delle sorti dell'incontro a favore degli uruguagi che poterono così festeggiare la vittoria del trofeo mondiale, attribuendone un significato eccessivo condiviso da tutti gli spettatori e tifosi de *"La Celeste"*. La festa continuò imperterrita per diversi giorni e il 31 luglio fu nominato giorno di festa nazionale.

Il seme della nuova fede agonistica sportiva fu gettato in Italia ancora a partire dalla nascita del movimento del futurismo, nel 1908, di Filippo Tommaso Marinetti, rivendicando «il culto del progresso e della velocità, dello *sport* e della forza fisica, del coraggio temerario, dell'eroismo e del pericolo contro l'ossessione della cultura». Alla razionalità era necessario «contrapporre l'educazione fisica e il predominio della Ginnastica sul libro», per poter allenare il solo istinto importante: l'istinto combattivo.

La coppa del mondo di 4 anni dopo, svoltasi nell'Italia fascista, non poté che riprendere questi elementi d'incontrollata gioia, di aggressione e vessazione delle squadre sconfitte; il tutto sotto la lente del fascismo. La coppa del mondo Italiana volle imporsi di essere la migliore della storia, per quanto concerneva l'efficacia logistica, in seguito lodata dalle nazioni limitrofe. Questo ovviamente non fece che crescere l'ideologia fascista come l'unica migliore organizzazione politica di un paese[41].

Ci fu, in quegli anni in Italia, un profondo investimento atto a migliorare l'assetto pubblico, come l'edificare nuovi stadi di cemento armato aventi capacità di ospitare più di 60.000 spettatori nelle grandi città italiane di Bologna, Milano, Roma e Napoli; tutti beneficiari di un'ottima visuale del campo da gioco dagli spalti.

La stampa di regime promosse la figura del Duce Mussolini come atleta invincibile, di bell'aspetto, con lineamenti marmorei e simbolo della mascolinità. L'attività sportiva venne orbene incensata come il pilastro fondamentale sul quale doveva sapersi rifondare la società per intero, sull'amore per il rischio e per la sfida. Mussolini era perfino considerato come primo sportivo d'Italia, familiarizzato a ogni possibile disciplina sportiva, anche se, da uomo tradizionale com'era, egli non fu sin da subito un amante del gioco del calcio: fu solo a seguito della visione di qualche partita disputata dalla nazionale Italiana che questi decise di diventarne uno spettatore assiduo. La coppa del mondo del 1934 fu colta dal regime come l'opportunità per attirare il turismo internazionale, accogliendo una folta schiera di turisti sportivi e non.

L'organizzazione fascista dello *sport* si fondava su tre istituzioni diverse: l'opera nazionale balilla, l'opera nazionale dopolavoro e il comitato olimpico nazionale. I primi due enti avevano il compito di lasciare la propria impronta sulla svolta alla fascistizzazione della nazione italiana e l'attività fisica era una tra le componenti fondamentali, se non la più importante. L'*Onb* doveva occuparsi dell'educazione fisica, finalizzata all'addestramento militare dei giovani, mentre l'*Ond* doveva organizzare le attività ricreative e associative per il tempo libero degli adulti. Infine, al Coni era riservato il compito di preparare gli atleti professionisti. Nel 1927 l'*Onb* fu sciolta per fondare una struttura controllata direttamente dal partito: il *Gul*.

Rispetto alla coppa del mondo Uruguaiana, di carattere panamericana, quella Italiana fu più simile a un campionato Europeo avente 16 squadre partecipanti, di cui solo 4 estere (Egitto, U.S.A., Argentina e Brasile). La federazione Uruguaiana non inviò la propria squadra per ripicca con l'ente organizzatore della *Fifa*, poiché ritenuta di esser stata ingiustamente trattata 4 anni prima nella coppa del mondo in Uruguay con la mancata partecipazione delle squadre Europee al mondiale Sudamericano.

Per prepararsi alla sfida, Vittorio Pozzo, nominato commissario tecnico della nazionale, educò i propri giocatori con veri e propri allenamenti tipici della preparazione fisica dei militari, tenuti sulle montagne del lago maggiore e sull'appennino toscano. I trenta giocatori furono sottoposti a veri e propri calvari, in uno spirito che poteva ricordare quello degli Arditi durante la Prima Guerra Mondiale. Al termine di questa stancante formazione, vennero selezionati i ventidue giocatori da schierare e si organizzò, in un secondo momento, uno schema tattico che prediligesse una difesa di ferro basata su giocatori di esperienza nel ruolo di difensori pronti al sacrificio, di un centrocampo tecnico e ruvido e di un attacco veloce ed efficace.

L'Italia riuscì a qualificarsi e raggiungere i quarti di finale contro la Spagna, vincendo con non poca fatica e per mezzo di decisioni arbitrali del tutto discutibili. Ciò provocò l'indignazione della stampa spagnola e del governo di Madrid, che urlarono al complotto e all'arbitraggio sfavorevole agli iberici. La stessa critica fu mossa anche nella semifinale contro l'Austria, laddove l'Italia vinse nuovamente, come nei quarti, per uno a zero, suscitando aspri commenti dalla controparte austriaca.

La finale del mondiale la vinse la squadra di Pozzo contro la Cecoslovacchia, riempiendo lo stadio del partito nazionale fascista di 45.000 spettatori[42] e segnando uno slancio ulteriore all'esaltazione del prestigio della propria nazione, inneggiando i risultati ottenuti dal Duce Mussolini come artefice della rinascita della reputazione dell'Italia nell'Europa e nel Mondo. L'eccitazione e la gioia collettiva furono immense tra le folle, confermando i pronostici fatti sin prima dell'inizio del mondiale dalle testate giornalistiche del paese; ringraziando Vittorio Pozzo per gli insegnamenti impartiti ai giocatori sulla disciplina, sul dovere e sulla difesa dei valori e della propria patria. La vittoria fu dunque quella del metodo di allenamento, della tattica, ma anche della forza del Fascismo.

Quattro anni più tardi, nel 1938, nello stadio di Colombes, l'Italia vinse nuovamente il mondiale contro l'Ungheria in finale. L'evento non fu però consciamente considerato dai Francesi, che videro solo un'ulteriore accelerazione alla già inflessibile crescita delle ideologie diffuse dai regimi totalitari di quegli anni, ma senza presagire un possibile conflitto mondiale alle porte. La nazionale ospitante dei giochi del '38, la Francia, non fu mai, in campo, vista come una squadra pericolosa o che potesse ambire a vincere un mondiale o un trofeo internazionale e lo stesso partito del fronte popolare, presente nel paese, era contraria al calcio spettacolo. Seppur con questi deficit, venne ugualmente selezionata la patria dei diritti dell'uomo come paese dove avrebbe avuto luogo la coppa del mondo del 1938, con relative nuove edificazioni di stadi e ingigantimento delle dimensioni di questi per ospitare un maggior pubblico. Ciò permise di reggere il confronto con l'ottima organizzazione Italiana dei mondiali di 4 anni prima.

In quell'anno, gli italiani furono posti giornalisticamente in cattiva luce a causa dei proclami fascisti fatti il 14 maggio contro i francesi[43], causando un accrescimento di quel senso di nazionalismo e di populismo feroce insiti nell'immaginario collettivo presente all'avvenimento. Gli stessi calciatori furono disprezzati e ricoperti da insulti antifascisti durante le partite disputate durante il mondiale. La vittoria a sorpresa dell'Italia produsse pertanto un senso di *"revenge"*, di rivincita alle continue accuse mosse dai "democratici" e di critica alla democrazia plutocratica e decadente degli stati europei, come quello francese, facendo giungere tale scalpore al cuore e alla pancia delle masse come fosse la vittoria della giustizia divina.

Ciò che contraddistinse questi due ultimi mondiali citati fu l'assenza di nazionali rivali importanti, quali la Gran Bretagna e l'Uruguay: squadre dalla caratura di ben altro blasone, rispetto a compagini come il Belgio. Sebbene gli inglesi non avessero partecipato al mondiale in Italia, ci fu un incontro amichevole nel Novembre del 1934 tra i vincitori Italiani e la compagine dell'Inghilterra. Nella "Battaglia di *Highbury*", avvenne il confronto definitivo tra le due più grandi scuole calcistiche del momento e i *media* presentarono la partita come lo scontro decisivo per capire chi potesse essere la miglior nazionale al mondo. Gli Italiani dimostrarono ai padroni di casa il proprio valore, impartendo loro la dura lezione di non essere più considerabili i migliori al mondo nel gioco del calcio. Sebbene l'incontro finì in un clima gelido, umido e nebbioso, con la vittoria degli inglesi, i giornali italiani, e l'allora cronista Nicolò Carosio, definirono il risultato come una "vittoriosa sconfitta" dei "Leoni di Highbury"[44], elogiando gli azzurri per aver tentato il miracolo, dopo aver sfiorato il pareggio nel finale di gara.

Durante le dittature, il calcio europeo dovette fare i conti con i regimi totalitari e fu integrato nelle politiche sportive, che puntavano a creare un nuovo mondo e un nuovo superuomo atletico pronto per l'incombente guerra. Considerando ciò che fu il fascismo, al di là del regime del terrore, del culto del capo, dell'unico partito politico e di un controllo centralizzato dei poteri, è stato incentivato pure il perseguimento della promozione dell'attività sportiva, di esaltazione della plasticità dei corpi maschili e delle dottrine a essi connesse, tra cui il bellicismo e il razzismo. Le stesse associazioni calcistiche e sportive, in Italia e in Germania, formavano una società, a tratti indipendente, dallo Stato centrale le cui presidenze furono però attribuite a funzionari eletti dai rispettivi partiti nazionali; inseguendo i dettami della politica.

I dirigenti tedeschi si adattarono anche loro all'ascesa del nuovo partito nazionalsocialista, ottenendo il rinnovamento e la costruzione di nuove strutture sportive, assoggettandosi al partito unico ed espellendo gli ebrei dalle diverse organizzazioni a seguito della notte dei cristalli del 1938. Con la stampa di regime, sempre più contraria al giudaismo e il "*Novemberpogrome*", gli stessi allenatori o *staff* ebrei vennero irreprensibilmente e violentemente attaccati, sebbene avessero ottenuto, come nel caso di Jeno Korad, vittorie importanti per la propria squadra nazionale. Rispetto alle pagine sportive socialdemocratiche e comuniste, in Germania, lo *sport* della borghesia accrebbe il narcisismo sportivo degli adepti, segnando il declino e il fallimento del calcio operaio; la dittatura eliminò così il movimento sportivo operaio.

Il calcio ebbe nelle dittature il ruolo di attrarre le masse, di distrarle e al tempo stesso prepararle al nuovo conflitto mondiale con un'educazione paramilitare fornita ai rispettivi giocatori. Fu insegnato loro lo spirito di squadra, il culto del corpo e la volontà di trionfare per aver salva la propria vita. In Italia venne perfino autorizzato il richiamo di emigrati italiani del Sudamerica[45] per combattere nei campi da calcio in nome del Re e del Duce. Queste nuove leve servirono a sviluppare maggiormente e rendere più forte la nazionale italiana, salvo poi cercare nuovamente di espatriare allo scoppio della guerra per non essere chiamati al fronte. Il calcio contribuì quindi ad alimentare la credenza comune di essere un popolo unito, alla continua ricerca della vittoria e della conferma di questa sia sul campo da gioco, che sul campo da guerra.

Essere tifosi, durante i totalitarismi, significava poter ancora esercitare una propria libertà di tifo verso la propria squadra del cuore, di contestare le regole e l'arbitraggio e di poterne discutere liberamente nei bar dello *sport*, mobilitando un gran numero di persone grazie a mezzi di comunicazione tradizionali e nuovi, come la radio. In Italia, l'ente italiano audizioni radiofoniche cominciò a trasmettere il calcio in diretta radiofonica a partire dal 1928, permettendo poi, negli anni '30, di arrivare a toccare fino a cinque milioni di ascoltatori. La ritrasmissione fu essa stessa molto diffusa per mezzo del reportage sportivo del già nominato Niccolò Carosio[46], un *ex* studente Veneziano, che seppe raccontare le azioni di gioco come fossero racconti di eroismo, ricorrendo a elementi della comunicazione quali il pathos e la retorica fascista di esteso e collaudato utilizzo.

Il calcio servì le politiche estere dei paesi totalitari allo scopo di sovvertire l'ordine imposto e di politicizzare: armare a parole i propri cittadini per educarli a futuri soldati da mandare a combattere contro gli "invasori". Al contempo, i tedeschi trasformarono i loro atleti in rappresentanti della razza germanica, simbolo della potenza Nazista, e non ci sarebbe stato un palcoscenico migliore se non con i giochi Olimpici tenuti a Berlino nel 1935-1936.

Nell'Italia fascista, lo *sport* consentì inoltre di aggregare le persone e di fomentare un nazionalismo fondato sull'agonismo sportivo e sullo squadrismo, inteso come «entusiasmo sportivo che aveva trovato un'idea»[47]. La dottrina fascista riuscì a congiungersi con lo *sport* in 5 specifici punti: l'azione, l'eroe, il corpo, la gioventù e l'ideale dell'uomo nuovo. Le celebrazioni fasciste e le parate paramilitari non erano altro, quindi, che semplici simulazioni dell'azione che si sarebbe da lì a poco mostrata sui campi di guerra tra asse e alleati. L'inazione, dettata dall'impossibilità di dimostrare i propri valori militari prima dell'entrata in guerra nel secondo conflitto mondiale (eccetto i casi dell'intervento in Spagna e in Etiopia), legò l'aspetto estetico del fascismo all'azione atletica e alla sua artificiosità intellettuale. L'amore per il corpo nel fascismo, rispetto al pensiero anglosassone, sfociò in adorazione della forza bruta e della sopraffazione, mista a violenza, contro l'estraneo ritenuto inferiore esteticamente e razzisticamente: «per condurre la razza verso gli ideali della perfezione e della grandezza»[48].

La gioventù, nata sotto il fascismo, trovò risposte unicamente nel fisico e nell'azione virile mirata al dover morire eroicamente dietro a delle trincee per portare alla vittoria la propria madre patria: fondendo ardimento e risolutezza con lo spirito dinamico della giovane recluta. Gli sportivi ebbero pertanto il ruolo di esaltare simbolicamente il loro coraggioso giovanilismo nella nazione di appartenenza, riprendendo il mito dell'uomo nuovo: superiore alla figura del pigro borghese nel pensiero e nell'azione. L'individuo doveva hegelianamente essere parte della comunità nei comportamenti, nel pensiero e nella volontà: fondendosi con il gruppo e con lo stato.

La *Fifa*, a seguito di questa politicizzazione del calcio e dello *sport*, mantenne un rapporto di ambiguità e di neutralità politica con le dittature Europee. La vera sfida fu invece quella di riappacificarsi con l'Unione Sovietica, senza però riuscirci, sino a rompere i rapporti nel 1936. Le stesse difficoltà si presentarono, d'altro canto, con la federazione Turca, con quella Spagnola e Portoghese nel periodo antecedente allo scoppio della Seconda Guerra Mondiale.

Nel 1939 il calcio guadagnò in modo definitivo il suo posto d'onore nella cultura delle masse e nell'industria dello spettacolo, offrendo una distrazione alla guerra in corso. Tutte le comunicazioni di massa cercarono infatti di distrarre e attirare sul calcio le attenzioni al fine di far dimenticare al popolino la guerra. Anche in Italia si cercò di focalizzare l'attenzione sul fenomeno calcistico e di badare poco all'atmosfera di militarismo che attorniava il paese a seguito dell'entrata in guerra dell'Italia fascista a fianco dell'Asse nel 1940.

In Francia si riuscì in ugual modo a disputare la coppa *Charles-Simon* e portarla a termine, con la vittoria del *Racing Club,* e durante l'assedio di Leningrado ci fu un seguito di 8.000 persone, che si recarono allo stadio per assistere alla partita di pallone locale[49]. La normalità dunque proseguì indisturbata sino a nuovi eventi ben più drammatici, rispetto all'inizio di una guerra di affiancamento alle imbattibili forze amiche.

Le partite calcistiche del sabato e della domenica servivano, appunto, come da magnete di distrazione e di amnesia per gli abitanti, cercando d'incoraggiare la visione e il predicare del calcio senza intaccare mediaticamente e socialmente lo sforzo bellico.

Nel Regno Unito, tra la metà e la fine del 1940, il numero di spettatori che si recò agli stadi della capitale si ridusse enormemente a causa dei pesanti bombardamenti provocati alle città. La situazione poté cambiare solo dopo la cessazione del fuoco aereo da parte dell'aviazione tedesca e il suo spostamento in Russia per "l'operazione Barbarossa". Infine, l'occupazione della Germania Nazista nei nuovi territori, anziché limitare il calcio, cercò d'incentivarlo come strumento d'inclusione al nuovo regime e come mezzo per avvilire e annientare la *shoah*: suscitando indignazione e dimostrazioni anti-naziste.

I regimi totalitari e, in particolare, il fascismo, sono ragion per cui stati l'occasione per poter esprimere la visione di una società organica, in cui gli individui fossero totalmente spersonalizzati e i loro bisogni sussunti in quelli della collettività governata da un singolo *leader*. A ogni individuo era richiesto di essere fisicamente e psicologicamente in grado di soddisfare impegni e responsabilità, rinnovando nazionalmente le giovani masse all'eroismo, al sacrificio e all'impegno per la propria squadra di calcio o per la propria patria. Il calcio internazionale ha pertanto agito come epicentro entro cui incoraggiare l'unità nazionale di ogni singolo paese partecipante alla coppa del Mondo, come espresso nella gazzetta dei mondiali del 1938 in Francia: «la rivoluzione fascista [...] ha risvegliato il vigore della corsa nello *sport*, ha creato lo spirito sportivo tra le masse»[50].

Sebbene però fosse stata esaltata l'appartenenza alla comunità nazionale, molto spazio di manovra fu concesso anche ai singoli, con un acceso, e, stranamente, ammesso individualismo. La stessa apertura culturale avuta dal fascismo ha sollevato dubbi su ciò che realmente fosse parte integrante dell'essere fascista, minando il tentativo del regime d'inventare un senso di tradizione comune. Con la creazione d'identità locali forti e basate sul *campanilismo* di città e paesi, il fascismo consentì altresì ai *fan* di dare battaglia in tutta la penisola, atomizzando l'identità e forzandone l'orgoglio locale. Come nei casi di Bologna o di Firenze, le squadre calcistiche di queste due corrispettive città furono finanziate e stimolate da sentimenti individualistici da parte del partito cittadino.

L'Italia non fu per niente una nazione unita internamente, bensì enormemente frantumata anche dal punto di vista calcistico, con la presenza di innumerevoli squadre aventi ciascuna un'identità abbastanza forte e capace di minare l'ideologia politica della nazione stessa. Il Nazismo fece lo stesso errore, con l'unica differenza di aver posto un'enfasi maggiore sulla purificazione della razza e l'esclusione di ebrei e marxisti dall'attività sportiva. A discapito dei tedeschi, il calcio italiano, tra gli anni Venti del Novecento e la fine del secondo conflitto mondiale, era il più celebre al mondo.

Nella spagna Franchista, come accaduto nelle controparti italiane e tedesche, fu imposto brutalmente un sistema politico fascista centralizzato, che utilizzasse lo *sport* come strumento utile all'indottrinamento nazionale. Il Consiglio nazionale dello *sport* spagnolo divenne l'istituzione suprema, presieduta dal generale José Moscardó. I primi atti della nuova organizzazione previdero la subordinazione dello *sport* allo stato franchista, un'enfasi speciale all'attività della Ginnastica e l'introduzione della *"ficha biológica"* per tutti gli spagnoli[51].

In termini calcistici, il franchismo utilizzò il gioco per realizzare gli obiettivi politici della dittatura; pienamente consapevoli dell'importanza assunta dal *football* a livello mondiale. Ciò comportò la composizione di una nuova nazionale spagnola avente le magliette con i colori del nuovo regime. All'inizio di ogni partita, ai giocatori fu ordinato loro di fare il saluto fascista e di cantare l'inno falangista *Cara al sol*[52]. Per i franchisti, il calcio della seconda Repubblica è stato definito come: «un'orgia rossa della più bassa e vile tradizione della passione regionale, in cui quasi tutti si comportavano in modo separatistico e maleducato»[53]. Il discorso franchista dei primi anni era sostanzialmente ricolmo di una rabbia nazionalista, ma ciò non implicò lo sradicamento del regionalismo nella spagna. Difatti, le espressioni delle identità regionali erano tollerate, coesistendo tra di esse, ma tenendo altresì ben in mente la gerarchia esistente.

Logicamente, come negli altri regimi totalitari europei e non, la dittatura franchista cercò di diffondere il populismo e l'attivismo in tutte le regioni della nazione, reprimendo eventuali movimenti separatisti e utilizzando lo *sport* per manipolare le identità locali, provinciali e regionali; portandoli ad amare la propria nazione. Il ricorso al controllo soffocante dei *media* e la brutale repressione furono le due armi a favore dello stato centrale, e le amichevoli internazionali non erano altro che promozione del fascismo in terra straniera.

Dopo il crollo del terzo reich, il gabinetto spagnolo continuò, negli anni, a sfruttare lo *sport* per indottrinare le masse ai valori patriottici cari a Francisco Franco e a presentare i successi sportivi della nazionale spagnola come fossero la vittoria del franchismo. Oltre all'appropriazione delle vittorie della nazionale, lo stesso processo avvenne anche per quanto riguardarono i successi della squadra del *Real Madrid* nella *Coppa dei Campioni* negli anni 1956-1957-1958-1959-1960 e 1966, legando la storia del regime a quella del *club* della capitale. Dalla metà degli anni '50, i *"blancos"* divennero gli ambasciatori ufficiali della Spagna all'estero, grazie al *palmares* di trofei che si stavano sempre più collezionando.

Nella simile esperienza Péroniana dell'Argentina, da uomo grande e forte, Perón è stato campione di Scherma nell'esercito e un rispettato pugile e sciatore. Il suo stile unico di governo lo fece definire come maschio e popolare, *El Líder* del suo popolo e demagogo assoluto del gioco del calcio. Egli si recava spesso ad assistere agli incontri di *football,* ma non parteggiò mai per una squadra specifica, preferendo invece tifare in egual misura tutte le compagini argentine. Tale era la sua considerazione per il gioco del pallone che, nel 1949 e nel 1950, il Presidente argentino decise addirittura di non far partecipare la nazionale albiceleste ai campionati Sudamericani e ai mondiali, poiché preoccupato di una possibile sconfitta sul campo da gioco e la consequenziale perdita di fama nel mondo; in ricordo delle vicende calcistiche delle altre dittature del ventesimo secolo.

Per mezzo della teorica pace sancita nel secondo dopoguerra, il mondo si stava avviando, politicamente e calcisticamente, a una nuova stagione storica senza più gli odiati regimi dittatoriali della prima metà del ventesimo secolo. Ma come si riuscì a ricostruire sulle fondamenta ritenute distrutte? Cos'è rimasto del calcio in Italia e nelle altre nazioni nel mondo? E i nuovi *media* possono aver contribuito a foraggiare il "drago" dormiente del tanto temuto populismo creduto come estinto?

1.4 Il secondo dopoguerra calcistico: i nuovi *media*

Alla fine della guerra, nel 1946, le federazioni della Gran Bretagna, sollecitate anche dall'uscita di scena della Germania e del Giappone e vista la situazione globale, decisero di ritornare in seno alla Fifa. Lo stesso fece anche l'URRS nel 1947[54].

A seguito delle devastazioni post *II World War*, si cercò di ricostruire con il calcio un ritorno alla vera libertà e a una vita felice. In Italia, questo poté avvenire grazie alla ripresa dei campionati, incarnando ora valori democratici e di liberazione; desiderosi di cancellare il ricordo dell'oppressione esercitata dalle dittature nella prima metà del Novecento ai poveri cittadini. L'orgoglio nazionale, buttato al tappeto a seguito della sconfitta Italiana in guerra, poté essere riconquistato solo mediante la pratica calcistica.

Tutti i regimi dittatoriali non finirono di esistere nel secondo dopoguerra: l'Unione Sovietica Stalinista annesse ai propri dettami i paesi dell'Europa centrale e orientale, facendo adottare un'organizzazione sportiva e calcistica stalinista alle nazioni satellite, con la fondazione delle *"Dynamo"*. In questo contesto comunista, la formazione Ungherese vide nuovamente la luce con la riforma del *football* magiaro del 1949, a seguito della statalizzazione delle società sportive. Avvenne di conseguenza l'esaltazione della figura del calciatore Ferenc Puskas e dei suoi compagni, considerati come tra i migliori al mondo, impartendo delle sconfitte cocenti agli avversari Inglesi, surclassandoli nel 1953 e 1954. Gli Ungheresi furono utilizzati dalla stampa Sovietica come esempio di democrazia moderna e di un calcio brillante, rispetto alle compagini ben più tradizionaliste della vecchia Europa occidentale.

Nella finale del mondiale del 1954, l'Ungheria fu sorprendentemente sconfitta in finale dai tedeschi. Quest'ultimi furono preparati da Sepp Herberger che, a seguito di una rapida denazistificazione del paese, tornò ad allenare e fu scelto come commissario tecnico della federazione calcistica tedesca dell'ovest. Herberger fu determinante sin dal 1938 sulla preparazione fisica e atletica dei calciatori, insegnando loro il sacrificio e l'impegno totale da dimostrare per la propria patria; trovando una formula per il successo capace di superare le ideologie.

Nel secondo dopoguerra, la *Fifa* pensò bene di organizzare una competizione che permettesse un confronto regolare tra i *club* continentali. La stessa unione latina nacque a Parigi nel 1948, in un clima di solidarismo e di ravvicinamento dei rapporti esteri tra *club*s e nazioni. Fu così fondata una *Coppa Latina*, un torneo disputato tra i vincitori delle competizioni nazionali dei rispettivi stati europei, che si sarebbe svolta a cicli quadriennali. Dal 1953 avvenne una riorganizzazione della *Fifa*, sino alla costituzione di una confederazione Europea. Questa venne fondata nel 1954 e prese il nome di *UEFA*, l'unione delle associazioni europee di *football*. Data anche la vastità dell'*URRS*, ciò consentì all'associazione di coprire la sua estensione geografica sino all'Asia centrale, ammettendo poi la federazione turca nel 1962 e, molto più tardi, anche quella israeliana.

I conflitti politici certamente non finirono con il secondo dopoguerra: le partite del torneo Europeo tra nazionali, fondato nel 1960, videro il presentarsi di fratture politiche nel vecchio continente, specialmente tra le nazioni capitaliste e gli stati satellite dell'Unione Sovietica. Sebbene ci fossero queste fratture, si riuscirono ugualmente a riunire sia i *clubs* delle dittature iberiche, che quelli delle federazioni presenti nel blocco sovietico, con annesse fraternizzazioni tra i giocatori degli schieramenti opposti sul campo sia calcistico, che politico[55].

Nel 1955 venne fondata la *Coppa campioni* dei *Club* Europei, che per 5 edizioni di fila fu vinta dal *Real di Madrid*. Lo stesso *club* di Madrid era considerato da tutti come un *club* di milionari, avendo acquistato a peso d'oro diversi giocatori di talento, come Ricardo Zamora o José Samitier, e beneficiando di un sostegno economico da parte dei soci e dagli spettatori sostenitori del *club*.

A partire dagli anni '50, la Spagna Franchista iniziò il suo lento processo di reinserimento nel sistema internazionale ed

Europeo, divenendo un alleato delle forze opposte all'Unione Sovietica e un membro a pieno titolo nell'organizzazione delle nazioni unite. Molti calciatori dell'est europeo, come l'attaccante Laszlo Kubala, emigrarono prima in Italia e poi in Spagna, fino a essere ingaggiati dai *club* più rinomati come il *Real di Madrid* e il *club* catalano del *Barcellona*. Fu proprio la storia del calciatore rifugiato quella più diffusa in quegli anni: richiamando la volontà di libertà negatagli nel regime comunista e beneficiando del benessere finanziario ed economico capitalista occidentale.

Nel 1943, Santiago Bernabéu divenne Presidente del *Real Madrid* e decise di trasformare, dopo aver ottenuto finanziamenti dagli istituti di credito, lo stadio di *Chamartín* in un recinto sportivo che potesse contenere e ospitare fino a più di 120.000 spettatori. Ciò permise, come effetti a lungo termine, di attirare ingenti somme di pubblico, mantenendo un prezzo del biglietto basso, e di far crescere gli incassi ai botteghini. Il *club* poté dunque investire maggiormente nell'acquisto di nuove stelle del calcio e di rimanere uno dei *club* più titolati, se non il più famoso di Spagna e d'Europa. Il calcio spagnolo franchista fu considerato meta ambita per i rifugiati del comunismo sovietico e luogo di positiva e luminescente immagine per un futuro roseo del calcio e della medesima nazione.

Nel Portogallo di Salazar le cose avvennero differentemente rispetto alla vicina Spagna Franchista: Salazar si espresse con un filo di disprezzo nei riguardi del gioco popolare del momento, cioè il calcio. Ciò non tolse che il regime portoghese, di ben più vecchia origine, subì una maggiore influenza dal fascismo e dai nazionalsocialismi Europei della prima metà del Novecento. Questo fece sì che, per rendere il Portogallo riconoscibile geopoliticamente, si investì nella costruzione di nuovi stadi calcistici, ricorrendo anche al vivaio coloniale. Grazie alle colonie, il Portogallo riuscì a importare un elevato numero di giocatori internazionali di talento e conseguire importanti risultati a livello mondiale ed Europeo. Il *club* del *Benfica* di Lisbona riuscì a vincere la sua prima *Coppa dei Campioni* d'Europa nella finale del 1961 contro il *Barcellona*.

Il calcio Italiano vide una rinascita solo vent'anni dopo la fine della Seconda Guerra Mondiale e la caduta del regime fascista. Quello che avvenne non fu più il riconoscimento di un'intera nazione, ma dei *club* delle singole città, con annesso *campanilismo* sociale e mediatico[56]: eredità della politica mussoliniana del Ventennio. Gli anni del *boom* economico permisero a enormi masse di persone di emigrare dal Sud verso le metropoli e le grandi città del nord Italia, alla ricerca di un posto di lavoro e di una stabilità economica.

Visto che gli stessi stadi si stavano riempiendo sempre più di folle e i *supporters* aumentarono di anno in anno, il governo Italiano decise di sfruttare la sete calcistica mediante la creazione di un sistema legale di scommesse calcistiche, il totocalcio: uno strumento atto a finanziare il comitato olimpico nazionale e ottenere dei lauti introiti per lo Stato stesso. L'idea della schedina fu del giornalista triestino Massimo Della Pergola, che fondò la *Sisal*. Il calcio propose dunque all'italiano medio la retorica del successo, del risultato e dell'arricchimento. Il primo giorno di entrata in vigore del sistema della schedina, il 5 maggio del 1946, il gioco del totocalcio non ebbe molta popolarità. Solo con il passare del tempo, la diffidenza delle persone svanì e la febbre del gioco fu inculcata tra le masse d'italiani ignare, che si videro, di tanto in tanto, vincitrici di un enorme capitale economico facilmente sperperabile. Ciò fece cadere ogni tabù nei confronti delle scommesse sportive, che registrarono un importante incremento. I premi in natura e la speranza di vincere il primo premio in denaro spinsero molti nel provare, a desiderare di avere di più di ciò che già si possedeva; caricando le persone di una volontà di riscatto sociale, ottenibile grazie al successo in campo economico.

I *clubs*, invece, non beneficiarono dal totocalcio e si videro costretti ad andare verso il popolo per poter ottenere, con il sistema degli abbonamenti, un maggior seguito e un conseguente incremento dell'incasso ai botteghini. Gli Agnelli, i mecenati più conosciuti in Italia e possessori della *Juventus*, poterono investire sull'acquisto di giocatori importanti e mettere in palio generosi premi per i calciatori del *club*, se si fossero vinte determinate competizioni, incentivando l'agonismo. Le altre squadre italiane di calcio, seguendo l'esempio della squadra degli Agnelli, divennero delle vere e proprie imprese economiche. Molti mecenati e ricchi industriali capitalizzarono i loro fondi in *club* calcistici, come nel caso della *Lazio-Roma* acquisita da Leonardo Siliato, un uomo d'affari possessore di un piccolo gruppo d'industrie del tessile e di prodotti saponifici.

La potenza economica dei *club* del Nord ebbe la meglio, nella fase del *boom* economico, su quella dei *club* del sud Italia più ridotti in povertà. Negli anni 50 e 60, i *club* milanesi furono al centro dell'attenzione mediatica per i risultati conseguiti sia nazionalmente, che internazionalmente in Europa, con la vittoria della *Coppa Dei Campioni* del *Milan* nel 1963 e nel 1969. Per *l'internazionale di Milano* o *Inter*, patrocinato dalla famiglia Moratti, la sua proclamazione avvenne mediante la conquista della coppa campioni negli anni 1964 e 1965. Certi iniziarono a sostenere che tali risultati fossero stati ottenuti somministrando anfetamine ai giocatori. Si dovette proprio ai misteriosi successi della squadra dell'*Inter*, guidata dall'allenatore Herrera, soprannominato il mago, la volontà da parte della lega calcistica italiana di fare propria la questione delicata del *doping* sportivo. Nel 1962 fu orbene fondato a Firenze il primo laboratorio *anti-doping* del mondo.

Negli anni '60 venne inoltre fondata "*l'Union Nationale Des Footballeurs Professionnels*", un sindacato per i giocatori di calcio avente il fine di tuterale e assicurarne i diritti contrattuali dei giocatori. I calciatori divennero pertanto dei professionisti a tutti gli effetti. Questo evento portò alla rinascita dei Paesi Bassi, in particolare degli olandesi, dove i giocatori, da semiprofessionisti, divennero professionisti. Tutto combaciò perfettamente con la nascita di nuove stelle calcistiche come Johan Cruyff, che debuttò nel 1964 nella squadra Olandese dell'*Ajax*. I giocatori e l'allenatore dell'*Ajax* riuscirono nell'impresa di reinventare il campo da calcio con la tattica del *pressing* e del posizionamento più alto della linea di difesa, in modo da ridurre la parte di campo da gioco avversaria. Anche nel calcio spagnolo di quegli anni soffiò un vento di relativa libertà rispetto al passato e di possibilità di manifestare i sentimenti regionalisti.

Negli anni '70, le squadre dell'ovest europeo vantavano una maggiore prosperità economica, mentre quelle dell'est brillavano di una fievole luce nelle coppe d'Europa, come ad esempio la *Coppa delle Coppe*. La ricchezza delle squadre, inoltre, crebbe in quegli anni progressivamente, con la nascita degli *sponsor*[57]: a partire dalla stagione 1966-1967, nella squadra dell'*Austria Vienna* venne inserito il simbolo della birra Schwechater. Anche l'acquisto di maglie, scarpe e palloni incrementò a dismisura dopo la loro importazione dal Regno Unito, facendo sorgere il mercato di articoli sportivi di capitalistica e globalistica diffusione. Dagli anni '70 in poi, furono per di più potenziate le scarpe calcistiche, con l'utilizzo di caucciù artificiale e materie sintetiche per modellare le suole, rendere più veloce il movimento dei calciatori e avere una sensibilità maggiore. I palloni vennero invece realizzati con 32 pannelli di cuoio bianco e nero uniti fra di loro.

Al momento della diffusione del dispositivo televisivo nelle case dei cittadini e della crescita di vendite legate al mondo dello *sport* e del calcio, ecco che il fenomeno calcistico subì un'evoluzione definibile come contemporanea. Il calcio divenne spettacolo per le masse, da seguire attraverso diversi *media*, come la stampa giornalistica, la radio e la televisione. Per mezzo della transizione forzata alla nuova era del *football* contemporaneo, subentrarono negli stadi, e al bordo dei campi da gioco, gli operatori delle macchine da presa con le loro rispettive telecamere. Col loro inserimento, si poté finalmente riprendere tutto ciò che sarebbe accaduto allo stadio, cioè una diretta in tempo reale dei fatti. Lo schermo televisivo consentì quindi di poter assistere alle partite di calcio anche al di fuori degli stadi, con la stessa partecipazione visiva e uditiva di chi seguiva gli incontri dalla tribuna. Nacque da quel momento un rituale collettivo identitario di ricerca di valori comuni condivisi tra tifoserie della stessa squadra o nazionale.

Furono due le tappe che segnarono l'avvento del calcio nelle case degli italiani per mezzo del tubo catodico. La prima fu in occasione della coppa del mondo del 1966, nella quale si decise di far acquisire al calcio una dimensione satellitare. L'altra, invece, avvenne negli anni '90, quando le reticenze iniziali dei *club* e le loro paure furono totalmente estinte a tal punto da monetizzare fino all'ultimo centesimo le dirette televisive dei *match*. In realtà, il primo tentativo di riprendere e di trasmettere lo *sport* e il calcio in diretta, avvenne negli anni '30 del Novecento nella Germania nazista, con l'utilizzo di un sistema a circuito chiuso. Nel 1937, tale tentativo venne riprodotto nell'Inghilterra a Highbury, confermando la possibilità della ripresa visiva delle partite. Sarà solo negli anni '50 del Novecento che alcuni dei *match* più importanti, come la finale *di F.A. Cup* Inglese o gli incontri tra nazionali, vennero trasmessi per mezzo di antenne televisive.

I progressi del tubo catodico si poterono per cui misurare a partire dalle competizioni internazionali degli anni '50. Durante la coppa del mondo del 1954, tenuta nella confederazione elvetica, solo 7 paesi decisero di acquisire i diritti per trasmettere 10 incontri televisivi, tra cui le semifinali e la finale della coppa, permettendo agli spettatori, in rapida ascesa, di prendere coscienza e di abituarsi al reportage televisivo di sempre maggiore interesse pubblico. Avvenne orbene in quegli anni un *boom* di produzione e vendita di televisori mai registrato prima[58], incoraggiando i dirigenti della *Fifa* e gli organizzatori delle coppe del mondo a vedere la televisione sotto un'altra lente, quella economica. Questo consentì di giungere a un accordo atto all'unione tra pallone e il piccolo schermo.

All'avvento dei televisori, il vecchio *media* radiofonico non finì di esistere: diversi appassionati decisero di continuare a commentare le partite con un'enfasi e un'accentuato tifo tali da sostituirsi al sonoro delle televisioni. Sin dagli anni '60, gli Italiani, come anche i compagni europei, furono perciò soliti tenersi vicini all'orecchio una radiolina per sentire il prosieguo delle giornate calcistiche e la narrazione delle partite, tanto da farne una malattia, se non una fede: quella calcistica. L'avvenimento planetario portò pure alcuni *broadcaster* europei ad acquisire i diritti per trasmettere in differita le partite nazionali, se ospitate o tenute in paesi stranieri aventi fusi orari differenti rispetto alla nazione d'origine. Spesso i tifosi, non possedendo il dono dell'ubiquità, portarono con sé allo stadio una radiolina per poter seguire più incontri simultaneamente ed essere costantemente aggiornati sugli avvenimenti negli altri campi minuto per minuto.

Nel 1966, i telespettatori furono accontentati dal mezzo televisivo, grazie alla trasmissione del mondiale in Inghilterra: un avvenimento che fu seguito in tutto il pianeta dal satellite *Early Bird*, lanciato in orbita nel 1965. Gli stessi stadi furono riammodernati per poter ospitare le nuove tecnologie di ripresa visiva, con l'installazione di una piattaforma, di fronte alla linea mediana del campo, avente due telecamere per poterne ricoprire l'interezza. I momenti salienti del *match* venivano ripresi per mezzo di una telecamera elettronica situata a bordo campo, mentre una quarta telecamera fu posta in sala stampa. In finale del mondiale del '66 ci arrivarono proprio i padroni di casa Inglesi contro la nazionale tedesca *RTF*: un evento che avvenne solo dopo poco meno di vent'anni dalla fine della Seconda Guerra Mondiale, in un clima ricco di commenti nazionalisti e di stigmatizzazione della tendenza dei tedeschi al *kriegspiel*. Gli inglesi vinsero per 4 a 2 sugli avversari, al termine di una delle più belle finali della competizione calcistica mondiale; un incontro vissuto come se si stesse assistendo a una vera e propria guerra di trincea tra due fronti di forza eguale. Attraverso la visione televisiva di questa competizione, molte donne e uomini cominciarono a comprendere quali fossero le regole del gioco e di come non fosse affatto semplice segnare un *goal*. Questa comprensione fu sollecitata anche dal fatto di aver, nel corso degli anni precedenti al mondiale in Inghilterra, aggiornato le regole del gioco, modificando la regola dei cambi, identificando i giocatori con un numero scritto sulla maglia e ammonendo ed espellendo i giocatori, comunicando loro la scelta per mezzo di cartellini gialli o rossi (fine anni '60).

L'attitudine costante al voler trasmettere televisivamente le partite calcistiche, portò, negli anni '80, i *club* e le leghe sportive di calcio a modificare le loro precedenti abitudini e interessi[59]. Il salto tecnologico e le maggiori libertà concesse per trasmettere le partite di calcio, anche quelle più oscure ai più, permisero alla Spagna e alle nazioni europee vicine di poter stringere accordi per la cessione dei diritti televisivi per le singole stagioni e competizioni annuali[60]. Sempre in quel periodo, entrarono nella televisione anche una serie di nuovi canali patrocinati non più dal pubblico, bensì da privati. In questo panorama mediatico di nuova fondazione, le pubblicità e i marchi più rinomati dei prodotti del capitale marchiarono lo stesso nome di certe competizioni nazionali. Questo fu il caso della *Whisky Bell*, che appose il proprio nome sulla coppa nazionale scozzese nel 1979[61].

La svolta liberale inglese della Thatcher produsse anch'essa un'invasione dei privati sul possesso dei canali televisivi, permettendosi così di pagare maggiormente i *club* e intascarsi i diritti di ritrasmissione delle partite, rompendo il monopolio esercitato fino a poco prima dalle tv di stato sulla trasmissione dei *match* sportivi. Ciò consentì alle squadre europee di acquistare nuovi giocatori per i rispettivi *team*, come nel caso della *Juventus* mediante l'acquisto di Platini e di Boniek. Dai 45 milioni di lire spartiti tra i *club* italiani nella stagione 70-71, si passò, nel 1986-87, alla spartizione di 42,5 miliardi di lire ottenuti dai diritti di ritrasmissione dei *match*[62]. Le stesse tariffe per l'acquisizione dei diritti di trasmissione delle partite salirono vertiginosamente con il passare degli anni, fino a pagare 7,5 milioni di franchi per un singolo incontro della competizione Europea nel 1982.

La fame degli spettatori nel voler vedere un calcio spettacolo e l'esaltazione del nuovo *media* televisivo, portarono gli stessi *club* ad acquistare giocatori di calibro sempre più importante a cifre di cartellino sempre più alte. Fu questo il caso dell'acquisto del centrocampista brasiliano Socrates dalla *Fiorentina* per 5,3 miliardi di lire oppure l'acquisto di Maradona dal *Barcellona* al *Napoli* per 13 miliardi. Con il lievitare del prezzo di cartellino, gli stessi giocatori videro l'aumento del proprio stipendio mensile, sino a raggiungere velocemente cifre precedentemente date solo a dirigenti d'impresa.

É stato emblematico il caso della resurrezione economica dell'*AC Milan,* con l'acquisizione della società da parte di Silvio Berlusconi, un magnate nel campo immobiliare e televisivo. Fu proprio il nuovo *patron* a voler investire sull'audiovisivo italiano, proponendo una tipologia differente di televisione più volgare e accattivante per il pubblico. Solo dagli anni '90, a fine della legislazione che riservava ai soli canali *Rai* la trasmissione delle partite calcistiche, i canali *Mediaset* poterono trasmettere in totale libertà. Nel periodo prossimo a tangentopoli, gli italiani videro nascere un nuovo modo di fare comunicazione e televisione, e di come appassionarsi al calcio, in una perfetta commistione con la nuova politica italiana della seconda Repubblica.

Nel 1986, il *Milan* pre-berlusconiano, caduto in disgrazia a seguito del totonero, un sistema di scommesse clandestine, che vide coinvolto anche il Presidente dello stesso *club*, fu resuscitato dalle ceneri della *Serie B* attraverso colpi di mercato intelligenti e dispendiosi[63]. Fu perciò ingaggiato dal nuovo Presidente Berlusconi l'allenatore Arrigo Sacchi e fu acquistato il trio olandese di giocatori composto da Rijkaard, Gullit e Van Basten. Potendo contare su giocatori blasonati di grande talento e su una tattica efficace di Sacchi prima, e di Fabio Capello poi, il *Milan* godette di un periodo calcistico d'oro dal 1988 al 1994. La squadra stessa rappresentava ormai lo spirito e l'immagine del *self made man* milanese: rappresentante della modernità Europea e della Lombardia come traino dell'economia e del prestigio Italiano. Berlusconi non si limitò all'acquisizione del *Milan*, ma decise di entrare lui stesso in politica, incoraggiando i tifosi milanesi a votarlo ed eleggerlo alla guida dello Stato

Italiano con il neonato partito di *Forza Italia* nel 1994.

Gli anni '90 e Duemila furono, per giunta, gli anni del ritorno sul podio delle squadre inglesi, grazie alla ricapitalizzazione, da parte dei *club*, dei fondi recepiti dalla vendita dei diritti televisivi delle partite a società televisive private, come la *Sky* di Rupert Murdoch[64]. La televisione fu orbene il fattore determinante per il cambiamento nella struttura del gioco del *football* sia in Inghilterra, che in Scozia. I nuovi contratti televisivi, negoziati per conto dei *club* della *Premier*, cambiarono l'importanza delle entrate che divennero un enorme finanziamento del calcio; il tutto in connessione alla crescita di popolarità del prodotto calcistico e la diffusione delle trasmissioni via satellite. Con l'introduzione di ulteriori operatori di *pay-tv* nella negoziazione dei diritti di ritrasmissione televisiva, il beneficio fu ulteriore. Nella stagione 1996-1997, i pagamenti televisivi e radiofonici alle venti squadre partecipanti della *Premier League* inglese furono di circa 83 milioni di sterline e rappresentarono il 18,2 per cento del fatturato degli stessi *club*. Gli introiti potevano aumentare significativamente se vi fosse stata pure la partecipazione alle competizioni europee. Ciò permise alle squadre di maggior successo d'importare giocatori di grande fama e abilità, facendo sì che *clubs* come il *Manchester United*, il *Chelsea* e il *Liverpool* avessero alte probabilità di vincere nelle competizioni europee più famose quale la vagheggiata *Champions League*. Gli obiettivi imposti loro dalle relative dirigenze furono dunque quelli di puntare ai primi posti della classifica di prima divisione inglese, al fine di partecipare alle competizioni internazionali e massimizzare i possibili profitti. L'economia del pallone non cessò mai di crescere, con un conseguente aumento degli incassi annuali all'interno di uno scenario in costante crescita, dove non mancarono anche situazioni di indebitamento, come nel caso del *Real di Madrid* e del *Barcellona* in Spagna.

Tralasciando le ritrasmissioni delle partite, lo *sport* si diffuse anche in spettacoli, riviste e venne reinterpretato in diversi *format* televisivi quali i *quiz*, i campionati di fantasia, i dibattiti e le commedie. Sugli stessi *social network* e *blog* di internet, le tematiche sportive furono sempre più trattate sia dalla stampa di qualità che da *fanzine* realizzate da collaborazioni di *supporters* delle diverse compagini calcistiche. Le celebrità dello *sport* furono così costruite ad arte dai consumatori e dai *mass media* e poterono essere trasformate facilmente in repulsione, in eroi o antagonisti; costruiti o abbattuti dagli stessi promotori in qualsiasi momento. Questo tipo di trattamenti possono essere rivisti in numerose carriere sportive, come nel caso di David Beckham, di Dennis Rodman e Diego Armando Maradona.

Riprendendo il linguaggio del melodramma moderno, gli eroi sorgono e cadono, mentre i cattivi vengono sconfitti e le donne recitano nei ruoli drammatici di spalle dei divi maschili. Oltre ciò, molte celebrità sono state inserite nell'industria dell'intrattenimento e comparse in film, in programmi di dibattito sportivo, in videogiochi e addirittura come *guest stars* in *soap opere*. L'importanza mediatica dei calciatori, come anche delle altre figure dello *sport*, è stata pertanto data in pasto alla stampa mediatica e all'attenzione dei *mass media*, con il racconto delle loro vite private, tra gossip e scandali tali da stampare le loro facce sulle prime pagine dei giornali.

Il giornalismo può essere quindi considerato come uno degli strumenti più efficaci per promuovere lo *sport*, operando secondo specifici codici etici, ideali pubblicisti e leggi nazionali sulla radiodiffusione. Quando un'emittente acquisisce i diritti sportivi esclusivi, il prodotto calcio viene agevolato dall'emittente stessa e dal suo dipartimento sportivo, adottando misure strategiche per attrarre possibili spettatori. Le medesime pratiche utilizzate per il *broadcasting* delle partite di calcio sono inoltre state usate similmente nella ritrasmissione di altri *sport*, come nel caso delle corse automobilistiche di *Formula Uno*.

I *media* hanno ricoperto una posizione centrale negli *sport* odierni e nella loro diffusione planetaria e il giornalismo ha avuto una funzione di primo piano all'interno di essi. Inoltre, l'acquisizione dei diritti sportivi è considerabile come una sub-quota sostanziale dell'investimento delle emittenti, non coincidendo con i principi giornalistici di critica e di investigazione in ambito sportivo; perseguiti solo in minima parte. Come espresso anche da Hallbjørn Saunes di TVNorge:

«Il giornalismo critico e investigativo in ambito sportivo è perseguito in misura molto limitata. La ragione di questo è che ci sono poche risorse nell'area per questo tipo di giornalismo. Il giornalismo sportivo riguarda troppo spesso la coltivazione di celebrità dello sport e la promozione di profili. [...] Le risorse giornalistiche e il format giornalistico sullo sport sono molto limitati»[65].

La televisione ha avuto la capacità di distribuire contenuti visivi su grandi distanze in simultanea, plasmando le premesse del consumo calcistico e del *fandom* su livelli diversi. Tuttavia, i *mass media* del *web* e la televisione non devono essere intesi come elementi esterni alla corruzione del gioco del *football* (e della società). La sua espansione si è proprio attualizzata per mezzo degli strumenti appartenenti ai *media*.

Nella postmodernità, nella quale si è oggi, non tutti hanno preferenza di voler seguire un incontro calcistico esclusivamente dal vivo, poiché già soddisfatti dall'unico intrattenimento televisivo. La vita quotidiana è stata analizzata per poter inserirvi al suo interno le ore necessarie alla fruizione dei contenuti sportivi e calcistici, organizzando razionalmente la vita moderna (suburbana) delle persone. Come detto anche da McLuhan[66], i *mass media*, il tempo e lo spazio sono implosi nel consumo mediatico dei fan. Ciò si è intrecciato intrinsecamente con le attività quotidiane di alcuni gruppi di tifosi, che non riuscirebbero a riorganizzarsi di conseguenza se non ci fosse più l'occasione di vedere le partite calcistiche sul piccolo schermo.

Nella visione delle partite, il calcio consente una maggiore efficienza, poiché il campo da gioco è ben visibile e le inquadrature alternate durante le pause riescono a mettere a fuoco le azioni e i loro artefici: i calciatori. È certo che il consumo di partite in tv non faccia percepire le medesime sensazioni di chi invece è presente sugli spalti degli stadi. L'assenza di olfatto, di tatto e di tocco non consentono orbene di consumare totalmente l'incontro, ma solo di visionarlo, senza la necessità del suono della telecronaca. Dalla visione televisiva si capovolge drammaticamente la prospettiva, decentrando lo spettatore dall'esperienza reale e catapultandolo in un iperrealismo così espresso da Jean Baudrillard:

> «Se potessimo prendere come miglior allegoria della simulazione il racconto di Borges dove i cartografi dell'impero stilano una mappa così dettagliata che essa finisce per coprire esattamente il territorio. [...] Allora questa favola ha chiuso per noi il cerchio e ora non ha altro che il fascino discreto dei simulacri di secondo ordine. [...] La simulazione non è più in quella di un territorio, di un essere referenziale o di una sostanza. È la generazione per modelli di un reale senza origine né realtà: un iperreale»[67].

Visto che la televisione raffigura l'evento del gioco con inquadrature, angolazioni, posizioni e la frammentazione del tempo con *replay* e *slow motion*, ecco che viene costruito un nuovo evento agli occhi del pubblico. Questa rappresentazione così accurata può però rischiare di coprire lo stesso concetto di *football*: passando a una vera e propria simulazione e mettendo in ombra l'originale. La stessa alta definizione, secondo Baudrillard, è sinonimo della «*più alta diluizione della realtà*»[68]. Maggiore sarà la definizione del calcio ripreso, tanto minore sarà il suo legame reale con l'evento di gioco.

Il rapporto tra comunità e *fandom* sta venendo indubbiamente eroso col tempo e ciò farà solo che crescere l'insoddisfazione delle squadre calcistiche, oramai sempre più standardizzate a una logica di mercato capitalista; superando il tempo e lo spazio, simulando la realtà nella quale viviamo e sgretolando l'esperienza "viva" allo stadio. A proposito di stadio, il pubblico sugli spalti che fine ha fatto? Nel seguente paragrafo cercheremo di decodificare i diversi aggettivi a esso associati e ricollocarlo all'interno della narrazione fin qui protrattasi.

1.5 I supporters e gli *Ultrà*

Un *fan* è generalmente visto come un individuo "ossessionato": un soggetto che ha un intenso interesse per una determinata squadra, celebrità, spettacolo, *brand, band* o simile. Esso è stato più volte considerato come un pericoloso "fanatico", spesso isterico, un solitario ossessionato o membro di una folla isterica. Lo stesso sociologo Rogan Taylor o anche Duke e Clarke[69], hanno sostenuto che gli stessi appassionati delle discipline sportive abbiano sofferto dell'esser stigmatizzati fin dai primi giorni dalla nascita dello *sport* di massa.

Con la codificazione dell'attività sportiva, alla fine del XIX secolo, il numero di spettatori è aumentato a dismisura, rendendo assai difficile la possibile analisi analitica del *fandom*. I diversi modelli di tifo potrebbero, difatti, giudicare alcuni *fan* come non veri, rispetto agli assidui frequentatori degli stadi e viceversa. Adorno[70] li definirebbe come dei drogati impotenti, sfruttati e dominati per mezzo della cultura popolare e dall'ideologia delle classi dirigenti. Altrove, come in Hall[71], i *fan* e il pubblico sono invece visti come resistenti dell'ideologia, mentre altri, come Fiske[72], vedono un'opportunità di sintonizzazione maggiore del pubblico con esso per la riappropriazione della cultura popolare.

Alla luce delle varie interpretazioni, i *supporters* possono essere visti come un'*audience* attiva nell'uso e nella produzione di testi culturali e facenti parte della produzione della cultura popolare stessa. Gli *ultras* sono un esempio lampante di un comportamento collettivo regolare attraverso un atto di semplice consumo del prodotto calcistico. Eppure, non si è propriamente clienti, bensì partecipanti attivi ed emotivi dello spettacolo in scena, identificandosi con il *club* di appartenenza e sentendosi simultaneamente estensione di esso.

Il calcio ha aiutato tifosi e *ultras* a dare un senso alle emozioni e al mondo sociale che li circonda. Come anche affermato da Carter: «Il giubilo dei tifosi alla fine della partita di *baseball* riflette la loro prospettiva di essere coinvolti e il loro coinvolgimento emotivo in tali spettacoli [...] sono una parte integrante di esso»[73]. I rituali del *fandom* consentono agli *ultras* di sentirsi legati emotivamente a un collettivo ben più ampio del singolo individuo, per mezzo della costruzione di narrazioni che siano da ancora tra passato e presente; unificando la più ampia comunità di tifosi.

Secondo Durkheim[74], uno degli aspetti chiave della formazione di un gruppo era l'effervescenza collettiva che emergeva dai rituali. Il sociologo Simmel dimostrò inoltre come l'incontro di persone dello stesso pensiero fosse piacevole, aiutando, attraverso atti ripetitivi perpetuati dalla folla, a produrre un'energia positiva di solidarietà sociale nell'atmosfera circostante[75]. La capacità di saper leggere la folla e gestire le sue emozioni saranno poi le qualità essenziali del *leader* populista o del capo politico di turno. L'attività fisica del *fandom* riesce oltre ciò a eccitare fisicamente le folle, se in combinazione con un'emozione suscitata dalla *performance*. Ciò può conseguentemente portare a una frustrazione, ansia e rabbia nel caso di partite perse, oppure di euforia o estrema felicità nel caso di vittorie della propria squadra del cuore.

Lo stile *ultras* del *fandom* s'insidia in Italia a partire dagli anni Sessanta del Novecento e, per Hobsbawm, si può intendere come un insieme di pratiche provenienti da una «tradizione inventata»[76]. Ogni gruppo istiga e si abitua a certe pratiche capaci di ossificarsi nel tempo come tradizioni. Quest'ultime rendono unificati i tifosi di un determinato *club* mediante ricordi e valori condivisi. La comunità immaginata del gruppo di *ultras* è mnemonica, in quanto si rifà a un passato e a determinate azioni che si sono reiterate nel tempo, divenendo l'abitudine. Delle diverse tifoserie esistenti, ce ne sono due di particolari tradizioni: inglese e italiana. La prima si è evoluta per il teppismo e lo stile più *"casual"*, mentre l'altra per quanto riguarda il mondo degli *ultras.*

Gli *hooligans*/teppisti inglesi erano prevalentemente uomini aventi una composizione strutturale organica, alla mercé di alcuni gruppi di anziani dominanti. I combattimenti di quest'ultimi variavano in base all'incontro con le tifoserie rivali e, di solito, in relazione alle nozioni maschili di conquista di territori, come gli spalti o i *pub*. Solo successivamente, questo tipo di sopraffazione si è espanso anche al di fuori degli spazi pubblici, come nei parcheggi e nei terreni distanti dagli stadi, per non venire rilevati dalla polizia. È questo l'aspetto che ha contraddistinto il fenomeno degli *hooligans* e il loro stile *casual*, cioè dove i *fan* non indossavano necessariamente i colori della propria squadra del cuore e quindi c'era una minore probabilità di essere intercettati o identificati dalle autorità locali atte alla sicurezza pubblica.

A differenza dei teppisti, lo stile degli *ultras* contiene invece l'uso di colori, bandiere e striscioni da parte dei loro membri per farsi notare sia all'interno, che durante l'avvicinamento agli stadi. Gli *ultras* hanno anche una struttura ben più organizzata, gestita da un unico capo, che aveva il ruolo di dirigere un piccolo gruppo decisionale composto da individui responsabili della raccolta fondi, del reclutamento delle nuove leve e di pensare a idee creative da mettere in atto. Il primo gruppo di *ultras* in Italia fu la *Fossa dei Leoni* del *Milan* fondata nel 1968 e seguita rapidamente dalla fondazione dei *Boys* dell'*Inter*.

Sebbene molti dei nomi dei gruppi *ultras* fossero scritti in italiano, lo status dei *fans* inglesi in tutta Europa fu preso come esempio per diffondere la cultura britannica e la lingua inglese a livello globale. Ciò che è importante affermare è che ciascuna posizione geografica ha il suo contesto sociale e politico specifico, influenzando lo stile *ultras* adottato, come nel caso dei *barra bravas* in Argentina e dell'organizzazione gerarchica utilizzata dai tifosi argentini, in accordo con la presidenza del *club* per influenzare le elezioni.

Durante gli anni Sessanta era difficile per gli spettatori poter seguire le trasferte calcistiche per via della distanza dal luogo di provenienza. Questo fu ulteriormente evidente con la *Coppa dei Campioni* infrasettimanale e le diverse sfide da disputare in giro per i campi europei. Nonostante questo, i *fans* inglesi avevano iniziato a frequentare più abitualmente anche le partite in trasferta dei propri *clubs*, affermando il loro dominio nelle città rivali. Lo stile teppistico è stato così esportato e insegnato ai giovani *supporters* delle più blasonate squadre europee, come nel *Paris St. Germain* nel 1984, a seguito di un'incursione di tifosi inglesi a Parigi.

Con la tradizione inventata dai tifosi del *club* parigino, neonato nel 1970, è avvenuta l'esaltazione e la formazione di un nuovo gruppo calcistico. L'unica rivalità tra *clubs* francesi fu quella tra il *PSG* e *L'Olympique de Marseille*. Rispetto allo stile teppistico dei *supporters* parigini, i marsigliesi adottarono un'identità più da *ultras*, accentuando ancor più le differenze e i contrasti tra le diverse tifoserie. Per mezzo del localismo e della politica, gli *ultras* francesi seguirono la tradizione italiana del gemellaggio, che vide stringere amicizie con tifosi di altri *clubs* aventi gli stessi nemici.

In Germania, il seme calcistico gettato dall'*UK* fece diffondere un acceso teppismo e solo con un cambio generazionale prese piede la cultura *ultras*, volgendo lo sguardo al campionato di calcio italiano. Mentre lo stile inglese andava diffondendosi nelle nazioni europee settentrionali, nel meridione dell'Europa la moda italiana di sventolare bandiere, esporre striscioni e usare fuochi d'artificio poté entrare nella tradizione di ogni squadra di calcio. Con l'avvento del mezzo televisivo, gli *ultras* si diffusero internazionalmente in tutto il globo, adattandosi al contesto sociale, culturale e politico. In Italia gli *ultras* divennero realtà proprio durante gli anni del terrorismo politico, sbandierando striscioni nelle strade e nelle piazze. Lo stesso avvenne anche in Spagna, Jugoslavia e Grecia, dopo che la vita sociale poté riprendere liberamente non appena decadute le rimanenti dittature Europee. Ciò consentì loro di esprimersi senza più freni le pulsioni emotive e le proprie idee, rinnovando conoscenze e amicizie.

Gli spalti, spazi dove si radunano gli *ultras,* sono il ritrovo e l'*habitat* naturale dove poter rimostrare la spontaneità dei singoli: una zona di autorizzazione[77]. Nel caso della Curva Nord dell'*Olimpico* di Roma, l'attenzione del rituale prevedeva che le prime dieci file fossero uno spazio sacro, *durkheimiano*, riservato ai soli uomini. Ciò ha fatto sì che si attingesse a un linguaggio fortemente maschile, metafora delle trincee durante la guerra. L'implicazione era orbene quella che certi spazi non fossero fatti per donne, ma solo per uomini. Il *fandom* calcistico è rimasto fortemente legato al genere, perché lo stadio è luogo in cui viene messa in scena la mascolinità egemonica, ovvero un modo per riflettere il potere e il privilegio di certe forme di comportamento. La dominanza fisica ed emotiva ha evidenziato un modus operandi "ipermaschile" attraverso nomi di gruppi, canti e striscioni richiamanti la tradizione guerriera. La forza fisica, il controllo emotivo e la solidarietà collettiva sono state pertanto privilegiate. Eppure, il calcio e i movimenti *ultras* stanno interessando anche la componente femminile, che è sempre più presente come parte attiva tra le file dei soldati uomini al "fronte", allineandosi alle tradizioni esistenti e trascurando temporaneamente il ruolo di madre nei momenti di libertà vissuti allo stadio.

Non sono certo mancati poi fenomeni di violenza negli stadi. Come anche espresso precedentemente, la tendenza a farsi trascinare in ritmi ed emozioni particolari possono far interagire antagonisticamente le diverse tifoserie, tanto da raggiungere una sensazione di tensione che pervade l'area. Le emozioni sono infatti l'elemento scatenante: paura, rabbia, ansia e tensione possono contribuire alla violenza. C'è poi una definibile "*élite* violenta" che si nasconde tra le tante file di tifosi perbene e che si diverte prosperando in situazioni violente. Questa ha acquisito strategie per dominare emotivamente le masse e per drenare le risorse emotive sui rivali.

Non tutti gli appassionati di calcio e non tutti gli *ultras* sono violenti, ma il diavolo popolare del tifoso selvaggio è duro da estirpare. Di conseguenza, le nuove normative e una polizia più severa, come anche la riorganizzazione degli spazi degli stadi, hanno consentito di ridurre enormemente il fenomeno e prevenire gran parte degli atti violenti di qualsiasi tipo. Le autorità hanno attuato atti giuridici straordinari per creare lo spazio giuridico e discorsivo, che dichiari certi comportamenti come illegali, violenti o offensivi. Certe di queste azioni, purtroppo, sono state inadeguate, mancando di un dialogo aperto con la controparte lesa e violando i diritti umani degli stessi *ultras*[78]. Ciò ha incoraggiato e rafforzato populisticamente il senso d'identità collettiva di quest'ultimi, rimestando il senso di parità sociale che il calcio dovrebbe comunicare. Molti gruppi di *ultras* hanno quindi unito le forze di fronte a determinate azioni per stabilire regole condivise e cambiare certi tipi di condotta non accettati dalla comunità.

Spesso, i *mass media* e i *club* hanno etichettato tutti i tifosi e gli *ultras* come delinquenti, violenti o parrocchiali, ma così non è. Con ciò si ha impedito loro di essere una componente consultabile attivamente da parte dei diversi vertici calcistici, emarginandoli e ponendoli alle strette misure di restrizione. Un comportamento simile non è invece stato applicato in Germania, dove, attraverso i progetti di tifosi e l'impiego di essi all'interno di un aperto e diretto rapporto tra *club* e *fan,* ci si è impegnati a costruire un dialogo che desse voce alle tifoserie e a limitare i conflitti. La devianza degli *ultras* e i sentimenti di repressione e persecuzione sono ancor oggi i punti sui quali gli *ultras* si battono, alimentando una rabbia per certe sanzioni e regolamentazioni ritenute inesplicabilmente come errate. I Presidenti delle squadre calcistiche hanno più volte attirato su di sé le ire dei *fans* nel caso non avessero investito abbastanza fondi per potenziare la rosa o se si fossero attuate delle nuove riforme atte a limitare ulteriormente la centralità dei *supporters* all'interno "dell'azienda" calcio.

La realtà sociale è evidente a tutti: sono difatti oramai pochi coloro che sono ancora disposti, con regolarità, a presentarsi negli stadi e a dare un senso di diritto al gioco del *football.* La repressione continua delle proteste dei tifosi è esclusivamente altro carburante per alimentare un incendio già scoppiato e di difficile arresto[79]. Le convinzioni degli *ultras* italiani, come nel caso del gruppo degli *irriducibili* (laziali) o dei *Ragazzi* (romanisti), sono state di un profondo anticapitalismo, antiliberismo e di un *"anticonservatismo"*, alla ricerca di una rivalutazione del termine nazione e in opposizione all'iper-individualismo. Di conseguenza, gli *ultras,* come anche i fenomeni neofascisti, tendono a basare le loro azioni sulla paura e sul senso della disapprovazione all'illusione politica. Significativamente, avviene il loro rifiuto nel riconoscere la sconfitta e la curva diviene luogo dove ritrovare determinati valori comuni, come il coraggio, l'onore, la fedeltà e la lealtà. Attirando persone che emotivamente si sentono insoddisfatte, viene organizzato un gruppo quasi "paramilitare" entro il quale sentirsi appartenenti alla fede calcistica di un singolo *club* e venerare i propri calciatori beniamini ancora sotto contratto.

Gli *ultras* sono quindi prigionieri del gioco del calcio, perché dipendono totalmente da esso per dare struttura e significato alle loro singole vite. L'interazione tra i membri denota un *mix* di emozioni e di un senso del dovere nei confronti della propria comunità, dando forma all'auto-presentazione, usando il falso mito dell'ideologia fascista per eccellenza, cercando di costruire uno spazio autonomo entro cui vivere ed emergendo dalla folla della gioventù socialmente insoddisfatta.

Le comunità condividono un simbolismo e un comportamento specifico, uno stile di vita giudicabile deviante. Contro tutto ciò si schiera lo stato, che stigmatizza tali azioni di "guerriglia", smantellando, solo teoricamente, il mondo degli *ultras:* minacciando l'autostima personale e collettiva dei partecipanti ed emarginandoli politicamente. Tuttavia, questo rifiuto da parte della società per i devianti sembra in realtà potenziare il loro collettivo e la loro ideologia, spingendoli a continuare nella loro "campagna contro i mulini a vento". Questo ha migliorato la coesione sociale degli *ultras,* facendo indossare loro i panni delle vittime (non dei carnefici) e inorgogliendone lo stile di vita.

Il cosiddetto neofascismo proclamato dagli *ultras* non è nient'altro che un forte romanticismo per le ideologie autoritarie del passato. Il romantico sottolinea un forte senso di solidarietà e comunità ed è per questo motivo che si ha avuta la stessa emotività anche nei riguardi del gioco del pallone, alimentando ricordi legati a narrazioni di eventi calcistici avvenuti nel passato e divenuti leggenda nel tempo. Questo tipo di romanticismo nei confronti della propria squadra del cuore ha altresì creato generalizzazioni che, solo in determinate occasioni, hanno avuto un barlume di verità. Le etichette del tifoso laziale fascista sono, ad esempio, state da sempre applicate come delle etichette indelebili. Molti infatti hanno legato la figura di Benito Mussolini alla squadra calcistica italiana della *Lazio*. Si potrebbe pensare che ciò fosse nato sin dal Ventennio Fascista, ma così non è stato. Tutto invece ebbe inizio, teoricamente, tra la fine del '68 e gli "anni di piombo". Inoltre, Benito Mussolini non è mai stato né tifoso laziale, né romanista e allo stadio si recò ben poche volte, preferendo altri *sport*.

La realtà è stata perciò un'altra e il mito è cresciuto non tra le tifoserie, bensì tra i diversi calciatori laziali: tra le uscite in ritiro, la passione per il paracadutismo, le simpatie di estrema destra mai nascoste, e alcuni modi un po' autoritari del giocatore Giorgio Chinaglia, bollato come fascista da Pasolini in persona[80]. Questi elementi sono stati ulteriormente accentuati dal fatto che lo stadio *Olimpico* si trovasse in una zona costruita dal Duce, con tanto di obelischi inneggianti al *Dux* e i mosaici dei viali che conducevano allo stadio.

Dalla fine degli anni '70, le tifoserie della *Lazio* produssero l'effetto di far scattare l'adunata anche dei militanti politici di sinistra, che non avevano nulla a che vedere con il *football*. All'*Olimpico*, contemporaneamente, si moltiplicavano le bandiere tricolori o anche quelle aventi una croce celtica. Ogni tanto capitò pure l'apparizione di qualche svastica, ma il caso sportivo eclatante avvenne il 7 marzo del 1979 in occasione dell'incontro di basket tra *Emerson Varese* e *Maccabi Tel Aviv*. All'ingresso in campo delle squadre, le tifoserie varesine lanciarono polli spennati sul *parquet* e issarono una serie di croci di legno, accompagnate da cori antisemiti. La propaganda è stata tale che da quel momento essi furono chiamati "I ragazzi della *curva Hitler*"[81], assieme a tutti coloro che si fossero comportati similmente anche negli stadi di calcio. È da allora che il fascismo, il nazismo e il razzismo sono entrati ufficialmente negli stadi italiani, diffondendosi da Roma, sino a tutte le parti d'Italia. Nelle curve, ecco che cominciarono a comparire più teste rasate, raggruppamenti di *ultrà* (organizzazioni ancor più elaborate e studiate) dal saluto romano facile e dagli acronimi legati al periodo nazista e fascista.

Dopo la Seconda Guerra Mondiale, la frenesia comune, manifestata durante gli incontri calcistici, continuò a traboccare d'insulti, lanci di pietre, di pugni e spari. La violenza era invariabilmente diretta contro la figura dell'arbitro: l'unico a non essere visto come imparziale. Nel 1955, quando il *Brescia* vinse contro la *Salernitana,* mille tifosi gridarono minacciosamente alle scelte arbitrali, mentre nella partita tra *Napoli* e *Bologna* del novembre del 1955, furono sparati dei colpi tra le tifoserie e la polizia locale. Un senso d'ingiustizia era quindi alla base di molti dei disordini provocati a seguito dell'andamento delle partite e dal coinvolgimento o meno di errori arbitrali.

Spesso, quando era il momento di doversi unire per tifare la nazionale italiana, i gruppi di *ultras* italiani non sono riusciti neppure a superare le reciproche divergenze per combattere l'avversario comune. La cultura calcistica italiana, oltre a essere divisa allo stadio, è stata per di più divisa localmente nel proprio comune di residenza. I colori e il simbolo della propria squadra del cuore sono sempre stati ritenuti i migliori rispetto a tutti gli altri colori e simboli esistenti, così come anche in campo politico.

In Italia esistono due tipi di associazioni di tifosi: quella ufficiale di ogni singolo *club* e gli *ultrà.* La caratteristica principale delle associazioni ufficiali è il riconoscimento di queste da parte dei vertici della società calcistica di riferimento alla quale si è affiliati. Si potrebbe dire che, in certo senso, questi siano la parte rispettabile del tifo italiano, rappresentando anche un forte sostegno finanziario e politico alle risorse delle squadre di *football*. L'eredità del conflitto politico ha invece fatto leva sui giovani tifosi delle curve, ossia gli *ultras*: indipendenti dai *clubs* e gestiti da dinamiche organizzative interne spiegate già precedentemente.

Il quadro generale, già ampiamente esposto, ha evidenziato un clima di guerra, di opposizione tra amici e nemici al regno del calcio, di sfruttamento del tifoso come risorsa utile all'ottenimento del consenso politico, da parte del partito populista di turno, e del sostentamento economico per la propria squadra del cuore.

Rispetto invece alle tragedie vissute da alcuni *club* calcistici, ve n'è una in particolare che può essere presa come esempio per definire il concetto di fede calcistica nelle tifoserie.

Negli anni Quaranta, il *Torino F.C.* vinse ben cinque scudetti consecutivi e dieci degli undici giocatori della nazionale italiana facevano parte dei *granata*. La sfortuna volle che, nel 4 di Maggio del 1949, l'aereo, che stava riportando in Italia il *team* torinese da un'amichevole disputata in Portogallo, si schiantò contro la basilica di Superga. In quell'incidente, ben trentuno persone persero tragicamente la vita, compreso l'allenatore inglese Lesley Lievesley. Ai funerali, a detta di Giorgio Tosatti[82], l'intera comunità torinese commemorò l'evento, soffrendo per la perdita di giocatori, considerati come sensazionali e rappresentanti la dignità, l'onore e l'orgoglio mantenuti dagli italiani dopo la fine della Seconda Guerra Mondiale. Superga è divenuta luogo di pellegrinaggio, un santuario dove poter pregare e ricordare la squadra calcistica del *Grande Torino* e i suoi giocatori deceduti. Rispetto alla più vincente *Juventus*, il *Toro* incarnò il significato più profondo di *fandom*: essere uniti per tutta la vita da un evento negativo condiviso. Anche la morte, nel 1967, del centrocampista Meroni è stato un altro difficile momento per la tifoseria *granata*.

Queste tragedie possono farci capire cosa significhi avere dei martiri del *football* e il loro potere di sacralizzare formalmente un momento sportivo nella tradizione di una comunità. La malinconia prodotta si fonde al dolore vissuto individualmente e solo grazie al *fandom* ci si può sentire meno soli. Lo specifico fenomeno è inoltre capace di far comprendere alle persone non appassionate di calcio cosa significhi indignarsi quando si perde o quando un giocatore del *club* preferito non onora la propria maglia.

Seppur ormai è scontato, in Italia il calcio ha assunto una dimensione pari alla fede religiosa. Come detto anche da Pier Paolo Pasolini nella sua interpretazione socio-antropologica della linguistica del pallone, la partita allo stadio è un rito sacro: «celebrato con la compresenza fisica dei tifosi/fedeli sugli spalti e dai ventidue giocatori/sacerdoti in campo»[83]. Come detto dal professore Denis Müller in una videointervista pubblicata su *RSILa1*:

> «Il calcio imita alcuni aspetti della religione e lo fa a diversi livelli. Ci sono giocatori che si fanno il segno della croce e si segnano prima di entrare in campo o subito dopo aver realizzato il goal, ma il calcio è simile alla religione anche sotto il profilo collettivo e comunitario. E in questo senso coinvolge completamente gli spettatori più che nelle sue espressioni individuali»[84].

Nel 1982, l'antropologo Marc Augé scrisse un saggio particolare: *Football. Il calcio come fenomeno religioso*. Le sue considerazioni furono affini a quelle pasoliniane:

> «Il rapporto tra sport di massa e religione non ha niente di metaforico. Il fatto che, a seconda delle circostanze, le sue funzioni sociali possano essere interpretate in modo diverso e anche contraddittorio lo avvicina di per sé al fenomeno religioso. [...] Per la prima volta nella storia dell'umanità, a intervalli regolari e a orari fissi, milioni di individui si siedono davanti al loro altare domestico per assistere e, nel vero senso della parola, partecipare alla celebrazione di un medesimo rituale»[85].

L'intendere il calcio come un rito sacro, secondo Pasolini, e la conferma di Augé, hanno aperto una nuova strada alla considerazione dello *sport* da parte del mondo degli intellettuali. Così l'esperienza del campo si è tradotta in una forma di dimostrazione di due alterità secondo persino Platone e Cartesio[86]: con l'effetto di far uscire il fanatismo di sopraffazione dell'altro in favore della moderazione. Il saper cosa fare, il saper controllarsi e al contempo abbandonarsi al gioco, sono tutte doti che han riportato ordine nel *caos*.

Lo *sport*, oggi, si è trasformato in una forma di *medium*, intermediario tra il particolare e il diverso, tra la sfera più personale e quella pubblica, tra solitario e congiunto. Per essere più concisi, esso è divenuto spazio mediale verso il quale l'uomo e la comunità si relazionano e allineano al medesimo pensiero. Il modo con cui l'uomo si è visto e si è costruito sono d'altronde stati conformi al modo in cui ci si è dedicati all'attività sportiva. Il calcio ha mantenuto solo parzialmente il proprio ruolo, resistendo a fatica ai cambiamenti turbo-economici adottati e alla sua distribuzione ventiquattro ore su ventiquattro. Lo svuotamento del rito calcistico non è però stato totale, permettendosi di essere uno di quei pochi fenomeni della società capace di costruire nella mente delle persone storie, leggende e miti sui soggetti in esso presenti.

Si conclude qui il primo capitolo di quest'indagine che ci ha finora mostrato come il calcio sia divenuto lo *sport* più popolare al mondo. Ma cosa significa popolare? E il populismo invece? Molto spesso sono stati citati tutta una serie di elementi di carattere populista, ma quali sono? E come possiamo riconoscerli in una società post-moderna come la nostra? Nel seguente capitolo indagheremo sul significato di populista e di popolare, utilizzando, oltre alla mera politica della così chiamata seconda e terza Repubblica, il contributo noi offerto dalla visione di pellicole cinematografiche della commedia all'italiana. La commedia, come vedremo, ha assunto l'onere di trasporre la società, e tutti i problemi a essa connessi, sul grande e sul piccolo schermo: portavoce delle verità sociologiche del nostro Bel Paese.

CAPITOLO 2 - IL POPULISMO

2.1 Populista e Popolare

Il populismo è oggi divenuto un termine in voga, in Italia, nei circuiti dei *Mass Media*, nei dibattiti politici e negli studi accademici, invadendo totalmente lo spazio della discussione privata e pubblica.

Già a partire dagli anni Sessanta, negli Stati Uniti, veniva utilizzata questa espressione nel gergo politico per spiegare certi processi che avevano trasformato il terzo mondo e anche l'Italia stessa nell'arco della prima metà del Novecento.

A partire dagli anni Novanta il populismo è entrato ancor con più diffusione all'interno del nostro paese, uscendo dalla marginalità e dall'episodicità che in precedenza sembrava che lo contraddistinguesse. Del suddetto termine, l'informazione ha, da un lato, destinato al grande pubblico e agli esponenti politici un epiteto dispregiativo, demonizzandolo[1]. Dall'altro lato, fra politologi, storici e sociologi, ci si è sempre più interrogati sul suo significato, cercando di restituirne la funzione descrittiva per cui il termine è stato inventato e applicarlo senza più pregiudizi ideologici a riguardo.

Durante l'analisi però, anche i commentatori accademici sono stati influenzati dalle impennate populiste in atto, venendo meno al liberalismo inizialmente da questi ultimi promosso[2]. Chantal Delsol ha notato come sia complicato per un analista trattare il concetto di populismo con un dovuto distacco a causa della grande carica emotiva che accompagna il fenomeno. Da questi ne è così scaturita l'impossibilità di descriverlo obiettivamente[3]. Lo stesso Pierre- André Taguieff ha affermato come sia la parola fascismo, che quella di populismo hanno conservato la medesima carica di polemicità e di accusatoria utilizzate nei linguaggi politici e mediatici odierni[4]. L'accostamento a una vera e propria demagogia ha fatto inoltre sì che la situazione peggiorasse, come espresso da Taguieff stesso:

«Con ciò si suppone che al «buon» uso del popolo da parte dei democratici «autentici» si contrapponga un «cattivo» uso del popolo da parte dei «falsi» democratici che sono dei veri demagoghi. Si presuppone che i primi difendano le libertà democratiche e i secondi siano mossi da pulsioni o progetti autoritari. In un caso, l'amore del popolo è una virtù, nell'altro un vizio, un simulacro, un'astuzia più o meno perversa. La demofilia appare di conseguenza ambivalente: giudicata «buona» quando «sale» verso l'ideale democratico (o repubblicano), «cattiva» quando «scende» o «devia» verso la dittatura. Comunque stiano le cose, appare sin dall'inizio che quando oggi si impiega la parola «populismo» non si sfugge ai giudizi di valore né alle rappresentazioni manichee»[5].

Nella nozione di populismo è presente un secondo potenziale rischio: la tendenza a suggerirne l'abbandono totale per impossibilità di precisarne il contenuto o di riportarlo a un uso equilibrato del significato del termine. Vi sono delle ragioni di principio per voler sostituire la categoria populista con eventuali altre più ideali, come detto da Annie Collovald, che definisce il populismo intuibile come un'ingiuria politica[6]. Ciò che, in realtà, si percepisce dall'avalutatività dell'espressione è il vizio di voler collegare certi soggetti politici al termine stesso, ad esempio etichettando esso alle "nuove destre"[7].

Ritornando al cercare di fornire una definizione di populismo, ci si deve richiamare sull'origine stessa del fenomeno quando, nel tardo Ottocento, tra gli studenti e intellettuali russi scaturì la volontà di andare verso il popolo, poiché imbevuti di una visione alterata ed eccessivamente romantica della moralità delle masse contadine. Questo si è espresso poi anche nel *People's Party* negli Stati Uniti d'America, tra le inquietudini e le richieste mosse dagli agricoltori ai parlamentari democratici e repubblicani per l'ottenimento di maggiori tutele sul lavoro.

Al cospetto di fenomeni così eterogenei, Margaret Canovan ritiene fondamentale distinguere un populismo agrario da uno in prevalenza politico, basato cioè sulla relazione tra popolo ed *élites*[8]. I *narodniki,* come anche i movimenti contadini del *People's Party,* fanno parte del populismo agrario, mentre la dittatura populista di Perón, la democrazia populista e il populismo reazionario di George Wallace sono da lei inseriti all'interno del macro gruppo dei populismi politici. Come considerato da Donald MacRae sull'origine del populismo:

«Certamente possiamo usare il termine populismo in maniera automatica giustificata quando sotto la minaccia di una qualche modernizzazione o industrializzazione (chiamiamola come vogliamo) un segmento della società, per lo più agrario, agisce politicamente rivendicando il proprio credo in una comunità e (solitamente) in un *Volk* virtuoso, sventolando il suo egalitarismo e la sua opposizione a ogni élite, guardando a un passato mitico per rigenerare il presente, accusando l'usurpazione e la cospirazione straniera, rifiutando qualsiasi dottrina di inevitabilità sociale, politica o storica e credendo, di riflesso, in un'istantanea e imminente apocalissi mediata dal carisma di eroici leader e legislatori- figure come quelle di Licurgo. Quando, oltre a tutti questi elementi, siamo anche al cospetto di un movimento politico con obiettivi a breve termine, da ottenere tramite un intervento statale, ma senza passare per la forma canonica di un partito politico vero e proprio, allora siamo al cospetto del populismo nella sua forma più tipica. [...] Il populismo del tardo Novecento mi sembra che in larga misura non provenga dalla Russia o dall'America. Semmai alcuni spunti del pensiero europeo si sono diffusi, indipendentemente gli uni dagli altri, e si sono poi ri-combinati, dando vita a varie forme di populismo indigeno, in cui certune ambiguità dei vecchi populismi si sono mescolate con elementi sia primitivisti sia progressisti. La razza (vedi la negritudine) e la religione (specialmente l'Islam ma anchè il buddismo, il millenarismo cristiano e l'induismo) sono state aggiunte a un mix di valori arcaici e personalità esemplari. Il primitivismo agrario va scomparendo - tranne in India, dove sembra che attecchisca. Cospirazione e usurpazione riconfluiscono oggi in teorie variegate sul neocolonialismo e sulle azioni della CIA. «L'asimmetria dei principi civici» è diventata la norma «dell'azione diretta» populista. Spontaneità e integrità sono lodate ma ormai identificate con la gioventù, sicché una gioventù ideale (figura familiare nel mito) ha rimpiazzato i piccoli proprietari e i semplici contadini come personalità di culto. Il marxismo moderno, nel suo propendere per «il giovane Marx», è diventato anch'esso populistico. E c'è populismo pure nella ricerca del consenso e nel diffuso a-politicismo della «Nuova sinistra»»[9].

Il problema di questa serie di enumerazioni su cosa sia o non sia populista è difficile da risolvere. Nel saggio di Peter Wiles, *A Syndrome, not a Doctrine*[10], vengono appunto elencati una serie di eccezioni alle ventiquattro caratteristiche da lui descritte sulla sindrome populista, ma questa è solo un'altra interpretazione tra le tante proposte negli stessi anni da diversi altri illustrissimi autori.

Negli anni Novanta del Novecento si è voluta ribadire dunque un'impraticabilità nel poter fornire una vera e propria definizione di populismo e di popolare, limitandosi a cercare di far luce sulla questione individuandone i contorni storici, culturali e sociali interdisciplinari[11].

Si può certo concordare sul fatto che il populismo non si è storicamente identificato con uno standardizzato regime politico, ma ha sempre presentato delle diversità di contenuti in tutti i movimenti che sono stati, invece, etichettati con lo stesso aggettivo, rendendoci impossibile una lettura unitaria. Anche se vi stanno questi limiti, è possibile invece dimostrare come questo concetto abbia un proprio nucleo visibile, un'anima composta da caratteri ricorrenti nel tempo e nello spazio tali da farlo assomigliare a un'ideologia[12].

Nel corso degli anni, fortunatamente, si sono accumulati una grande somma di materiali sufficienti a poter definire un profilo complessivo del fenomeno, facendolo uscire dal cono d'ombra entro il quale esso era stato posto e consentendoci di coglierne il suo nucleo sostanziale, le cause e gli effetti prodotti.

Isaiah Berlin ha cercato di sintetizzare in modo efficace gli spunti emersi nel confronto tra studiosi e ricercatori sul concetto di populismo, sostenendo che da esso si possono enucleare le sue caratteristiche basilari[13]. La prima consiste nel creare un'idea di società che sia coesa e nella quale il soggetto si riconosca nella comunità organica, come descritta da Tönnies nell'opera *Gemmeinschaft und Gesselschaft*[14]. Da qui si giunge al voler riporre la propria fiducia più nella società che nello stato, preoccupandosi unicamente di riportare il popolo all'armonia perduta con l'ordine naturale degli eventi. Il populismo ha inoltre la capacità di orientare a riproporre nostalgicamente una serie di valori legati al passato e all'antichità, con la convinzione che gli stessi siano condivisi dalla maggioranza della popolazione; manifestandosi in contesti sociali in una fase avanzata di modernizzazione[15]. Dal concetto di ideologia, il populismo svolge una delle sue funzioni più tipiche ogni qualvolta emerga una crisi politica o sociale: l'*habitat* perfetto per esercitare un'attrazione sempre maggiore tra le masse.

Tra le peculiarità prima descritte, ecco che compare pure un effetto di anti classismo, di sintetismo e di cicatrizzazione delle ferite sociali aperte. Lo stesso nazional-populismo, come definito da Gino Germani, è servito da mobilitazione politica di un gran numero di popolazione, rendendo più facile il processo di industrializzazione[16]. Come riportato poi anche dalla già citata Margaret Canovan a fine degli anni '80, con il populismo avvengono l'esaltazione del popolo e anche l'anti-elitismo, con la conseguente perdita di fiducia nei politici di professione, nella politica in generale e l'affermarsi, nella volontà popolare, del concedersi a un leader estraneo ai partiti: un piccolo uomo capace di raccogliere attorno alla sua figura un intero popolo per tutelarne gli interessi e i bisogni. Il populismo assume pertanto un connotato antipolitico, utilizzato nella storia da *leader* abili nello sfruttare l'impatto sulla folla e ricondurla a "gregge"[17].

Il punto di partenza della serie di proposte interpretative sul tema è la trasfigurazione mitico-simbolica dell'idea di popolo e la sua sacralizzazione come fondamento dei valori sociali e politici, anche se ciò oggi ha subito una modificazione di angoli di visione. Il populismo può essere quindi inteso come ideologia, nel momento in cui fornisce dei vettori di senso che permettano di capire la situazione strutturale e politica in un certo momento e in un certo contesto storico.

Nella discussione accademica ci sono stati interventi atti anche a voler farlo equiparare a uno stile politico, richiamando in causa gli aspetti della comunicazione diretta in piazza tra i *leader* politici e i loro sostenitori: tra linguaggio, immagine e scenografie varie. Ernesto Laclau è stato, in quest'ambito, uno tra coloro che hanno fornito il maggior numero di spunti più significativi, inscrivendo il populismo in una logica sociale i cui effetti coprono una varietà di fenomeni tali da costruire il politico stesso[18].

Una «costellazione fissa» è dunque impossibile che esista, ma essa si può ricondurre a una serie di risorse discorsive utilizzabili nei modi più diversi e che necessariamente possono affiorare nei discorsi politici[19]; specialmente al momento della ricostruzione di un ordine.

Alan Knight interpreta, al contrario, il populismo come uno stile che reclama affinità con il popolo, ma senza essere connesso ad alcuna ideologia o a una classe sociale specifica, spezzando il campo in due parti contrapposte e generando uno scontro passionale e identitario tra il *leader* e il popolo contro i suoi nemici[20].

Kurt Weyland definisce, invece, il fenomeno come una strategia politica atta a conquistare ed esercitare il potere, messa in pratica da un *leader* che scavalca la comunicazione indiretta con il popolo per entrare direttamente in contatto con la folla e "mobilitarla"[21]. Come espresso anche da Flavia Freidenberg:

> «Il populismo può essere inteso come uno stile di comando contraddistinto dalla relazione diretta, carismatica, personalistica e paternalistica fra il leader e il seguace, che non riconosce mediazioni organizzative o istituzionali, che

parla in nome del popolo, potenzia l'opposizione di questo a "gli altri", mira a cambiare e a rifondare lo *status quo* dominante»[22].

Dietro la capacità di attrazione esercitata dalla politica minimalista della seduzione, degli affetti e degli immaginari, ci sono certamente stati anche un elaborato insieme di richiami simbolici e di promesse mirate per l'ottenimento del consenso popolare. Il populista si esprime quindi in nome del popolo, della maggioranza vessata dallo stato e ridotta in un perpetuo e sofferente silenzio, e, per mezzo della figura dell'eroe, araldo degli ultimi, questi si abbatte contro le malignità del mondo.

Le argomentazioni populiste sono una costante nel dibattito politico e utilizzate pressocché da chiunque con lo scopo di orientare l'opinione pubblica verso determinati bersagli o sentieri prestabiliti. La stessa Margaret Canovan ha appunto definito ciò, sostenendo che il populismo si concretizza quando la retorica dell'appello al popolo si unisce all'ergersi di una *leadership* carismatica: per mezzo di campagne elettorali che fanno appello alla "pancia" dell'uomo medio, negando le differenze di classe[23].

Nell'analisi fin qui compiuta, sempre più vasta e complessa, Guy Hermet è riuscito a tracciare le coordinate del nuovo populismo "mediatico", fornendo un sostegno periferico al filone di studi che ruota attorno all'ideologia populista per eccellenza. La stessa etichetta populista è dunque stata apposta su ogni aspetto della comunicazione di massa sensazionalistica e scandalistica[24]; ossia popolare.

Il populismo è stato altresì promosso da alcuni al rango di una «cosmologia», una visione del mondo perlopiù implicita, ma dalla straordinaria forza evocativa il cui popolo è trasfigurato in un insieme unitario e indivisibile[25]. Il carattere espresso da Loris Zanatta nella precedente affermazione porta così a intendere che il populismo sia estremamente fluido, unico e irripetibile[26]. Il fenomeno può essere riconducibile anche a una mentalità caratteristica, secondo quanto affermato dal politologo Juan José Linz nel 1964, distinguendo una mentalità da un'ideologia[27]. Alla luce delle sue affermazioni, il pensiero populista può identificarsi in un vero e proprio principio basato su stimolazioni e atteggiamenti emotivi di richiamo a valori intesi, ma vaghi, ancorati cioè a un passato ideale; ricordandosi di volgere lo sguardo al presente.

La mentalità populista si struttura poi in una forma dicotomica e manichea di distinzione del popolo dal non popolo, cioè di contrassegnare chi coltiva valori e tradizioni comuni da chi, invece, se ne differenzia, etichettandolo come una minaccia e un ostacolo da rimuovere. Questo modo di vedere le cose ha portato ad associare il populismo all'antipolitica: un'accusa ai governanti per la sopraffazione del potere, sollecitando costantemente i seguaci a indignarsi verso i «grossi»[28]. Le cattive abitudini importate dall'esterno, e instaurate nel nostro paese, devono essere orbene sradicate per poter risanare il futuro e riportarlo all'onestà e alla pulizia che, nell'immaginario comune, erano presenti in precedenza[29].

Come visto, le caratteristiche che concorrono a poter definire il complesso fenomeno del populismo sono molto numerose e raggruppabili in diverse dimensioni e proposizioni contenenti suggerimenti stimolanti[30]. Da queste possiamo dunque dire che, come pure affermato da Marco Tarchi, "il populismo è una mentalità che individua il popolo come un'entità organica, divisa artificiosamente in fazioni e in continua lotta per contrapporre il realismo, la laboriosità e l'integrità all'ipocrisia, all'inefficienza e alla corruzione di politici, di economisti, di figure sociali e culturali, rivendicando il rapporto diretto con il popolo come l'unico mezzo per ottenere la legittimazione del potere"[31].

Fatte queste precisazioni e interpretazioni del fenomeno, il populismo potrebbe essere apparso come l'espressione della vera democrazia, e cioè dell'applicazione della volontà legittima dei cittadini in seno alle istituzioni. Ma se per certi versi esso è considerabile come l'ombra della democrazia, per altri è invece il suo fantasma.

Benjamìn Arditi è uno tra gli studiosi che han riconosciuto nel populismo tre importanti forme tramite le quali esso è capace di manifestarsi: con l'*audience democracy*, ovvero la fiducia riposta dal popolo in una figura popolare *leader* delle masse. Con il porre al centro dell'attenzione mediatica un soggetto solo mediante meccanismi mediatici, oppure come sfiducia nelle istituzioni, che può tradursi nell'applicazione interpretativa delle leggi. A seconda del presentarsi di queste modalità, può generarsi un malcontento generale tale da riequilibrare l'assetto democratico, ribilanciando il *deficit* cresciuto in favore dell'élite o produrre la diffusione di propensioni autoritarie[32].

Che sia considerabile come sprone o come minaccia, certo è che la mentalità populista ha sempre trovato terreno fertile nelle democrazie e ovunque vi fosse stata una politica rappresentativa all'interno di una nazione. Ovviamente, i sostenitori dei dittatori, come detto da Ernest Barker[33], venivano rappresentati dal *leader* di turno o rappresentavano loro stessi la volontà del *leader*, come nel caso del fascismo. Nel libro di Hanna Fenichel Pitkin viene reso noto questo significato di rappresentazione simbolica dei voleri dell'elettorato:

> «Non conta davvero cosa rende soddisfatto l'elettore, se qualcosa che il rappresentante fa, o il modo in cui questi si presenta, o il perché quest'ultimo riesca a far sì che l'elettore si immedesimi con lui.[...] Ma un monarca o un dittatore possono comunque risultare leader di maggior carisma e di maggior successo, nonché migliori rappresentanti degli eletti in parlamento. Questi leader suscitano una fedeltà emotiva e senso di identificazione nei loro seguaci, cioè gli stessi effetti irrazionali prodotti da bandiere e inni. E, chiaramente, la rappresentazione da questo punto di vista sembra aver poco o nulla a che fare con l'esatta riflessione della volontà popolare, o con l'emanazione di leggi volute dal popolo»[34].

Lo scopo principale diventa, allora, il tradurre in strumento la rappresentazione delle masse per omogeneizzarle al pensiero unico di una nazione guidata da un capo carismatico. Con questa figura, al vertice dello stato fascista si è configurato il vero significato di *leadership*: «il *leader* deve costringere i suoi seguaci ad accettare ciò che fa»[35].

Il salto seguente avviene con il passaggio dalla rappresentazione simbolica alla teoria politica, seguendo ciò che ha ribadito lo stesso Claude Lefort sull'avvento della democrazia moderna:

> «Il potere era incorporato nel principe, e dava in questo modo un corpo alla società. In virtù di questo, in ogni sfera sociale c'era una latente ma effettiva conoscenza di ciò che *l'uno* significava per *l'altro*. Questo modello svela il tratto rivoluzionario e inaudito della democrazia. La sede del potere diventa un *luogo vuoto*. [...]L'esercizio del potere risulta adesso soggetto a procedure di periodica ridistribuzione. [...] Il fenomeno implica l'istituzionalizzazione del conflitto»[36].

In poche parole, con la *dissoluzione degli indici di certezza*[37], in passato fusi nel "Desposta", è avvenuto il passaggio alla democrazia, a una logica di eguaglianza sociale che nella monarchia non vi era presente.

Proseguendo con l'analisi del passaggio ai totalitarismi secondo Lefort, parzialmente confermata anche nel libro di Laclau, *La ragione populista*[38]:

> «Quando gli individui sono sempre più insicuri, a causa di una crisi economica o per le devastazioni della guerra, quando i conflitti di classe sono esacerbati e non possono più essere risolti simbolicamente nella sfera politica, quando il potere sembra essere sprofondato al livello della realtà e non essere niente più altro che uno strumento per la promozione di interessi e appetiti di volgare ambizione, quando, in una parola, esso appare *nella* società, e quando allo stesso tempo la società pare frammentarsi, allora assistiamo alla nascita del fantasma del Popolo-Uno, all'inizio della ricerca di un'identità sostanziale, di un corpo sociale ben saldo sulla sua testa, di un potere incorporante, di uno Stato libero da divisioni»[39].

È vero che certe posizioni popolari hanno fatto poi nascere fenomeni totalitari da noi ben conosciuti, ma è anche vero che le variabili in gioco sono tantissime: un'ampia gamma di situazioni intermedie tra la totale assenza o presenza di una cornice simbolica nella società. Il vuoto creatosi non necessariamente è ritenibile come una vacanza; al contrario esso può mostrare una *"pienezza assente della comunità"*[40]. Ecco che la logica fin poco prima, e in maniera molto semplificata, esposta non fa sì che dalla società democratica sia scomparsa definitivamente la figura del monarca, ma essa è semplicemente rinata sotto molteplici corpi. Anche nella democrazia può dunque manifestarsi una domanda popolare più stringente, capace di sovvertire l'ordine e colmare il suo interno vuoto passeggero, cristallizzandosi in forme del tutto distinte le une dalle altre.

In Italia, già a partire dal Ventennio Fascista (e ancora prima nell'età della Restaurazione sotto le spoglie di una «presenza umile» del popolo[41]) furono predicate molte tra le diverse parole d'ordine del populismo. La parola fascismo deriva dalla parola *fascio* e designa un gruppo politico specifico.

Dal punto di vista visivo e storico, il fascismo ha alluso anche al simbolo dell'autorità imperiale romana antica. Esso è emerso esplicitamente come movimento, come una sfida ideologica all'ordine liberale diffuso prima della Prima Guerra Mondiale nel Mondo. In sostanza, il fascismo fu contro le rivoluzioni progressiste nate nel XIX secolo e rappresentò un attacco controrivoluzionario alle libertà politiche, sociali ed economiche, di tolleranza e di uguaglianza. Allo stesso livello d'importanza, il fascismo fu una filosofia d'azione politica che poneva al centro del dibattito l'uso della violenza per l'ottenimento del potere in campo politico.

Il concretismo Mussoliniano, osservato da Antonio Gramsci, era la sua caratteristica distintiva rispetto a tutti gli altri fascismi presenti nel mondo e le sue diverse teorizzazioni. In pratica, il concretismo era legato all'idea del primato della politica sulle formule dogmatiche considerate più rigide, ossia definendosi anti-intellettuale per natura e puntando tutto sull'azione immediata e violenta; una comprensione semplicistica della realtà. Questi suoi caratteri videro perciò la difficoltà di essere canonizzati in un corpus ben più complesso. Gli artisti stessi di tutto il mondo ebbero il compito di teorizzare la strategia fascista adottata a un'estetica che potesse essere divulgata e celebrata in eterno, ma non riuscirono mai a renderla un sistema di credenze ben articolato. Proprio per questi motivi, Mussolini considerava il fascismo come unico nella folta «foresta degli ismi»[42]. Il dittatore pensava che tale ideologia dovesse essere capace di adeguarsi a ogni contesto, dimostrandosi come una svolta epocale, una rivoluzione mitica e sacra della nazione.

Come detto agli albori in Italia della teoria fascista, la sua purezza era derivata dall'intuizione inconscia prerazionale e i suoi diversi gruppi condividevano la stessa anima: «distinto nella forma, ma fuso e confuso nella sostanza»[43]. Il fascismo doveva essere considerato quindi come un codice specifico, un linguaggio che si rifacesse a dei significati meno modificabili, ossia un comune denominatore: il nucleo per eccellenza attraverso il quale si è capaci di equalizzare il tutto[44]. Gramsci definì questa matrice come la fusione tra il misterioso e la psicologia della guerra[45].

In uno scenario mondiale in cui entrarono in crisi i modelli capitalisti e liberalisti, l'obiettivo fascista fu quello di distruggere la democrazia e porre le basi per un totalitarismo, legittimando il potere del capo fondato su di un'idea moderna di sovranità popolare. Il dittatore non era altro che un delegato del popolo, come anche visto nel populismo. I legami inscindibili tra nemico, dittatura e popolo sono stati centrali per i fascismi di tutto il mondo. Mussolini, rispetto a Hitler, aveva un differente concetto di totalitarismo, trasformandolo da aggettivo politico negativo a una riformulazione che inglobasse tutti i caratteri del fascismo:

«Lo stato fascista non è un guardiano notturno, attento solo all'incolumità personale dei cittadini; né è organizzato esclusivamente allo scopo di garantire un certo grado di prosperità materiale e condizioni di vita relativamente pacifiche, che potrei anche essere incaricato da un consiglio di amministrazione. [...] Lo stato, come concepito e realizzato dal fascismo, è un ente spirituale ed etico incaricato di assicurare l'organizzazione politica, giuridica ed economica della nazione, un'organizzazione che nella sua origine e nel suo sviluppo è una manifestazione dello spirito. Lo stato garantisce la sicurezza interna ed esterna del Paese, ma anche salvaguarda e trasmette lo spirito di persone, elaborate attraverso i tempi nella loro lingua, nei loro costumi, nella loro fede. Lo stato non è solo il presente; è anche passato e soprattutto futuro. Trascendendo la breve magia della vita individuale, lo stato rappresenta la coscienza immanente della nazione. Cambiano i modi espressi, ma il bisogno rimane»[46].

La rivoluzione fascista, incarnata dallo stato, avrebbe dovuto disintegrare la democrazia, sterminare la classe borghese, essere antitesi del gradualismo, anti-partitica e anti-europeista. Essa non fu però del tutto applicata e non minacciò mai i rapporti con il capitalismo, oppure i privilegi sociali ed economici delle classi sociali più conservatrici. Era principalmente sul piano politico che il fascismo si differenziava dal liberalismo, mostrandosi come un totalitarismo. Come in Russia, la discussione politica fu eliminata assieme alla tolleranza e alla pluralità dei partiti, confondendo la distinzione tra l'uso lecito e illecito della violenza per mantenere il controllo dello Stato e dei suoi cittadini. Nel totalitarismo, in pratica, l'eredità illuminista fu messa da parte.

A differenza però dello Stalinismo, il fascismo non diffuse la paura, la violenza e la morte con l'unico scopo di mettere a tacere il dissenso, bensì furono strumenti atti a divenire politica fine a se stessa, poiché l'obiettivo d'instaurare la dittatura era già stato raggiunto. Secondo Mosse e Gentile[47], il fascismo aveva origini prebelliche che risiedevano in alcune idee nazionaliste radicate nella nazione di appartenenza e nella storia del suo popolo. Per Mosse, il fascismo è stato un fenomeno complesso, che si presentò nelle sue diverse varianti nazionali come una rivoluzione dello spirito del tempo plasmato dai movimenti delle masse gerarchizzate e oggettivizzato in mitologie, riti e simboli.

Da movimento politico, il fascismo si erse a religione civica e sistema di credenze, fino a contrapporsi enfaticamente al pensiero comunista del periodo successivo alla Prima Guerra Mondiale. L'imperialismo fascista eliminò la possibilità di diventare colonia[48], presentandosi come erede delle tradizioni imperiali romane e promuovendo una guerra senza fine, tendente a un'espansione infinita. Questo è confermabile dalle parole pronunziate da Mussolini sul significato della tradizione romana:

«Lo stato fascista esprime la volontà di esercitare il potere e guidare. Qui la tradizione romana s'incarna in una concezione della forza. Come inteso dalla dottrina fascista, il potere imperiale è non solo territoriale, o militare, o commerciale; è anche spirituale ed etico. Una nazione imperiale, cioè: una nazione che guida direttamente o indirettamente altre nazioni, può esistere senza la necessità di conquistare un solo metro quadrato di territorio»[49].

Il fascismo non è populismo, ma entrambi hanno condiviso delle affinità rispetto al popolo, alla nazione, i capi e i loro nemici. Sono quindi capitoli di uno stesso filone storico, una traiettoria che non ha mai visto un'interruzione definitiva e si è diffusa globalmente.

Sin dal crollo dei tiranni e monarchi nella democrazia Ateniese classica e dalla caduta della Monarchia Francese durante la fine del XVIII secolo, il fascismo è stato prodotto dalla democrazia. Ugualmente fondato sulla triade di popolo, *leader* e nazione, il populismo è emerso come regime a partire dal 1945, rifiutando la violenza utilizzata con spregiudicatezza nei totalitarismi. Si potrebbe quasi affermare che il fascismo fosse stato un populismo incompleto, senza democrazia, ma esso invece ne fu il distruttore. Fascisti e populisti condivisero l'idea di un popolo minacciato da nemici, un concetto che ha ispirato alcune idee allarmistiche in merito all'inizio di un tempo apocalittico e di essere dentro una crisi dalla quale fosse possibile uscire esclusivamente con l'aiuto di un capo carismatico. Rispetto però al pensiero Mussoliniano, i populisti, anche se xenofobi e razzisti, si sono tenuti più sul vago e sull'utilizzo della mera retorica.

Dalle ceneri del fascismo nacquero nuovi movimenti come il peronismo: considerato un fascismo riformulato e fondato piuttosto su forme di rappresentanza democratica. Sulla cartina geografica presto apparvero nuovi regimi populisti, specie in America Latina, come in Brasile, Bolivia e Venezuela. Questi furono diversi rispetto al peronismo, ma convergenti in una nuova era politica in cui il populismo avrebbe occupato il centro della scena e mantenuto il potere per molto tempo ancora. Dopo il fascismo, era necessaria un'ideologia politica diversa e il nuovo populismo "moderno" fu la soluzione perfetta a ogni problema, affermandosi come sfidante del liberalismo e del socialismo negli anni della guerra fredda.

Fatte queste premesse, sarebbe perciò logico pensare che alla fine della Seconda Guerra Mondiale, con il crollo del regime, la società italiana fosse ancora pregna di una certa mentalità che si era cercata di diffondere con ogni mezzo possibile. Quando il comitato di liberazione nazionale andò in frantumi, l'appello al potere del popolo e al suo diritto d'esercitarlo diventarono l'elemento legittimante per poter passare da un regime monarchico a un regime repubblicano democratico. Lo stesso populismo antifascista potrebbe apparire a sprazzi come provinciale e nazionalista, carico ancora nella psicologia e nella retorica di tanti elementi del movimento fascista[50].

La politica dell'immagine fascista fu utilizzata da presupposto già nel secondo dopoguerra come cardine del movimento neorealista, riprendendone concetti di funzione, comunicazione e di rappresentazione. Il "Nuovo Realismo" del secondo dopoguerra sostituì sì la retorica della nazione proletaria con la solidarietà di classe, ma in un contesto nel quale, dall'essere una nazione totalmente fascista, si passò velocemente a essere tutti antifascisti.

Nel film *Uccellacci e Uccellini* del 1964, girato da Pier Paolo Pasolini e prodotto da Bini, con la fotografia di Mario Bernardo, si segnò la fine di un'epoca storica nella quale fu data una seconda opportunità a coloro i quali, figli di una falsa cultura populista[51], avevano portato precedentemente il paese alla Seconda Guerra Mondiale con il fascismo. Il film è riuscito a dare il senso di un popolo e di un paese totalmente allo sbando moralmente ed eticamente, orfano di una qualsiasi ideologia identitaria.

Il pensiero di Mario Bernardo riuscì a collimare con quello di Pier Paolo Pasolini nella visione da *ex* partigiano di non esser riusciti a eliminare il male del fascismo alla sua radice[52]. Non fu un caso che la fotografia del film fu piuttosto vincolata a gerarchie cromatiche risalenti ai cinegiornali fascisti, immergendo lo spettatore in una visione lontana dai luoghi comuni; in un paesaggio neorealista. Il *set* stesso del film fu soprattutto la strada: intesa come sentiero polveroso e faticoso che l'uomo era costretto a dover percorrere tra le periferie e le borgate più decadenti del paese[53]; indice di una decadenza sociale e politica verso la quale ci si era ormai incamminati da tempo.

Rispetto, invece, alla definizione di "popolare", anch'essa ha in sé la capacità di mutare e di svilupparsi in rapporto con le diverse categorie alle quali ci si vuole riferire. Secondo Pierre Sorlin «qualcosa è popolare quando acquista un ruolo significativo nella vita della gente, quando è spesso menzionato e usato come punto di riferimento»[54]. Accettando questa premessa, Paola Valentini ha analizzato il termine, contrapponendolo a concetti differenti di ipotetiche antinomie teoriche come popolare e massa[55]. Come anche affermato dal sociologo Stuart Hall in uno dei suoi saggi:

« La cultura popolare è uno dei luoghi in cui è impegnata la lotta a favore e contro una cultura dei potenti: è anche la posta in gioco da vincere o da perdere in quella lotta. È l'arena del consenso e della resistenza. È in parte dove sorge l'egemonia e dove è assicurata. Non è una sfera in cui il socialismo, una cultura socialista – già pienamente formata – possa essere semplicemente 'espresso'. Ma è uno dei luoghi in cui potrebbe essere costituito il socialismo. Ecco perché la "cultura popolare" è importante. Altrimenti, a dire il vero, non me ne frega niente»[56].

L'ambiguità avuta per merito dell'industria culturale e della scuola di Francoforte, ha causato una contrapposizione anche tra popolare e d'autore, indicando per popolare un qualcosa di anonimo e di conforme a ciò che il mercato preferisce di voler diffondere e distribuire.

L'aggettivo popolare si distingue inoltre da quello della cultura *d'élite* a seguito della stratificazione sociale costruita nel passato e che oggi, al contrario, viene costantemente messa in discussione, cambiando l'assetto sociale. Ecco dunque che una cultura *d'élite* si è contrapposta alla cultura popolare delle masse e percepita oggi come un qualcosa di negativo e di eccezionale rispetto al resto dell'offerta generica e omologata al consumo comune di successo.

Il cinema stesso è possibile considerarlo come popolare, poiché è divenuto un fenomeno collettivo in grado di contribuire alla costruzione di un orizzonte di valori condiviso e come medium di diffusione di svago e di divertimento, oltre che di aggregazione sociale. Negli anni che seguirono la fine del secondo confitto mondiale, il cinema si è caratterizzato come un grande spettacolo popolare e un grande spettacolo del popolare[57]. Nel 1956, in Italia, il numero di sale cinematografiche è stato più che raddoppiato arrivando a contare oltre cinquemila sale parrocchiali che disponevano approssimativamente di un milione di posti a sedere nella loro totalità[58]. Tale diffusione, accelerata anche dai prezzi bassi per l'acquisto del biglietto, ha reso il cinema la forma di intrattenimento più accessibile a tutti. Al cinema popolare appartengono opere destinate a essere consumate dalle classi "inferiori", conservando alcuni elementi d'autonomia, ma al tempo stesso perdendo la loro identità esclusiva al momento di imitare frettolosamente e a bassissimo livello i modelli forniti dalla corrente consumista[59]. Nello studio *Cinema e pubblico*, Vittorio Spinazzola ha definito la differenza tra un cinema di massa e uno invece etichettato come popolare:

> « Al cinema popolare appartengono opere destinate a essere consumate esclusivamente dalle classi inferiori; il cinema di massa è invece concepito per unificare pubblico, borghese e proletario, e sembra quindi avere una valenza interclassista. Uno deriva da un sistema di produzione su piccola scala; l'altro è il prodotto di un'industrializzazione più avanzata. [...] Col tempo il cinema popolare viene schiacciato in un ambito più piccolo, dove può ancora conservare alcuni elementi di autonomia, ma dove perde la sua identità separata, e diventa prevalentemente una imitazione frettolosa, a un livello molto basso, di modelli forniti dalla corrente consumo»[60].

Il cinema popolare non è però necessariamente anonimo, né si sottrae all'arte, ma cerca di avere a che fare con livelli culturali, con le classi, con le tradizioni, con la geografia e con l'estetica di una determinata nazione anziché con il semplice numero di spettatori massificati; mostrando sullo schermo gli italiani e i loro comportamenti collettivi e registrando un vero e proprio diario di un «io collettivo»[61]. Un film come *"Maciste All'inferno"* (Guido Brignone, 1925) è riuscito a essere descritto come un equilibrio perfetto tra un *"appeal"* popolare e un riferimento artistico a ciò che era d'élite, fondendo il circo e la fiera del piccolo paese con il salone borghese (un melodramma ambientato ai margini dell'aristocrazia: «una divulgazione slapstick della Divina Commedia dantesca»[62]).

Durante il regime fascista in Italia, il cinema non era visto unicamente come fonte di propaganda per il regime, bensì in termini di una cultura nazionale, che non era cultura di qualcun altro. Le commedie fasciste, definite anche come cinema dei "telefoni bianchi"[63], mostrarono come i giovani preferirono scegliere di rintanarsi nell'illusione e nella fantasia, rispetto che volgere il proprio orizzonte alla realtà che li stava circondando.

Uno dei film che più è riuscito a esemplificare l'aspirazione a voler fare una riflessione sulla vita popolare per un pubblico popolare, anche se non rurale, fu *Treno Popolare* di Raffaello Matarazzo del 1933. Il giovane aspirante autore è divenuto regista e sceneggiatore di un filone di film strappalacrime di enorme successo nel secondo dopoguerra, costruendo la realtà presente nelle sue pellicole su di elementi popolari neorealisti.

Negli anni '40 e '50, il cinema italiano si è avvicinato sempre più al popolo e al "popolare", saccheggiando il teatro di varietà per avere materiale utile da utilizzare nei soggetti e nelle scenografie. Il cinema neorealista si è rivolto perciò al popolo, sfruttandolo a proprio vantaggio come partecipante, come finanziatore della produzione dei film e come destinatario finale: «alla ricerca di un connubio totale tra film e "popolo»[64]. È stato questo il caso di film come *Roma Città Aperta* (Roberto Rossellini, 1945), *Ladri di Biciclette* (Vittorio De Sica, 1948), *Napoletani a Milano* (Eduardo De Filippo, 1953) e numerosi altri titoli che furono enormemente apprezzati dalla critica grazie ai favori dei cittadini italiani che ne apprezzarono di molto il realismo e l'attualità di certi temi e tematiche a quest'ultimi care.

Negli anni Settanta del Novecento c'è stato un altro tentativo di voler far incontrare il cinema diffuso tra le masse di persone di qualsiasi stato sociale con cinema popolare e il cinema d'autore/ d'arte. Nel film *Novecento* di Bertolucci del 1976 si è riusciti a rappresentare la dialettica della lotta di classe, emblema della dialettica tra cultura popolare e il finanziamento industriale capitalista del film, per poter raggiungere le masse con un film d'arte. Questa pellicola ha fuso il suo materiale storico in un intreccio di relazioni simboliche ed emblematiche, tanto da assumere la forma di una vera propria saga ambientata nella tradizione contadina tra i braccianti della pianura padana.

Vi è stato sicuramente un approccio al cinema popolare di credere che esso si rivolgesse esclusivamente alle preoccupazioni delle persone comuni, ma ciò non sempre è riuscito ad attecchire tra le masse di spettatori. La ripetizione privilegiata dello spettacolo, in una situazione sociale in costante mutamento, e un minor sviluppo narrativo hanno caratterizzato in parte il cinema popolare italiano, dopo l'abbandono di tematiche più neorealiste, in favore di pellicole che ritrassero una nazione che volgeva il proprio sguardo a un idilliaco futuro promosso dal *boom* economico di quegli anni.

Lo stesso Gian Piero Brunetta si è espresso nel suo libro relativamente all'influenza avuta nel cinema, a partire dai primi anni Cinquanta, in Italia, con l'arrivo di capitali americani e con l'americanizzazione dei produttori. Questo portò inevitabilmente il cinema a dover adattarsi a un pubblico più "popolare" che esigeva una qualità sempre maggiore; non disdegnando però la produzione in parallelo di film d'autore più ricercati. Come detto da Brunetta: «Coabitano e circolano nella società dei consumi modelli cinematografici diversi [...] dalla fine degli anni Cinquanta si registra una chiara inversione di tendenza: il pubblico consuma con più attenzione prodotti italiani e decreta il successo di titoli di qualità e livello superiori»[65].

Gian Carlo Ferretto ha ribadito sul quotidiano *L'Unità* il 4 dicembre 1955 che uno tra gli schemi caratteristici di moltissimi film melodrammatici e d'avventura "storici" era fondato sull'amore caramelloso tra un bel giovanotto e una bella giovinetta. In questo contesto, ecco che subentrava il solito intervento del malvagio di turno che si anteponeva alla coppia. Alla base delle lacrimose commozioni del pubblico e dello schieramento di questi dalla parte dei più deboli, questo specifico atteggiamento è stato analogamente notato da Gramsci per la *"letteratura d'appendice"*: l'uomo del popolo che subisce ogni giorno le ingiustizie dei potenti s'immedesima nel personaggio dell'oppresso che si fa giustiziere di se stesso:

«Ciò che ho scritto a proposito del *Conte di Montecristo* come modello esemplare del romanzo d'appendice. Il romanzo d'appendice sostituisce (e favorisce al tempo stesso) il fantasticare dell'uomo del popolo, è un vero sognare a occhi aperti. [...] si può dire che nel popolo il fantasticare è dipendente dal "complesso di inferiorità" (sociale) che determina lunghe fantasticherie sull'idea di vendetta, di punizione dei colpevoli dei mali sopportati, ecc»[66].

Questo tipo di costruzione della narrazione potrebbe dunque spingerci a credere che tutti i film popolari siano stati legati a questo tipo di narrazione, ma, come affermato invece dal regista Raffaello Matarazzo, «non è né facile, né difficile»[67] poter prevedere se un'emozione riesce ad arrivare al pubblico, rendendo impossibile l'applicazione di uno standard a tutti i film con il fine di ottenere un risultato notevole al botteghino. Con la formalizzazione della commedia all'italiana negli anni '50, Enrico Giacovelli ha spiegato come, secondo anche il pensiero di Marco Ferreri, non è avvenuto un tradimento del neorealismo, ma di un suo sviluppo spettacolare per poter «mandare al cinema la gente»[68]. Le situazioni, gli ambienti e i personaggi del cinema neorealista sono state orbene revisionate per adattarle a un nuovo modo di raccontare i fatti: denunciando sottilmente temi e tematiche sociali e non.

La pari contemporaneità è stata criticata o polemizzata, raccontando storie di gente comune e utilizzando un linguaggio basso, cioè popolare, di un italiano regionale o di un dialetto locale ben riconoscibile all'orecchio del popolo stesso, con una conseguente «frantumazione linguistica»[69]. Quest'ultima è stata messa in mostra nel cinema con una maggior frequenza a partire dalla fine degli anni '50 in Italia, facendo conoscere la varietà linguistica e il nascere di nuovi gerghi giovanili e di locuzioni influenzate dalle pubblicità. Si è arrivati dunque a ciò che Pasolini ha definito nel 1965 come il «neo-italiano»[70]. Dal neorealismo si perciò passati al nuovo *format* cinematografico, dopo il fallimento del progetto neorealista di creare un insieme di valori comuni, preferendo invece raccontare le storie di una specifica generazione della classe media urbana tra desideri, concorrenza e consumismo frenetici; l'unico modo per poter dimenticare il passato.

La commedia certamente non è riuscita a trasporre per interezza la realtà sociale all'interno dei film, ma se ne è fatta portavoce divenendo popolare agli occhi del pubblico. Può essere il caso di film come *Rocco e i suoi fratelli* (Luchino Visconti, 1960), *Cuore di Mamma* (Salvatore Samperi, 1969), *La classe operaia va in paradiso* (Elio Petri, 1971) e numerosi altri che sono riusciti a mostrare agli spettatori il mondo delle fabbriche e il lavoro operaio per mezzo della nuova realtà che stava sempre più prendendo piede nella società. Da quel momento sono state costantemente prodotte nuove pellicole, che sono riuscite a mostrare gli anni del "miracolo economico" e le trasformazioni messe in atto nel corso dei diversi decenni tra la popolazione, mostrando un'Italia «colorata e mutante»[71], in perfetto equilibrio tra vecchio e nuovo. Una positiva valutazione della commedia all'italiana, secondo Giacomo Manzoli, può farci notare come questo genere sia riuscito a mostrare senza pietà anche il lato più oscuro degli anni del *boom* economico:

> « [la commedia all'italiana è] una perfetta macchina per registrare l'imminente trasformazione della società italiana del *boom* , delle sue esperienze e delusioni. Il cinema di questo periodo racconta, a volte in maniera ossessiva, la storia di un soggetto in crisi, disorientato, pronto a liberarsi di una vecchia identità culturale, ma stordito davanti all'imprevedibile difficoltà di sostituirla con qualcosa di autentico»[72].

Lo spettacolo popolare italiano si è quindi fuso con la commedia dando vita al *Carosello*, un programma televisivo tra i più visti negli anni tra il 1957 e il 1977 che, seppur censurato in molte sue parti dalla Democrazia Cristiana, ebbe la capacità di rappresentare la maggior parte degli italiani. Con il *Carosello* si è diffuso un nuovo stile di vita consumistico e si sono uniti i desideri delle masse verso l'acquisto di merce nuova dai mercati, incentivando la domanda e l'offerta interna al bel Paese. Come anche affermato da Aldo Nove sull'importanza del mezzo televisivo per le famiglie italiane degli anni '50 e '60:

> « La televisione era l'altare della famiglia, e parlava dei semplici misteri della *Parola* [...] il nuovo tentativo di avere tutti in corpo, in comunione, il desiderio di creare una nuova Chiesa. [...] C'era conflitto di classe, ma ogni classe desidererebbe non solo gli stessi beni, ma anche come questi beni fossero desiderati»[73].

Gli *spot* del *Carosello* erano *sketch* comici, spesso interpretati da celebrità dello spettacolo, che condividevano con la commedia la messa in scena del desiderio, cioè l'ambire a essere come i divi e le dive della televisione anche nella realtà quotidiana di tutti i giorni. Certo è che questo consumismo si è sposato con l'idea della "sacra famiglia italiana" tradizionale, poiché la *DC* teneva sotto la propria ala ogni tipo di proiezione e il suo contenuto che doveva rispondere al credo cristiano.

Gli *spot* pubblicitari furono orbene interpretazione del nucleo famigliare ideale al quale si cercò in tutti i modi di educare gli italiani. Può essere un esempio lo *spot* che è stato trasmetto nel '63 intitolato *"L'audace colpo del solito ignoto"*, parodia del film *"L'audace colpo dei soliti ignoti"* (Nanni Loy, 1960). In questo breve *sketch*, l'attore Nino Manfredi impersona la figura del ladruncolo italiano e la sua incapacità di rubare. Con le battute del film tra la moglie e Nino, la strategia del *Carosello* è stata messa in atto e i desideri indotti al pubblico (il rubare un frigo) sono stati rafforzativi della centralità della famiglia rispetto al bene di consumo di poco valore.

Il processo d'imborghesimento dell'italiano medio è stato per cui perpetuato dalla televisione statale e la commedia all'italiana è stata solo una mera pittrice di un quadro già ben chiaro a tutti. Come visibile anche nel film *Il Mattatore* (Dino Risi, 1959), i protagonisti Gassman e Anna Maria Ferrero si ritrovano a essere, rispetto allo *spot* del frigo, sedotti eccessivamente dai desideri materiali del consumismo e dalla necessità di possederli al fine di ottenere un benessere sociale per mezzo di essi. La commedia ha colto il senso di frustrazione insito nella costruzione di un nucleo famigliare e il suo mantenimento minacciato dal demone del desiderio e della ricerca della ricchezza materiale sopra a tutto e a tutti.

Un altro film che ha avuto il pregio d'inscenare la rottura con la narrazione tipica del matrimonio felice è stato *Il Marito* (Gianni Puccini e Nanni Loy, 1958). Fin dalle prime scene sono osservabili le volontà del protagonista in netto contrasto con le circostanze entro cui si svolgono i fatti e senza alcuna possibilità di raggiungere l'ambito sogno, ossia il successo personale. La visione di Alberto (Sordi) della famiglia, cioè di uno spazio ove crogiolarsi individualisticamente, cozza completamente con i più tradizionali legami familiari. Il finale non può che essere dunque la sconfitta dell'individuo nei confronti del matriarcato, della sopraffazione del potere femminile sull'uomo e sulla sua necessità personale di libertà da rapporti fini solo a dei tornaconti economici.

Al momento del crollo del fascismo si sono sostituiti nuovi valori "popolari" che fossero compatibili alle aspettative di un paese in fondo capitalista e la commedia all'italiana, con la sua satira, è riuscita a cogliere le incompatibilità con l'integrazione a un conformismo sempre più promosso, ma dal quale ci si discostava nella narrazione. Per cui, si è mostrato agli italiani che vivere in una società così costruita e facilmente manipolabile, specie nel periodo del miracolo economico, voleva anche dire dover accettare un prezzo che prima o poi si avrebbe dovuto pagare.

2.2 Il populismo entra nella politica italiana

Come correttamente detto nel libro di Sergio Romano[74], l'Italia è il paese in cui i magistrati dell'accusa si sono spinti ancora più in là nell'esercizio delle loro funzioni e nella concezione del loro ruolo. Viene soprattutto citata l'Italia come un laboratorio, «luogo dove i modelli politici ed economici vengono sperimentati o discussi». È proprio all'interno del nostro paese che si sono visti il fascismo, lo stato corporativo, l'economia mista, il compromesso storico, la democrazia consociativa e il berlusconismo. L'Italia è stato pure il luogo nel quale si presentò il fenomeno del terrorismo negli anni '70. Ogni sperimentazione non è nata dal nulla, bensì provocata da crisi che hanno mostrato come fosse difficile il perfetto funzionamento della Repubblica Democratica Italiana progettata dai padri costituenti alla fine della Seconda Guerra Mondiale. «Collage di esperienze, tradizioni e percorsi politici alquanto diversi», le differenze interne tra le diverse città del nord e del sud, i vari periodi storici vissuti nella penisola e le diverse tradizioni e culture, sono stati tutti elementi che hanno contribuito alla nascita dello Stato che oggi noi tutti conosciamo e hanno fatto sì che restassero delle anomalie e contraddizioni. Una tra le più importanti è senz'altro stata la presenza dello stato della chiesa, sostituitesi all'identità nazionale del cittadino e complicandone di parecchio le sue credenze e preconcetti. Come altra anomalia, nel corso del Novecento l'Italia è stata anche terreno di scontro tra Comunisti e Socialisti, permettendo alla Democrazia cristiana di restare aggrappata al potere per quasi cinquant'anni.

Nel secondo dopoguerra italiano, la coalizione di governo guidata dalla DC aveva scisso in due la politica del paese tra comunisti e anticomunisti. In queste condizioni, il comunismo di marchio italiano non avrebbe potuto valicare i limiti a lui imposti nella costruzione di se stesso come significante vuoto. La situazione della diffusione del comunismo e del PCI arrivò perciò a un punto morto:

«Il prezzo che la nazione pagò per questo «confessionalismo di Stato» fu alto. Tutto ciò condusse a una Costituzione solo formalmente aderente alla democrazia liberale e ai suoi più avanzati principi socialdemocratici, così come a un rifiuto dell' «antifascismo come ideologia costituente». Sebbene la Resistenza [...] avesse parzialmente fornito i valori su cui fondare un'identità democratica, i primi anni della Repubblica italiana furono segnati dal netto rifiuto di trasformare il «mito fondatore» (magari parziale) nel «veicolo di una rinnovata identità nazionale»[75].

Lo stesso fallimento che il Risorgimento e il fascismo avevano già provato nella costruzione di una coscienza nazionale avvenne anche con la DC e il PCI, a causa della corruzione interna alla politica per l'una e della guerra di posizione per l'altra. Alla fine degli anni '80 il progetto egemonico del PCI crollò con la caduta del comunismo, mentre la DC si stava sempre più svuotando della sua componente cattolica per tradurla in fede laica. Con lo scandalo di tangentopoli è stato dato il colpo di grazia a tutti gli attori politici tradizionali, consentendo la nascita di nuovi partiti interessati a soddisfare i bisogni del popolo al fine di attirarlo in una nuova trappola.

Poche settimane prima della disputa del *trofeo Gamper* Silvio Berlusconi discese dal suo elicottero in mezzo all'arena civica di Milano per poter salutare il suo nuovo acquisto: la squadra calcistica del *Milan*[76]. L'Edilnord fu il punto di partenza per il successo imprenditoriale di Berlusconi e luogo d'origine della sua mitologia. Tra il 1963 e il 1975 l'impresa edilizia berlusconiana costruì tre enormi centri residenziali a Milano, riuscendo a maturare lauti guadagni.

La prima squadra di calcio acquisita fu la *Torrescalla* o *Torescalla-Edilnord*, comunemente poi chiamata solo *Edilnord*. Berlusconi divenne così a 27 anni Presidente-allenatore. Nonostante si giocasse con un modulo che, in un secondo momento, il Presidente stesso detestò, l'*Edilnord* fu l'origine dell'organismo tattico che sarebbe stato poi importato nel *Milan*.

Berlusconi non volle in realtà mai fare l'allenatore, ma l'uomo di spettacolo: influenzando le partite grazie al suo carattere silenzioso e sognando di fare il fantasista alla Kakà per cambiare le sorti delle partite con una sola giocata di piedi. Si potrebbe affermare che, anche non presenziando agli allenamenti, il Presidente era come se fosse sempre accanto alla squadra, in una concezione religiosa trinitaria del *club* di cui esso rivestiva il ruolo dello spirito santo.

Nel 1987 fu ingaggiato Sacchi come allenatore del Milan, oltre all'acquisto di diversi giocatori di notevoli doti, per poter puntare alla vittoria, senza badare a spese. Berlusconi e Sacchi non andarono però d'accordo, seppur ottenendo la vittoria del campionato dopo 10 anni di mancati successi. Fu pertanto deciso di esonerare il "tattico del catenaccio" per ricercare colui che potesse riportare il bel gioco, dando un degno spettacolo ai tifosi e divertendo i calciatori. Nel 1991 la nuova panchina fu affidata al *mister* Fabio Capello, con la ricerca incessante di dover fare un gioco eccezionale e di sovrapporre la figura del Presidente alle vittorie della squadra, lasciandolo incarnare nel Dio pallone.

Dopo i successi ottenuti con l'arrivo di Carlo Ancelotti, *manager* che rimase sulla panchina del *club* dal 2001 al 2009, Berlusconi non ebbe più nemmeno l'ambizione di sfruttare i successi del *club* per assicurarsi il consenso della tifoseria chiamata alle urne per votare alle elezioni politiche imminenti. Ciò lo portò a un peggioramento della gestione della società e alla semplice lite nel caso si fosse perso un qualsiasi singolo incontro, umiliando allenatori e giocatori in un clima sempre più irrespirabile, fino alla cessione della società nel 2017.

Ma dall'esperienza di Presidente calcistico di maggior successo, come riuscì il Presidente a divenire parimenti il più importante politico della Seconda Repubblica Italiana? Come disse Giorgio Gaber: «non ho paura di Berlusconi in sé. Ho paura di Berlusconi in me»[77].

Sebbene sia stato oggetto di numerose inchieste giudiziarie per imputazioni inerenti alle sue attività economiche private, il successo elettorale di Berlusconi, nel 1994, si dovette alla diffusione in Italia della corruzione della pubblica amministrazione di quegli anni, culminata con tangentopoli, e l'intervento delle procure contro una buona fetta di esponenti politici sospettati di averne fatto parte, travolgendoli. Questo disarticolò lo Stato italiano e i mezzi d'informazione non fecero altro che ingigantire il problema, sollecitando la contrarietà dell'opinione pubblica su ciò che stava accadendo ai vertici del sistema.

Con l'ipotesi e l'accertamento dei capi d'accusa, la magistratura commise l'errore di seminare il terreno per il populismo: discreditando i partiti che fino ad allora avevano governato indisturbati sul popolo italiano e persino coloro che, seppur stando all'opposizione, ne avevano preso parte.

S'instaurarono orbene nei cittadini le figure del politico *manager*, che sapesse amministrare il sistema paese con un'identità non più vincolata ai classici partiti e dei politici che fossero differenti dalla vecchia classe dirigente: puri, capaci tecnicamente e di onestà caratteriale.

In occasione del 1993 avvenne il rinnovamento delle amministrazioni locali, che portò alla ribalta "imprenditori, funzionari tecnici, intellettuali, liberi professionisti"[78]: tutti aventi come obiettivo quello di allontanare la possibile influenza dei partiti. È in queste condizioni che Berlusconi vide la possibilità di entrare in politica, presentandosi come uomo della provvidenza, sceso in campo per evitare che il governo finisse nelle mani degli *ex*-comunisti.

La maggioranza degli italiani vide per la prima volta la persona di Berlusconi per mezzo dei canali televisivi della sua rete di proprietà *Mediaset* e ne vennero sedotti dalla sua forza di esibire la ricchezza e di provocare invidia; sino a farlo diventare popolare agli occhi della gente. I suoi avversari politici ne sottovalutavano il fattore umano imprevedibile, e al contempo attrattivo, di suscitare desiderio, di ottenere successo e di sognare a occhi aperti, gettandosi alle spalle le vecchie ideologie di scarso *appeal*[79].

Al di là del comune comizio, tenuto da una persona reputata come un grande comunicatore eccentrico, furono da lui adottate nuove modalità discorsive riprese dal populismo aggressivo, come il portare alle estreme conseguenze la contaminazione dei codici espressivi istituzionali ed elettorali. Il proposito è stato quello di ottenere consenso con ritrovati emozionali e senza entrare troppo in ragionamenti di difficile comprensione per il pubblico, in costante relazione e rapporto diretto con i cittadini per mezzo non dei comizi di piazza, bensì col piccolo schermo televisivo.

Quando fu lanciata *Forza Italia*, il partito si dimostrò dotato di strutture flessibili e leggere: composto da dipendenti di Publitalia e totalmente lontano dall'idea di un professionismo politico che puntasse tutto sull'immagine e sulle campagne pubblicitarie: denunciando populisticamente "la politica professionale e ideologica"[80]. L'esaltazione compiaciuta dell'essere *outsider*, rispetto alle *élite* corrotte e inconcludenti del passato, era il pezzo forte del repertorio populista che il proprietario delle tre più prestigiose televisioni italiane private utilizzava per la maggiore. Con le dirette televisive, divenne sempre più difficile poter dialogare con i membri del parlamento in uno stile di linguaggio arguto, pregno di citazioni colte e di eleganza espressiva. Silvio cercò per cui, costantemente, di attrarre e di riferirsi al corpo elettorale da incantare mediante simboli e immagini suggestive per quest'ultimo. La scelta fu d'intrecciare immagini, *media*, potere, parole, gesti e comicità, accantonando le tecniche semantiche specifiche della comunicazione politica[81].

Consapevole che l'identità degli italiani era stata formata dai mezzi di comunicazione di massa, il linguaggio da lui utilizzato derivò anche dall'esperienza sportiva con l'Edilnord prima e il Milan poi, portando l'*ex* cavaliere a impiegare un vocabolario minimo, fruibile in qualsiasi momento questi ne avesse avuto il bisogno e ricorrendo a locuzioni stereotipate d'uso corrente. Si rimandava l'eloquio alla spettacolarizzazione televisiva e calcistica, contaminando i codici espressivi, in un intrattenimento contiguo e di distrazione di massa, rispetto alla realtà economica, sociale e politica in rapido decadimento e disfacimento.

L'unico modo per soddisfare la voglia di una politica diversa fu quello d'impegnarsi a portare alla guida dello stato italiano una "squadra" composta da "uomini che vengono dalla trincea della vita e del lavoro, animati da una gran voglia di fare"[82] e capaci di concretizzare le diverse soluzioni possibili per il bene del Paese. Insomma, il nuovo *leader* si dimostrò come estraneo per antonomasia al voler ricercare il potere per fare solo i propri interessi, mettendosi invece a completa disposizione dei cittadini e spogliandosi, solo discorsivamente, della condizione di miliardario, possessore di molteplici attività private.

In parlamento, Berlusconi ricorse più volte all'uso di toni scherzosi, battute, dialettismi, che fossero il contrassegno del comico Aristotelico. L'abbassamento del livello tecnico-semantico proprio della dialettica consentì così di sprigionare la comicità davanti agli elettori. In ostilità con la dimensione formale e semantica del discorso, egli propose frasi ripetitive, «reiterate»[83] sino all'inverosimile, in modo tale da intrattenere il pubblico compiacente, opponendosi al ragionamento e al cervello: connotati di una politica ritenuta ammuffita in un'era di show totale. Le scelte lessicali si orientarono verso un piglio colloquiale, popolare e periferico tipico del *neo-standard* parlato nell'età della televisione, ricco di frammentarietà del discorso, di tempi di attenzione sempre più brevi, di ripetizione di un numero limitato di parole generiche polisemantiche e dell'utilizzo smisurato dell'indicativo al posto del congiuntivo. Ciò è avvenuto con un continuo snocciolamento di doppi sensi osceni, che riprendessero dal populismo quel pretesto genuino di sentimento comune della gente (del sentire comune).

Tra le battute licenziose celate, e sempre presenti nei discorsi pubblici, trasformate poi in immagini scurrili e gesticolazioni esagerate, non mancò pure una proposta politica dai toni autoritari, di un governo del fare e non più del dire. La volontà, a parole, era di evitare di non portare più nulla a termine come fecero, secondo il partito di *Forza Italia*, le forze politiche avversarie. Ciò ebbe l'effetto di affossare il parlamento con un'immagine opaca e di etichettarlo come un ente inutile e costoso.

Ovviamente, l'*ex* cavaliere sapeva benissimo quali corde toccare e a chi rivolgersi, in una celebrazione romantica dell'uomo medio e l'esaltazione di una comunità idealizzata e astratta. Ricorrendo a un linguaggio semplice, chiaro, essenziale e talvolta elementare, Berlusconi sfruttò il fatto di non essere frequentatore dei cosiddetti "salotti"[84] e s'immedesimò nella figura del possibile lettore ed elettore, giocando di specchi con il pubblico.

Le relazioni internazionali divennero spassosi siparietti tipici dei *talk show*, facendo ricorso a movenze da comico e ribaltando gli argomenti tragici in commedia. All'estero, il principio di realtà si vendicò però delle finzioni sceniche del comico, mostrandolo per quello che realmente era al di là della fantasia Italiana creata attorno alla sua figura. Il suo irridere la forma portò i cittadini medesimi a pensare che il tutto fosse un semplice gioco di una politica sempre più nichilista, insultata dal comico irridente. Il populismo irriflessivo fu quindi utilizzato a tal punto da incantare tutti grazie al potere dei *media* e dello *sport*: ritenuto come il nuovo fenomeno magico avente il potere di diffondersi tra i diversi strati sociali in ogni ambito, persino politico.

Il comico è stato utilizzato come arma di distrazione e di depoliticizzazione del discorso politico sganciato nel «conflitto sociale»[85]. Più questi apparve refrattario alle etichette dello statista e di appartenente a un certo ceto alto, più piacque all'elettorato medio. La sua rivolta espressiva populista, avente venature *neo* autoritarie, non fu la degenerazione della comunicazione, ma il solo utilizzo del «politico fanciullino»[86]. Con suddetta espressione si descrive il "cavaliere" come un personaggio che esaltava il lato comico per ridurre la politica a un semplice gioco (come quello calcistico) e dove potevano avvenire gli stessi successi, come quelli ottenuti da lui medesimo in altri ambiti. Molti dei discorsi fatti dal Presidente furono sorretti dalla necessità costante di ricercare il consenso dai sondaggi politici, scagliandosi sul risentimento comune della *common people* contro il potere e scatenando un effetto gregge per mezzo del quale condurre l'elettorato. Ciò avvenne per mezzo dell'evocazione di un governo della piazza, riprendendo il famoso detto populista: «è il popolo che sceglie il leader, non i leader che scelgono il popolo» e ricorrendo a espressioni che dessero l'idea che la politica sarebbe stata migliore se si fossero incorporate istanze di una democrazia diretta avente il cittadino come sovrano. Questo modo di approcciarsi alla politica si doveva contrapporre alla possibile scomposizione del popolo e al suo conseguente disinteresse verso un'idea di bene comune, che superasse le dispute partigiane e le pestilenze d'invidia sociale e odio di classe.

Il populismo di lotta berlusconiana, contro la riesumazione del sentimento di tradimento delle elezioni truccate, fu sempre promosso a tal punto da organizzare costantemente manifestazioni ricche di fiumane di gente comune per una marcia alla ricerca della libertà. Questo non fu l'unico tipo di populismo utilizzato, ma si aggiunse anche un «populismo di governo»[87], cioè di voler rapidamente prendere decisioni che non fossero ostacolate da norme obsolete, escogitate da altri, e di stigmatizzare la rappresentanza per creare allarme sociale ed emergenze che potessero giustificare leggi eccezionali: tutto per far sì che si riuscisse a tenere in piedi il mito che decontaminasse l'insorgere di una possibile crisi.

L'*ex* cavaliere fu peraltro molto attento a utilizzare, nella politica declinata come *marketing*, le apparenze illusorie nel confezionamento di parole di relativa ambiguità semantica per poter giocare sull'interpretazione di esse, impedendo agli avversari di incastrarlo a qualche parola o frase usata in un dibattito pubblico. Contrario all'utilizzo di regole codificate, e senza neppure leggere le elucubrazioni da lui stesso scritte, Berlusconi preferì esprimersi in modo del tutto generico e indeterminato. Tale consuetudine lo portò a utilizzare una semplicità dettata dalla fretta e dall'aderenza al senso comune come fonte di credibilità, di un personaggio pittoresco attratto dalla magia della parola pubblica in costante mutazione. L'idea Berlusconiana fu necessariamente quella di seguire la via più agevole per dare un'impressione favorevole al pubblico di sé, sospendendo a piacimento il corso logico degli argomenti, della successione delle cose, ricorrendo a raffigurazioni e caricature degli avversari; sbarazzandosi della *confirmatio*[88].

Di consuetudine, nei discorsi Berlusconiani si iniziò dunque con il gioco, con la battuta o la barzelletta per poi cambiare scenografia, togliersi la maschera del comico e indossare quella della vittima di giustizia in cerca di vendetta contro i giudici e magistrati definiti come aspiranti carnefici della sua figura professionale[89]. La sua dialettica non fu però soltanto usata nei confronti della giustizia Italiana, ma anche contro le istituzioni parlamentari, definite come arcaiche e frenanti per la locomotiva statale. Questi suoi atti addebitarono alle norme e alle procedure dello Stato la responsabilità del declino dell'Italia e furono giudicate, dal suo elettorato, come unico ostacolo all'impossibilità di concludere una favola.

La credenza del complotto che confiscasse il potere del popolo, della "santa alleanza dei poteri forti" contro chi fosse stato invece eletto dai cittadini, aiutò il Presidente nella sua battaglia personale contro la magistratura, le istituzioni e la stampa estera ostile alla sua presenza nella politica. Umberto Eco scrisse, ancora nel settembre del 2003, in un articolo su *MicroMega*, la decifrazione delle operazioni svolte da Berlusconi al fine di instaurare in Italia un nuovo regime, ovvero una forma di governo fondata sull'identificazione del partito, del paese e dello stato con l'utilizzo dei *media*. Sempre in quell'articolo, Umberto cercò di proporre una strategia che potesse fermare il vantaggio che aveva l'*ex* cavaliere sui suoi avversari politici:

«Come ci si oppone a questa strategia? Un modo ci sarebbe, ma assomiglia al suggerimento di McLuhan, che per bloccare i terroristi, proponeva il black-out della stampa. La conseguenza era che forse non si sarebbe diventati megafono dei terroristi, ma si entrava in un regime di censura - che è poi quello che i terroristi speravano di provocare. Ma chi accetterebbe questo patto? [...] Se Berlusconi insulta un parlamentare europeo non puoi relegare la notizia tra i fatti di cronaca o gli stelloncini di costume, perché perderesti le migliaia di copie che ti fa guadagnare il battage sul gustoso avvenimento, con pagine e pagine di opinioni divergenti, interpretazioni, pettegolezzi, ipotesi, reazioni salaci. A modo proprio i girotondi sono stati un elemento di questa nuova strategia, ma se uno o due girotondi fanno rumore, mille ingenerano assuefazione. Se debbo dire che il telegiornale ha celato una notizia non posso dirlo attraverso il telegiornale. Debbo tornare a tattiche di volantinaggio, distribuzione di videocassette, teatro di strada, *tam tam* su Internet, comunicazione su schermi mobili posti in diversi angoli della città, e a quante altre invenzioni la nuova fantasia virtuale può suggerire. Visto che non si può parlare all'elettorato disinformato attraverso i *media* tradizionali, se ne inventano degli altri. Contemporaneamente, a livello dell'azione più tradizionale dei partiti, delle interviste, della partecipazione a programmi televisivi (ma sorprendendo l'avversario con l'esternazione inattesa) l'opposizione deve far partire le proprie provocazioni. [...] La capacità di concepire dei piani di governo, su problemi a cui l'opinione pubblica sia sensibile, e di lanciare idee su futuri assetti del paese tali da obbligare i *media* a occuparsene almeno con lo stesso rilievo che danno alle provocazioni di Berlusconi. [...] Berlusconi sarebbe obbligato a reagire, questa volta in difesa e non in attacco, e facendolo darebbe voce ai suoi avversari. Sarebbe lui a dichiarare l'esistenza di un conflitto (o di una convergenza) d'interessi, e non potrebbe attribuirne il mito alla volontà perversa dei suoi avversari. Né potrebbe accusare di comunismo una legge antimonopolio che mira ad allargare gli accessi alla proprietà privata dei media. [...] Insomma, si tratterebbe di lanciare di continuo, e in positivo, proposte che lascino intravedere all'opinione pubblica un altro modo di governare, e che siano in grado di mettere la maggioranza alle corde, nel senso di obbligarla a dire se ci sta o non ci sta – e in tal senso essa sarebbe costretta a discutere e difendere i propri progetti e a giustificare le proprie inadempienze. [...] Eppure, solo superando questo scoglio si può pensare a un soggetto politico capace di occupare l'attenzione dei media con progetti provocatori, e di battere Berlusconi usando, almeno in parte, le sue stesse armi»[90].

Al momento della riuscita da parte degli avversari di infrangere la realtà creata dall'*ex* cavaliere, la verità scomoda che la fabbrica voleva rendere irraggiungibile ecco che, per un momento, fu percepita e sondata fino a fondo dall'uditorio, spezzando le catene che lo tenevano imprigionato a una falsa apparenza. Questo fu dovuto all'esaurimento della carica populista del governo di *Forza Italia* dopo più di 20 anni di presenza nella politica Italiana e all'incapacità di Berlusconi di poter confrontarsi ormai con i politici più realisti e tecnici[91], che si rifacevano alla sostanza insita nel discorso, senza più badare all'immagine o alla possibilità di costruire un futuro che potesse essere esso stesso un ideale favolistico immaginario. Come anche affermato da Alessandro Amadori, solo se si fosse riusciti costantemente a prendere sul serio le parole di Berlusconi che sembrano finte, e a non prendere troppo sul serio le parole di Berlusconi che sembrano vere, si avrebbe potuto uscire definitivamente dalla gabbia del berlusconismo di stampo populista e neutralizzarne «l'incanto»[92]. Come si era aperto a Milano il ciclo berlusconiano, la sua fine avvenne nella stessa città nel mese di Novembre del 2011: tra la Procura e la Bocconi, tra Bruti Liberati e Mario Monti. Ora serviva al paese un tecnico prestato alla politica, servitore della cosa pubblica. Come detto anche da Marco Damilano nel suo libro:

«Non sono le opposizioni a spegnere il film berlusconiano, e neppure le odiate toghe rosse e i partiti nei giornali o le manifestazioni di piazza. È il Mercato, i Soldi trasferiti con un bit di qua o di là. Il dio Denaro spazza via il Miliardario che aveva predicato agli italiani: arricchitevi»[93].

Con la fine del Berlusconismo (realmente cessato di esistere dopo la morte del suo *leader* nel 12 giugno 2023), ebbe inizio in Italia una nuova fase politica di stampo populista, con la comparsa nel bel paese di Beppe Grillo e del suo *Movimento Cinque Stelle* nel 2009. Il malcontento sociale a cui anche la figura di Berlusconi è stata oggetto di critica fece sì che, dopo la crisi apertasi nell'autunno del 2008, il popolo diffidò nuovamente dell'élite politica presente al governo fino a quel momento. L'insoddisfazione per il cattivo funzionamento dei meccanismi di democrazia vigenti, la nuova ondata d'inchieste giudiziarie su appalti truccati, fondi privati per il finanziamento pubblico dei partiti, arresti e denunce di figure pubbliche e la crescente crisi economica, servirono da slancio per il nuovo movimento populista grillino che fornì lo sbocco politico per eccellenza alla protesta.

La campagna elettorale venne preparata con cura sapendo bene però che la "sala macchine" dello stato era stata irrimediabilmente compromessa dal brevissimo periodo di riforme sotto Mario Monti e fortemente volute dall'Europa. Le linee guida poste sarebbero dunque state inaspettatamente *invalicabili* per chiunque avesse solo pensato di cambiarle.

Grillo non si è mai nascosto dal voler incarnare le istanze del popolo italiano e di riconsegnare il potere decisionale diretto ai cittadini, eliminando tutti i partiti e ripristinando il servizio civile nei riguardi della propria nazione. Il colle era ormai considerato come il luogo dove aveva vissuto l'ultimo Sovrano. Serviva una nuova marcia su Roma e *l'ex* comico seppe orientare gli elettori al nuovo cambiamento sostenendo che la Repubblica era finita.

L'azione "cicatrizzante" è stata orbene proposta al fine di guarire le diverse lacerazioni provocate da una serie di governi di incompetenti che avevano affossato ulteriormente l'economia italiana e la sua importanza europea negli ultimi decenni. Le piccole e medie imprese sono state il simbolo e i destinatari principali della dialettica grillina, elogiando l'onesto e umile lavoratore e contrapponendolo alle élite parassitarie dominanti.

I cittadini della futura Italia grillina avevano, di conseguenza, il compito di impegnarsi a gestire in prima persona il destino della Nazione, entrando di prepotenza nelle stanze del potere e sovvertendo l'ordine "innaturale" delle cose per cacciare la casta dal castello:

> «Il sogno è che la democrazia diretta si affermi e che il M5S, raggiunti i suoi obiettivi, non abbia più ragione d'essere. Nel senso che noi vogliamo cambiare il Sistema, non vogliamo fare un nuovo partito. Se introduciamo la democrazia diretta non abbiamo più bisogno di partiti: su base egualitaria decidi qualunque cosa, sia a livello locale sia a livello nazionale»[94].

I pentastellati giunsero perciò ad arricchire la già nutrita famiglia dei populismi italiani, raccogliendo un consenso sempre maggiore alle urne. I modesti risultati del 2010 alle regionali in Piemonte furono importanti per decretare la sconfitta della Presidente Mercedes Bresso alla guida della coalizione del centrosinistra. Anche in Emilia Romagna il neonato partito del *M5S* vide l'accesso alle assemblee elettive e nel 2012, finalmente, si strapparono alcuni comuni dalle maglie della vecchia politica segnando definitivamente l'uscita dal cono d'ombra entro il quale si era stati posti fino ad allora come movimento; ottenendo la tanto desiderata visibilità.

L'emorragia subita dai due principali partiti d'inizio secolo, il *Partito Democratico* e il *Popolo della Libertà*, nelle elezioni del 2013 vide un tracollo inaspettato, perdendo circa 10 milioni di voti rispetto al 2008[95]. A fronte di un vero e proprio esodo della politica italiana, che non risparmiò neppure i leghisti con la perdita di più del 60% dei suoi elettori, il vero vincitore delle elezioni di febbraio fu proprio il nuovo movimento: colui che rese palese a tutti la nuova condizione entro la quale si stava entrando. Osservando i dati raccolti da Boeri e Nannicini, Grillo riuscì a raccogliere voti ovunque, da Nord a Sud, con percentuali tra il 20 e il 30%[96], sia dai bacini di sinistra, che di destra.

Rispetto alla proposta autoritaria, incarnata dalla figura del capo assoluto, nei primi anni di gestione, il partito di Grillo e Casaleggio volle stabilire un criterio estremamente partecipativo e orizzontale; proponendo degli obiettivi totalmente opposti ai partiti populisti preesistenti e orientati a favorire una democrazia partecipativa universale dei cittadini. Per il Movimento non vi furono fatte discriminazioni razziali o culturali, riferendosi in ogni circostanza all'insieme delle persone e del popolo del *web*. Dalla suddetta struttura, il partito riuscì a distinguersi come forza politica emergente in Italia, ponendo al centro del discorso l'italiano medio e il soddisfacimento dei suoi bisogni:

> «Nessuno deve restare indietro. L'Italia deve essere, prima di ogni altra cosa, una comunità. In una comunità, tra i valori più importanti vi è il senso di solidarietà. Il cittadino deve essere il centro della politica. La sua stella polare. Va garantita a tutti una vita dignitosa e, se possibile, la felicità»[97].

Tenendo conto del fallimento della vecchia politica, il *Movimento 5 Stelle* attuò la politicizzazione del conflitto esistente tra governanti e governati, e pose gli umili cittadini al di sopra della "casta"[98]. Se si volesse trovare un modello al quale legare il neonato partito, esso sarebbe assimilabile al così definito partito istantaneo, cioè a un soggetto politico sorto in pochissimo tempo dal nulla e prima ancora di possedere un'organizzazione stabile e considerevole al suo interno. In realtà, il successo non è nato dal nulla, ma solo per mezzo di un attento percorso organizzativo e politico studiato sia mediaticamente, che territorialmente. Dal lontano 2005 era presente il *blog* di Grillo, il codice madre, linfa vitale del movimento. Sempre da quell'anno, la presenza nei territori dei futuri grillini si era palesata, trattando temi vicini ai cittadini e alle loro vite, come nel caso del *tango bond* oppure della battaglia contro gli inceneritori portata avanti dal 2006. Ancor più rilevanti sono state le campagne contro gli *schiavi moderni* o, ancora, la *shareaction* per riprendersi la *Telecom,* per non parlare dei due *V-Day* tenutisi l'8 settembre 2007 e il 25 aprile 2008. Questi ultimi due citati momenti consentirono al *blog* di concretizzarsi nelle piazze italiane, presentandosi come portatore di una nuova carica elettrostatica tale da rompere completamente con l'universo politico fino a quel momento conosciuto dai più. Il *blog* dispensò, nel tempo, le ricette che sarebbero state prese poi in considerazione per realizzare un piano politico e proporlo ai cittadini al fine di essere eletti in parlamento.

Il *Web* 2.0 ha posseduto una serie di caratteristiche intrinseche che lo hanno reso particolarmente idoneo per i Cinque Stelle nel far sì che il *leader* ricercasse un contatto pressocché immediato, senza intermediari, con i *followers,* disintermediandosi e autorappresentandosi pubblicamente. La personalizzazione dei contenuti ha poi lasciato libero arbitrio alla conseguente modifica della narrazione dei fatti e l'utilizzo della retorica e del giusto linguaggio mediatico, semplificato, ha fatto ancor più avvicinare i possibili seguaci al nuovo movimento politico; accelerando il flusso comunicativo e polarizzando le posizioni sostenute.

Come tutti i movimenti populisti, anche quello grillino è stato esposto costantemente a rischi di una possibile crisi e gli ultimi tre governi, costituiti nell'arco della stessa legislatura (l'attuale), ne sono stati la prova. Come tutti i movimenti estremisti, alla fine, l'omologazione all'ordine istituzionale prestabilito non ha fatto altro che indebolire le idee "iperpopuliste" ed eliminarle dalla lista di provvedimenti promossi e promessi durante le campagne elettorali all'elettorato "bue".

I segni di debolezza si erano avvertiti già da molto tempo e la stessa performatività virale e istantanea, carattere del partito, ha prodotto così tanti messaggi tali da essere volatili e instabili, modificando di volta in volta gli obiettivi e i nemici. Potremmo per cui dire che la velocità con la quale è nato il movimento grillino sia stata direttamente proporzionale alla sua totale dissoluzione, se questa non fosse stata perennemente alimentata da un rilancio di proposte e di azioni. All'indomani del voto del 2013, il giullare, acclamato come Re, riuscì a paralizzare i propri avversari politici e a far loro girare la testa al punto da far perdere la sicurezza allo stesso segretario del *Pd*, Pier Luigi Bersani.

Il *neo*-politico Grillo si vide pertanto costretto a dare una risposta al *caos* presente nello stato italiano, obbligato allora, come oggi, a seguire i dettami europei imposti sotto il governo di emergenza presieduto dai precedenti tecnici. Sull'inadeguatezza di poter applicare un programma di governo che limitasse ancor più le spese e favorisse i tagli, il governo Berlusconi era caduto, e molto probabilmente sarebbe capitato nuovamente ai suoi successori.

Nella politica italiana, le figure politiche che si sono appropriate dello stile populista hanno inaugurato una tattica destinata a fare futuri proseliti ripresi dal passato. Oggi, infatti, è possibile ascoltare sempre più spesso, in televisione o nelle piazze, esponenti di una qualsiasi posizione politica riformulare le proprie osservazioni, sollecitando la pancia dell'italiano medio. Lo stile comunicativo della mentalità populista si è oramai diffuso in tutta Europa sia a destra, che a sinistra, attirando nel suo vortice tutti i partecipanti a esso più vincolati: sottolineando come questa caratteristica sia la fisionomia naturale dei sistemi democratici rappresentativi odierni e in assidua glorificazione[99].

Prendendo come esempio il cambiamento avvenuto all'interno della *Lega Nord*, il partito oggi guidato da Matteo Salvini, non è difficile poter notare come il fenomeno populista sia stato sfruttato per l'ottenimento del consenso popolare tra le masse. Le prime proposte portate dal nuovo *leader* del carroccio si sono occupate di temi identitari riconducibili alle posizioni della destra europea più radicale e dagli euroscettici *"soft"*[100], come l'uscita dall'euro, la lotta all'immigrazione clandestina, la legittima difesa e l'introduzione di una *flat tax* al 20%. La fase salviniana si è caratterizzata in un'espansione dell'elettorato con il cambio di posizionamento politico del partito da unicamente settentrionale a nazionale per mezzo del *rebranding* del nome, del *logo* e dei colori della *Lega* stessa. Dopo vent'anni di un colore totalizzante come il verde, distintivo identitario della *Lega Nord* di Bossi, adesso vi è il blu, preso in prestito da un altro *leader* populista dei repubblicani americani: Donald Trump. Successivamente alla vittoria elettorale nel 9 Novembre 2016 di Trump in America, Salvini e Morisi videro l'opportunità di sfruttare il medesimo *branding* trumpista per nazionalizzare la *Lega* e portarla alla vittoria; plasmandola a immagine e somiglianza di Salvini stesso, poiché il più apprezzato dai cittadini. Gli elettori, con il nuovo segretario, sono divenuti *fan* del capo politico: tratteggiando con entusiasmo sui *social network* il carattere e l'umanità del loro *leader*, soprannominandolo "Capitano". All'indomani del voto politico di marzo 2018, la *Lega* di Salvini si è risvegliata come primo partito nell'alleanza di Centro-Destra e, nel primo governo Conte, il Capitano assunse il ruolo di Vice-*premier* assieme al segretario pentastellato Luigi di Maio.

Riassumendo, nella comunicazione utilizzata dal *leader* leghista nei primi mesi di governo, egli cercò sempre di dare la propria impronta all'esecutivo mostrandosi come il vero *premier*: capace di controllare l'agenda mediatica, muovendosi su temi sicuri e ben collaudati. Nei momenti di difficoltà di gestione, come negli scontri interni o nella semplice trattazione di temi delicati, si sono prese posizioni dure e ideologiche atte a far polemica e spostare l'attenzione su ben altre questioni di minor valenza ai fini del mantenimento del consenso elettorale.

Mediante l'onnipresenza di Salvini sia sui *media*, che su territorio, la campagna elettorale è sembrata non finire mai del tutto: alla ricerca di un sempre maggior vantaggio strategico in prospettiva di nuove elezioni che fossero locali o nazionali. Con la polarizzazione dell'opinione pubblica, il Capitano identificò i nemici da combattere e li diede in pasto al suo elettorato, come con le *Ong* per i migranti, con Autostrade per l'Italia al momento del crollo del ponte Morandi a Genova, con l'Europa per l'importanza internazionale dell'Italia e infine le banche.

Gli stessi alleati di governo, i 5 Stelle, furono anch'essi elemento di accese critiche per certi temi da essi portati avanti e in netto contrasto con il pensiero del capo del carroccio, come con la *Tav* e l'ecotassa. Non è stata perciò una sorpresa la momentanea perdita di consensi nei sondaggi del partito di Di Maio e la sostanziale crescita della *Lega* salvinista durante i mesi del primo governo avente Giuseppe Conte come Presidente del consiglio dei ministri. Anche a livello di linguaggio, il tono aggressivo e negativo di Salvini e degli altri funzionari di stato leghisti non ha mai finito di essere impiegato nei confronti dell'opposizione, spesso attaccata e derisa, cavalcando l'onda della forte sfiducia del *Partito Democratico* in *primis*; ispirando tutti al cosiddetto "buonsenso" promosso dalla nuova ventata politica populista avente a capo l'amato *Captain*.

Ma quali sono stati i metodi e i principi della comunicazione adottati da Salvini per l'ottenimento del successo?

Il *framing* può essere uno dei meccanismi di organizzazione della conoscenza e dell'organizzazione di un contesto sfruttabile poi nel campo dell'esperienza politica: di come le persone inquadrano il mondo, interpretando i fatti e fornendo risposte secondo loro corrette. La tecnica del *framing* ha consentito, di conseguenza, al *leader* d'inquadrare e concettualizzare, nel dibattito pubblico, una questione, come quella migratoria, indicando le cause e stimolando soluzioni alternative coerenti con il problema posto in essere. Certi *frame* possono essere illuminati per mezzo del linguaggio ricco di metafore e analogie, servendosi del funzionamento esemplare del ragionamento analogico della mente dell'uomo. Nel caso di Salvini, un esempio nuovamente utilizzabile è ancora una volta quello dell'immigrazione incontrollata, presentata spesso come una vera e propria "invasione" delle nostre coste e capace di mettere a rischio l'intera sicurezza dell'Italia. Queste motivazioni implicherebbero perciò l'utilizzo giustificato della forza militare per salvaguardare gli interessi dei cittadini italiani e applicare misure forti, come la chiusura dei porti, per arginare il problema.

Gli altri quattro pilastri usati dal segretario leghista nella strategia comunicativa sono stati: lo *Zeitgeist,* tratto dalla filosofia hegeliana; lo stazionario appello alla comunità eterogenea di seguaci fedele e interessata; la polarizzazione di ogni possibile azione o evento e la retorica del buonsenso già citata in precedenza. Salvini ha canalizzato, come hanno anche fatto i 5 Stelle, lo spirito della nostra attualità, ossia l'anti-sistemismo contro il precedente *establishment*, simboleggiato dai partiti politici tradizionali e rivali come il *Partito Democratico*, anteponendo il sovranismo popolare nazionale alla centralizzazione europea e l'intervento statale atto a favorire le categorie sociali più deboli rispetto a quelle più facoltose.

Oltre ciò, si è utilizzata la retorica dell'uomo imperfetto e comune, come fatto in precedenza da Berlusconi stesso. La disposizione di una base ampia e motivata oggi è fondamentale molto più che nel passato perché, per essere vincenti politicamente, è richiesto essere polarizzanti e divisivi, oltre che mobilitatori della partecipazione popolare all'attività politica. La comunità salviniana *"social"* serve come forma di legittimazione e validazione del potere del capo politico tanto quanto lo è il consenso ottenuto nelle piazze cittadine durante i comizi elettorali.

La cifra polarizzante del messaggio salviniano, con l'attivazione diretta di una contrapposizione tra immigrati clandestini e immigrati legittimi perbenisti, l'esaltazione delle tradizioni occidentali, come il presepe, e la difesa degli ultimi, come gli anziani e i disabili, è stata solo un altro tassello del già ribadito vocabolario populista dal quale Salvini ha attinto per rappresentare il consenso popolare degli italiani e la loro sete di giustizia sociale.

Dopo il trionfo alle Europee nel maggio 2019, Matteo rispose infatti così agli italiani, ricordando loro le tradizioni sulle quali la sua *Lega* si fondava e che, a spada tratta, voleva difendere:

«A urne chiuse si può finalmente ringraziare a cuore aperto

senza essere accusati di voler strumentalizzare, quindi siccome l'ho fatto perché ci credevo e ci credo, ringrazio chi c'è lassù che non aiuta Matteo Salvini o la Lega, aiuta l'Italia e l'Europa a ritrovare speranza, orgoglio, radici, lavoro, sicurezza. Non ho mai affidato al cuore immacolato di Maria un voto, o il successo di un partito, ma il futuro di un paese e un continente»[101].

All'interno di questo quadro sintetico s'inserisce pure la retorica della normalità, ottenibile grazie al buonsenso: «Il voto per la Lega è un voto di normalità»[102]. Le enunciazioni pacate del segretario del carroccio in televisione sono dunque dettate dall'appellarsi alla ragionevolezza dell'italiano medio, sfruttandole come abili scorciatoie cognitive e narrative al fine di riportare un modello immaginario di tranquillità e normalità in Italia e nel mondo: richiamando un passato ideale (*"Make America Great Again"*)[103] mai realmente esistito, ma che tutti presumono come possibile e raggiungibile.

In Europa, i tratti distintivi della narrazione nazional-populista non li ha avuti soltanto Salvini, ma anche Sebastian Kurz in Austria, Victor Orbán in Ungheria, Marine Le Pen in Francia, Nigel Farage in Gran Bretagna e molti altri.

La richiesta di ricoprire uno spazio fino a poco prima lasciato vuoto, a seguito della fine del berlusconismo e del *Partito Democratico* sotto guida renziana, ha consentito alla *Lega* e al suo segretario di approfittare della situazione, sino al rientro nelle file del governo durante la nuova legislatura di Mario Draghi e quella del governo Meloni dopo le elezioni del Settembre 2022.

In riferimento al periodo Renziano, precedente all'ascesa di Salvini, non sarebbe corretto qui escludere un'analisi sulla comunicazione adottata da Matteo Renzi in vista delle elezioni del 2014, fino alla sua "momentanea" caduta a fine 2016. Il partito del toscano ha rappresentato l'ultima incarnazione del «partito liquido»[104], con un'organizzazione simile a quelle già viste con Berlusconi e con Grillo. Al pari degli altri due *leader* politici, Renzi è arrivato come un uragano nel mondo della politica, sfruttando la comunicazione a proprio vantaggio come fu fatto da Berlusconi ancora vent'anni prima.

Già all'indomani delle elezioni del 2013, l'azione politica lo spinse a una campagna permanente cominciata ancora nel settembre 2012 con le primarie di coalizione perse contro Bersani. Quel momento storico fu l'anno Zero per l'Italia, poiché seguente al disastro della politica italiana e dal quale difficilmente si avrebbe potuto aspettare di peggio. Interpretando perfettamente il sentimento populista, che da tempo risiedeva nel corpo elettorale del popolo di sinistra, il suggerimento del cambio di passo fu dato a Renzi dal regista Nanni Moretti che, ancora il 2 febbraio 2002, esclamò in piazza la necessità di dover cambiare la classe dirigente al fine di ottenere un ampio consenso: «Con questi dirigenti non vinceremo mai!»[105]. Quel *format* era per anni rimasto impresso come un atto fondativo nella parte di centrosinistra, che stava da tempo attendendo un radicale rinnovamento della *leadership*. Renzi e la sua parola d'ordine, la "rottamazione", riuscirono a collocarsi laddove Moretti aveva segnato la strada da percorrere per la scalata elettorale. Grazie a ciò, Matteo seppe ottenere sin da subito un ampio spazio e molta simpatia a sinistra, superando i pregiudizi riguardanti la sua persona:

> «Non è mica solo una questione di ricambio generazionale. Se vogliamo sbarazzarci di nonno Silvio, io così lo chiamo e non 'caimano', dobbiamo liberarci di un'intera generazione di dirigenti del mio partito. Non faccio distinzioni tra D'Alema, Veltroni, Bersani... Basta. È il momento della rottamazione. Senza incentivi»[106].

Renzi era pertanto convinto che la vecchia politica fosse da dimenticare e da superare, prendendo le redini del partito e del paese per cambiare le carte in tavola. Questo era un modello di comunicazione già adottato in precedenza da altri politici, ma Matteo riuscì a far dimenticare le analogie col passato e a macinare voti per sé e per il proprio partito politico.

Il ricorso a pensieri sbrigativi e a soluzioni narrative, cioè terapie tali da ottenere un "felici e contenti" alla fine della storia[107], è stato un altro tra i metodi adottati dalla politica renziana nel *format* dell'io eroico: rappresentante della società e vendicatore della giustizia.

Renzi, più ancora dell'*ex* Cavaliere, fu purtroppo affetto dalla sindrome napoleonica intesa come megalomania, rilancio continuo, voglia di vincere ovunque anche qualora non fosse più chiaro cosa significasse vincere o perdere una sfida. Il bonapartismo, come espresso anche nel saggio *Le mal napoléonien*[108] dell'*ex* premier socialista francese Lionel Jospin, ha la capacità di manifestarsi, se distratti, anche a sinistra con l'antiparlamentarismo, il disprezzo delle *élite* e l'idea di un uomo che rappresenti il potere diretto del popolo.

La comunicazione per il giovane Matteo è stata sin da subito il *must,* cioè il dover colmare il *gap* esistente nella sinistra in campo politico: «Discutere di comunicazione a sinistra è come affrontare il tema del sesso al catechismo»[109]. Il nuovo capo politico si fece pertanto conoscere per mezzo della sua linfa mediatico-organizzativa incentrata sull'uso delle risorse comunicative e linguistiche disponibili. Dei *media* Renzi se ne servì fino all'ultima goccia, muovendosi su più canali contemporaneamente, sia che essi fossero di nicchia che generalisti, moderni e tradizionali: da *Domenica Live* alla rivista "Chi", da *Amici* a *Facebook*. Nondimeno, la *leadership* di Matteo è stata conseguita primariamente con l'utilizzo del mezzo televisivo proprio perché esso aveva la caratteristica di esaltare i connotati della sua comunicazione: la gestualità, il carattere, le *gag* comiche, l'aspetto estetico e la mimica.

Il suddetto tele-presenzialismo richiamava naturalmente quello berlusconiano, suo fautore, ricalcandone pure le retoriche di facile comprensione e giocando sulla pervasività e sulla ricorrente presenza di fronte al proprio futuro elettorato. Se nel 1994 Berlusconi aveva usato la *tv* per imporsi nel paese, nel 2012-2013 si rese evidente che la scelta del *premier* in Italia era fatta esclusivamente solo dalla visione di lui nel piccolo schermo.

Per poter invece trovare delle differenze tra i due *leader,* per Berlusconi i nemici erano fuori dal partito, mentre per il politico di Rignano gli avversari erano collocati dentro lo stesso elettorato. L'azione renziana è stata molto più rapida nelle decisioni politiche e nella comunicazione, ma solo il *self made man* di Arcore seppe resistere a diverse stagioni politiche con la complicità del suo pubblico[110].

Come anche anticipato da Gad Lerner, Renzi giocava sin troppo con la provocazione e con la semina di polemiche, accrescendo rapidissimamente la sua visibilità e popolarizzazione; ma celando anche una probabile caduta altrettanto istantanea qualora la ruota non fosse più girata a suo favore:

> «Renzi spopola, ama scandalizzare la sinistra da lui accusata di rinchiudersi in un recinto settario, e sazia il suo personale narcisismo. Ma rivela anche la sua volontà di procedere sulla strada di Palazzo Chigi affermando una leadership personalistica non facile da digerire per un partito, certo, sgangherato, ma pur sempre orientato a percepirsi come movimento collettivo. Renzi continua a giocare in proprio. Usa l'ironia contro il Pd finito al governo coi ministri di Berlusconi, ma intanto usa le stesse armi dell'avversario cui vuole contendere la guida del paese. È un gioco divertente ma, alla lunga, pericoloso da controllare. L'Italia è il paese delle bolle mediatiche che hanno l'antipatica tendenza a scoppiare, come le bolle di sapone»[111].

Nella tornata elettorale del 2015 incominciarono a giungere a Renzi dei segnali evidenti di rallentamento nella marcia ai consensi, non riuscendo più a sfondare con il *Partito Democratico* al voto delle regionali. Nello specifico, in Emilia Romagna ci fu in quell'anno la minima partecipazione storica alle urne. Dopo tanta retorica del nuovo, la macchina mediatica renziana stava ormai apparendo logorata e repellente. Come avvertì anche Carlo Freccero: «La politica è altro. [...] Se insegui il nuovo c'è sempre qualcuno più nuovo di te»[112].

Il problema per Renzi fu appunto quello di essersi

trasformato nella casta che lui stesso avrebbe dovuto in precedenza rottamare, assumendo, per certi aspetti, sempre più le sembianze di Berlusconi. Negli stessi anni il dissenso stava inoltre incarnandosi nella figura di un altro politico, tale Matteo Salvini. Costui, dopo essere stato nominato nuovo segretario del partito leghista, aveva incominciato a contendergli gli spazi pubblici sulle tv e sui *social network*.

Se la promessa renziana, come quella berlusconiana, era stata la magia e la maledizione con cui il *leader* di Forza Italia aveva rapito l'interesse del popolo italiano, il renzismo non fu altro che il proseguimento di esso[113]. In poco tempo, *media* e politica si contorsero in un *blob* di parole, perdendo di credibilità e d'influenza; ma di questo Matteo Renzi non se accorse. A un certo punto la sua stessa comunicazione s'incrociò perfettamente con la crisi della chiacchiera politica in tv e la sua *maxi* esposizione faceva solo che incrementare la sfiducia nei *media* tradizionali; ritenuti complici di un paese Italia incapace di reagire con idee e riforme atte all'eliminazione dei problemi economici e sociali delle persone reali fuori dal parlamento. Insomma, il nuovo *premier* rottamatore rilanciò la sua offensiva mediatica proprio quando la comunicazione stava generando disaffezione e distacco dalla politica.

A dispetto dell'impegno televisivo di Renzi, le elezioni amministrative di giugno 2016 segnarono una pesante sconfitta. Torino e Roma furono vinte dal *M5S* e Napoli da De Magistris, concedendo al *Partito Democratico* di rimanere alla guida della sola grande città di Milano grazie a un pugno di voti e alla scelta di appoggiare Giuseppe Sala al ballottaggio. Il *premier* non si stava affatto accorgendo della realtà che lo circondava all'interno del paese, premendo ulteriormente il piede sull'acceleratore dell'individualismo mediatico in vista dell'atteso cambiamento della costituzione per proseguire con i propri "folli" progetti riformatori. Il voto al referendum costituzionale del 4 dicembre dello stesso anno decretò difatti la "Waterloo" della scena politica di Renzi, o forse no.

Per quanto concerne il mero potere decisionale, il parziale

ritorno in auge di Matteo è avvenuto solo pochi anni più tardi con la fondazione del partito *Italia Viva* e la votazione (grazie al suo piccolo partitino) di Mario Draghi a Presidente del Consiglio nella penultima legislatura. Con tale mossa del "Cavallo", l'*ex* giovane *premier* piddino si rimangiò due delle sue dichiarazioni che più lo resero celebre ai posteri della spettacolarizzante politica italiana della terza repubblica. Una delle due è ripresa da un *tweet* di Renzi in piena Leopolda del 2012 :«Se vinciamo noi non ci sarà più spazio per il potere di veto dei partitini». Questa frase è stata poi da lui ripetuta come un mantra su *twitter*, sino all'anno 2017: «Non è accettabile che nel 2017 ci siano ancora i piccoli partiti che mettono i veti». Ma è solo durante le interviste fatte lui nel corso del 2016 che, ormai lontano dal pensiero dei cittadini, Matteo rilasciò affermazioni tali di voler ritirarsi dalla politica in caso di perdita del referendum costituzionale, alzando la posta in gioco, come se l'esercizio dell'attività politica fosse implicitamente legata a quella del gioco d'azzardo.

> «Adesso siamo a un bivio: se passa la riforma, finisce il tempo degli inciuci. Se non passa, torniamo nella palude. E visto che tutti i cittadini dichiarano a parole di non volere la palude, io sono fiducioso che vinceremo bene. Ma se ciò non avvenisse, che resto a fare in politica? Non sono come gli altri, io. Se il referendum andrà male continuerò a seguire la politica come cittadino libero e informato, ma cambierò mestiere. Vuole uno slogan semplice? O cambio l'Italia o cambio mestiere»[114].

È mediante questo tipo di asserzioni che si può capire come oggi la politica si sia discostata completamente dalla realtà sociale del nostro paese Italia, rendendosi antipatica al popolo e contribuendo alla riesumazione di *virus* che si credeva fossero stati estinti da tempo. Dalla suddetta dichiarazione di Renzi del 2016, voglio parimenti qui chiudere il secondo paragrafo del capitolo concernente il populismo e proseguire con l'indagine di tale fenomeno non più nella politica, bensì nel cinema di commedia all'italiana.

2.3 Il populismo nel cinema e nella commedia all'italiana

Come precedentemente solo accennato, il populismo si è insinuato nel cinema italiano ancora agli inizi del Novecento nel periodo del muto con la nascita del divismo maschile e femminile. Nel periodo fascista la figura di Mussolini e la diffusione del pensiero medio nel pubblico, per mezzo di film dei "telefoni bianchi" e di film propagandistici, atti a voler richiamare l'italiano a un'identità che si stava cercando di trasmettere, hanno contribuito ancor più al propagarsi del populismo tra le masse ignare.

In concomitanza con la nascita del divismo cinematografico, il cinema dei "telefoni bianchi", durante il regime, è al contempo riuscito a intrecciarsi agli esordi del divismo calcistico con le prime apparizioni dei campioni sportivi che decidevano di legare il proprio nome a un particolare *brand*. Il film *Contessa di Parma* (Alessandro Blasetti, 1938), girato nella Torino degli anni 30 dal regista Alessandro Blasetti, ha messo in scena un mondo affollato da oggetti di lusso e in cui vi era la presenza di una serie di modelle e di calciatori: propagandando in tal senso la modernizzazione capitalista alla quale il regime si stava avviando.

Questo genere di film è stato utilizzato al fine di alimentare le illusioni degli italiani e i loro sogni di gloria e di successo per mezzo della moneta: facendoli aspirare a un ideale benessere ottenibile solo mediante il successo economico del singolo a scapito degli altri. Da ciò si sono, per la prima volta, sperimentati casi di affiancamento dell'ideologia consumista al regime autoritario guidato dal Duce: costruendo e sedimentando un'identità collettiva di consumatore avido del proprio ed esclusivo benessere. Come anche detto da Mariuccia Salvati: «Il consumismo [...] offrendo l'immagine di una popolazione che persegue scopi uguali [...] forniva, in apparenza, il biglietto d'ingresso alla comunità nazionale»[115]. C'è stata la volontà da parte delle categorie del mercato e del fascismo di nazionalizzare l'Italia composta dal popolo sotto la bandiera del patriottismo e del consumo di beni; specialmente quelli di lusso. Questo mondo è tuttavia rimasto, fino agli anni del miracolo economico italiano degli anni 50/60 del Novecento, come una sola illusione[116].

L'intento di voler far coniugare il cinema "popolare" e l'ideologia fascista ha lasciato emergere tutte le difficoltà che il regime a stento stava risolvendo, come ad esempio il proporre un modello d'italiano virile e di guerriero: difensore della patria. Alle commedie prodotte in quegli anni, la produzione estera è riuscita, fino al 16 giugno 1938, prima dell'avvento della legge Alfieri, a essere la più diffusa nel nostro paese, improntando il discorso sul puro intrattenimento delle masse di spettatori. Gli strumenti propagandistici offerti dai nuovi mezzi di comunicazione di massa (cinema, radio e stampa), assieme a un'efficiente organizzazione poliziesca diffusa in tutto il territorio nazionale, contribuirono all'innesto di un pensiero comune tra il popolo. Il dominio mussoliniano ha cercato appunto di costruire l'immaginario di un "italiano nuovo", ma senza riuscirci appieno a causa delle molteplici istituzioni ancora in vigore nell'Italia di quegli anni (la Monarchia, il Vaticano, l'esercito e il potere capitalista).

Il suddetto "totalitarismo imperfetto"[117], mostrato anche nei film dei "telefoni bianchi", si è tradotto in un ridimensionamento totale della portata e dell'efficacia dei miti proposti dal fascismo. Film come *A Noi!* (Umberto Paradisi, 1923) ci han restituito alcuni dei caratteri che il regime stava cercando di diffondere tra le masse: una rivoluzione dall'alto guidata da Mussolini, mostrando l'evento più eversivo del fascismo delle origini, ossia la sua presa del potere.

Le mobilitazioni di massa e l'ostentazione della violenza da parte degli squadristi, legittimata dalle cerimonie funebri e dall'onoranza dei caduti, hanno sancito il culto religioso del nuovo capo politico. Il documentario *A Noi!* ha avuto l'intento di rassicurare l'opinione pubblica sulla violenza e sull'ansia sentite in quel determinato momento storico, quietando il terrore rosso e la temporanea assenza di fiducia verso il nuovo leader in ascesa: enfatizzando una solidarietà e un'unità d'intento atte a voler riportare l'Italia alla gloria di un tempo. Ancor più lampante per la propaganda fascista di stampo populista è stato il contenuto mostrato in *Vecchia Guardia* (Alessandro Blasetti, 1934): nel periodo di massimo consenso entusiastico al fascismo. In questo film, ambientato in un paesino del Centro Italia, il regista Blasetti ha tentato di celebrare sin dall'inizio l'ascesa dello squadrismo alla vigilia della Marcia su Roma contro il comunismo Russo e i suoi agitatori "rossi". Durante una spedizione punitiva ai danni dei rivoluzionari, viene ucciso uno dei ragazzini fascisti, ridestando «i cuori più sonnacchiosi»[118] del pubblico in favore del nuovo movimento sociale italiano. Il valore di compattezza sociale dei popolani accanto ai borghesi è stato sicché enfatizzato nel film al fine di combattere il nemico comune "comunista": in una rappresentazione del conflitto sociale italiano[119].

Un ultimo film da dover citare per la propaganda e il populismo di stampo fascista, presenti nel cinema degli anni della Seconda Guerra Mondiale, è *Le due tigri* (Giorgio Simonelli, 1941). In questa pellicola è stato proposto un Sandokan antinglese, facendo riecheggiare tra il popolo degli slogan propagandistici contro la "perfida Albione" e la Maestà Britannica: beffandosi dell'"ottusità" dei nemici di guerra dell'Italia. Film di questo genere hanno avuto il duro compito di confortare l'opinione pubblica e le masse, motivando ulteriormente quest'ultime a lavorare ancor più duramente al fine di vincere la guerra per la pace e per la libertà a loro promesse.

Il divismo è stato un fenomeno che ha avuto anch'esso un impatto dirompente tra il pubblico a tal punto di essere stato esso stesso etichettato come populista. Nel 1926 uno tra i baluardi del cinema muto italiano, assieme a Emilio Ghione, era ancora Bartolomeo Pagano (alias Maciste): interprete straordinario di film sorprendenti e avventurosi sullo sfondo di una ricostruzione storica fondata su acrobazie circensi, sul fantastico e sul cinema di montagna. Come i divi e le dive sono riusciti a catalizzare l'opinione pubblica e le masse di spettatori diventando delle vere e proprie stelle dalle quali poter trarre ispirazione, la stessa cosa fece poi il duce Benito Mussolini.

In un momento nel quale si stava arrivando alla massima crisi del sistema di generi e di canoni cinematografici, il *"dux"* è riuscito a costruirsi lui stesso un'immagine mediatica di successo, riutilizzando nel gesto e nell'immagine degli stereotipi ereditati dal cinematografo. La sua immagine "istrionica" al quale, oltre alla *performance*, corrispondeva la divisa come travestimento, è divenuta un'iconologia liturgica solenne del perfetto oratore; d'incantatore delle folle. Anni di storia del cinema sono dunque stati repertorio dal quale attingere per poter poi essere l'arma forte del capo politico al momento della sua ascesa ai vertici dello stato italiano. Volendo qui citare le parole espresse da Denis Lotti nel libro *Muscoli e frac*: «duce sta a divo come Mussolini sta al significato storico della parola divo, ossia l'attributo divino previsto dal culto imperiale antico»[120].

Nel secondo dopoguerra, con il cinema neorealista di stampo rosselliniano, è stato portato avanti un acceso antifascismo. *Roma Città Aperta* può essere a tal punto intesa come una pellicola specchio dell'anima collettiva di ricerca del calore umano, di pietà e di una giusta indignazione verso il passato prossimo dal quale si stava lentamente uscendo. La resistenza è stata perciò utilizzata come bagaglio di tutte le generazioni del secondo dopoguerra, come perno morale della Nazione, permettendo agli Italiani d'identificarsi come agenti storici che hanno attivamente partecipato alla liberazione della nazione, motivandone populisticamente le spinte elettorali verso la *Democrazia Cristiana* e la sinistra comunista e socialista. I personaggi di Pina e dei bambini hanno reso popolare la lotta antifascista del film, venendo usati da Rossellini per connettersi empaticamente con lo spettatore e per cancellare l'idea dell'italiano fascista[121].

La Pina interpretata dalla Magnani è riuscita, come personaggio protagonista, a riprendere tutta quella serie di valori e virtù che sono state simbolo della cristianità e della classe operaia dell'epoca, mostrandosi anche come un'ottima madre italiana. Grazie alla sua figura, Rossellini è riuscito a includere la parte di popolo italiano apolitica nella storia della resistenza; stabilendo una narrazione di lotta partigiana di liberazione e di esonero degli italiani dalle loro responsabilità avute durante il Ventennio. Nel film non sono certamente mancate delle situazioni nelle quali si è criticato un frammento della popolazione composto da avidi, codardi, disadattati, opportunisti, degenerati e idioti: costruendo un binario distinto tra italiani e tedeschi.

L'immagine del paese che il cinema italiano ha voluto proiettare a livello internazionale è quindi stata molto curata per riuscire a ricostruire un immaginario e un pensiero dell'Italia che fossero diversi rispetto al Ventennio Fascista appena finito. Il fatto però di non essersi concentrati, da parte del governo della *Democrazia Cristiana*, sugli scheletri nell'armadio presenti nell'Italia del secondo dopoguerra, ha consentito che il fascismo in Italia non venisse del tutto estirpato, preferendo concentrarsi sull'anticomunismo russo (la guerra fredda) piuttosto che ripensare a un'autoanalisi interna mussoliniana. Probabilmente non c'era spazio per poter discutere della situazione italiana tra fascisti e antifascisti. I film neorealisti sono riusciti difatti ad andare oltre, stabilendo un'ortodossia che negava essa stessa l'esistenza di una guerra civile, incoraggiando l'inclusività della memoria collettiva e l'amnistia verso il passato. Ciò ovviamente ha avuto anche delle eccezioni, come nel caso di *Paisà* (Roberto Rossellini, 1946), che è riuscito a fornire un quadro più sfumato sulla questione. I sei episodi raccontati nel film hanno ripercorso l'intera penisola italiana per rappresentare lo spirito della Resistenza al fine di riconoscere un'identità e una lotta condivisa. Secondo lo stesso Brunetta, il film di *Paisà* è riuscito a essere politicamente più riflessivo rispetto ad altre narrazioni[122].

Anche i film di Luigi Zampa sono riusciti a raccontare la società italiana tra populismo e fascismo. In queste pellicole, rispetto a ciò che è stato messo in evidenza da Rossellini, qui gli antifascisti partigiani e operai si sono ritrovati a essere vittime di una situazione nella quale i politici li avevano dipinti tutti come uguali; oltre a venire mostrati in *Anni Difficili* (Luigi Zampa, 1948) come corrotti, divisi, litigiosi tra di loro e pusillanimi. Demistificando l'antifascismo, Zampa ha voluto ribadire che l'Italia non è mai stata realmente fascista e così facendo ha solo creato uno stereotipo di brava gente posseditrice di un'umanità e di alcuni valori ripresi dai fondamenti cristiani: ponendo al centro il costante vittimismo italiano, che ha caratterizzato la politica di carattere populista[123].

Dalla fine degli anni Cinquanta sono stati promossi in Italia una serie di film definibili come "revival neorealisti"[124], sebbene questi abbiano anche fatto parte della categoria di film di commedia all'italiana. Questi film hanno avuto l'intento di riprodurre l'effetto del neorealismo affidandosi a vecchie e nuove stelle del cinema popolare, in maggioranza comici, come Alberto Sordi, Vittorio Gassman, Ugo Tognazzi e Nino Manfredi. La guerra ha avuto la funzione di sfondo ideale per poter sfruttare le false idiosincrasie nazionali: tra stereotipi, uomini goffi, donne provocanti e una discrepanza tra eroi e i loro compiti incompiuti. Con i film prodotti in quegli anni come *Il generale della Rovere* (Roberto Rossellini, 1959), *Tutti a Casa* (Luigi Comencini, 1960), *La Marcia su Roma* (Dino Risi, 1962), *Il Carro Armato dell'8 Settembre* (Gianni Puccini, 1960) e diversi altri, sono stati forniti dei campioni d'umanità costantemente in lotta: di uomini evirati dalla stessa guerra, di codardi, di ladri, di donne che rimpiangevano il ritorno a casa dei loro mariti... Stranamente, ciò che è stato mostrato, si rifaceva a coloro che furono i protagonisti del *boom* economico italiano tra gli anni '50 e '60 del Novecento piuttosto che all'italiano del periodo fascista.

Assieme ad altri film come *I Due Marescialli* (Sergio Corbucci, 1961), *I Due Colonnelli* (Stefano Vanzina, 1962), *La Marcia su Roma* e *Tutti a Casa,* tutti gli uomini che sono stati rappresentati dai mattatori del cinema hanno simbolizzato il trionfo del sopravvivere dell'italiano contro ciò che l'ideologia fascista avrebbe voluto promuovere e hanno anche evidenziato, paradossalmente, una forte tensione tra survivalismo e morte per sacrificio[125]. Rispetto ai decessi in film come *Roma Città Aperta*, la morte di Giovanni Bertone (Vittorio De Sica) in *il generale della Rovere* è stata melodrammatica e toccante, ma politicamente priva di speranza e d'urgenza, morendo in nome di un altro uomo senza far sapere a nessuno della sua decisione. Rispetto dunque ai film di Zampa degli anni 50, ancora pregni di quell'anima popolare di drammaticità e di sofferenza che aleggiavano nell'Italia del secondo dopoguerra, negli anni Sessanta ciò non fu più così.

Grazie al *boom* dei consumi del nuovo decennio, la crescente ricchezza materiale e la cultura popolare sono divenute la nuova ossessione per l'italiano medio, e gli stessi film, che mostravano l'Italia del passato con la sua realtà umana, sociale, urbana e i suoi valori (contadini), ne hanno costruito un immaginario diverso agli occhi del pubblico rispetto a ciò che ora li circondava: non per forza con un carattere totalmente negativo di quei tempi lontani. Differentemente dai film di Zampa, caratterizzati da una risata spesso agrodolce dove non vi era nulla di comico nei diversi loro finali, le pellicole successive hanno preferito invece cercare di fare un maggior uso di caricature e di parodie slapstick aventi sia finali seri, che comici.

Quella che è stata chiamata, a partire dagli anni Sessanta, come commedia all'italiana, ha cominciato a cogliere le trasformazioni sociali di quegli anni dell'italiano medio e popolare. Le sceneggiature di Sergio Amidei e dei suoi successivi discendenti hanno avuto l'incarico di osservare come i personaggi potessero riuscire a vivere una serie di avventure eroicomiche al di fuori del loro *habitat* di provenienza[126]. Il paesaggio della commedia si è quindi modificato, riferendosi a tratti a opere provenienti dalla grande letteratura europea o dall'avanspettacolo e dal teatro popolare. I giornali umoristici e i riferimenti alla società italiana di quegli anni sono entrati a far parte del nuovo linguaggio utilizzato nel cinema comico, non nascondendo i propri intenti moralizzanti. La maggior parte dei critici non ha però accettato sin da subito il genere di commedia all'italiana, disprezzandolo e considerandolo esclusivamente come «uno strumento nelle mani del potere»[127].

La comicità alla quale hanno mirato gli sceneggiatori nel secondo dopoguerra è stata un elemento in costante mutamento mediante ricombinazioni e incastri sempre più irregolari delle funzioni narrative inserite. Ecco dunque film come *Poveri ma Belli* (Dino Risi, 1957) dove sono state ambientate le vicende nella Roma Popolare dell'epoca: tra equivoci, doppi sensi, bisticci, separazioni e congiungimenti privi di ogni intenzione intellettualistica e inseriti in una mutazione antropologica della società. Il neorealismo, carico di tristezza, non bastava più per il pubblico, ma era necessario proiettarsi verso condizioni di benessere in precedenza solo sognate.

A partire dalla fine degli anni Cinquanta, film come *La grande Guerra* (Mario Monicelli, 1959) hanno segnato la svolta di portare la commedia a un livello di produzione più alto, facendo crescere il genere stesso. I personaggi del film ecco che sono stati chiamati a decidere la propria sorte, compiendo scelte difficili e liberandosi dalla serie di travestimenti a quest'ultimi attribuita.

Uno tra i film che hanno mostrato le contraddizioni e i risentimenti del fascismo nei primi anni Sessanta del Novecento in un ambiente tutt'altro che apolitico e antipopulista è stato *Il Federale* (Luciano Salce, 1961). Questa pellicola, a tratti satirica e venata di una tristezza tipica della commedia all'italiana, ha mostrato al pubblico come una zelante recluta fascista col sogno di diventare "federale" del partito fascista italiano, venne congedato nel 1944 dai suoi doveri per poter adempiere a una missione speciale di cattura di un capo della resistenza: il professor Erminio Bonafè. Il Federale Arcovazzi è stato così mostrato alle platee non come il solito personaggio fascista delinquente, idiota o codardo; nonostante le diverse gag comiche da questi prodotte. Il Federale ha compiuto la sua missione mostrando resilienza, dedizione e altruismo, guadagnandosi il rispetto del film di esser stato superiore agli altri personaggi. Ecco che al crollo del suo mondo, gli spettatori italiani degli anni Sessanta ne sono stati scossi, emozionandosi per un fascista impegnato, impenitente e cieco nelle sue convinzioni. Così il personaggio a cui ha dato vita il celebre Ugo Tognazzi è stato uno dei più complessi della filmologia italiana sui temi del fascismo.

Ci furono, a seguito dell'uscita nelle sale cinematografiche, una serie di attacchi gratuiti da parte della stampa su ciò che, a detta di molti, è stata solo una banale satira dal gusto qualunquistico[128]. Lo stesso Lino Miccichè scrisse sia nel 1975, che nel 1995 aspre parole su di questo film, respingendolo come un capitolo tra i più degradati della deriva comica dei film sul fascismo, dove un'abbondanza di derisione, equamente distribuita a fascisti e antifascisti, ha finito col far fraternizzare vittimisticamente gli italiani sia con l'uomo in camicia nera, sia con quello in giacca e cravatta.

Il Federale è riuscito a essere un utile termometro della precaria ideologia e morale della società italiana dell'epoca. I medesimi riferimenti di una resistenza antifascista e dei loro buoni intenti sono stati frantumati nel film, provocando un senso di repulsione verso certi comportamenti avuti dall'altra parte della "barricata". In una battuta tratta dalla sceneggiatura, Ugo Tognazzi scherzò sui partigiani antifascisti dicendo: «Questi ragazzi sono peggio di noi». Con ciò il film si è guadagnato l'etichetta di superficiale, di apolitico, di sciocco e di cinico: mostrando lo spietato autoritarismo, sintomo di un acceso populismo, insito anche nelle forze della sinistra comunista e della Democrazia Cristiana che campeggiarono certe definizioni e battaglie del "politicamente corretto" contro questo genere di produzioni. Nonostante i vari stereotipi familiari presenti nel *Il Federale*, è stata mostrata per molti versi un'apoliticità presunta, ma che poi nella realtà dei fatti si è tramutata in scelta politica; criticando provocatoriamente la politica italiana dell'epoca (un film liberale con la sua satira e avente l'obiettivo di evidenziare l'ipocrisia della sinistra di quegli anni[129]).

Nel finale, Bonafè salva Arcovazzi, spogliandolo della sua divisa e rimuovendone la sua identità, le sue convinzioni e la sua bussola morale: facendolo vestire da borghese. Ambo le parti sono orbene riuscite a sopravvivere, abbandonando da un lato la propria divisa e dall'altro l'amata edizione de *L'Infinito* di Leopardi. La critica nel finale del film è stata infine rivolta al consumismo di massa e ai fondamenti dell'Italia del secondo dopoguerra. L'incamminarsi verso la città, ha sancito la fine di un'era e il passaggio a una modernità più "squallida".

Dino Risi è stato anche lui etichettato come uno tra i maestri della commedia all'italiana, dilatandone le coordinate e modificandone i tratti. Nei vari film dai lui prodotti alla regia, i personaggi hanno avuto la libertà di muoversi nel tempo e nello spazio, tra presente e passato, denunciando i costi sostenuti per passare tra condizioni storiche diverse. A partire dai primi anni Sessanta, film come *Una vita difficile* (Dino Risi, 1961) e *il Sorpasso* (Dino Risi, 1962) hanno segnato il punto dove sono state confluite tutte le forze del regista, operando nel terreno fertile della commedia all'italiana. *Una Vita difficile* ci ha raccontato la vita di un *ex* partigiano italiano a partire dalla fine della Seconda Guerra Mondiale, passando per gli anni della prima Repubblica sino al *boom* economico. In questo contesto di progressivo cambiamento, Silvio Magnozzi (l'*ex* partigiano), interpretato dal magnifico Alberto Sordi, è stato costretto ad adattarsi alle nuove situazioni di vita al fine di sopravvivere in un mondo nel quale a nessuno più interessava della politica e della storia della resistenza italiana.

Come detto da Elena Pavinato (interpretata da Lea Massari) in una battuta fatta nel momento più drammatico del film: «ho commesso un solo errore, il ferro da stiro lo dovevo spaccare in testa a te [riferito all'*ex* partigiano] e non a quel tenente [nazista]». Con questa affermazione, si è ulteriormente sottolineata la volontà di rimpiangere i fatti del passato a tal punto da soffrire di rimorso per ciò che era stato compiuto contro una parte politica oggi non più vista sotto quella lente neorealista antifascista e negativa dei primi anni successivi alla fine della Seconda Guerra Mondiale. Così nel film, come anche similmente nella realtà, gli *ex* partigiani e ed *ex* monarchici si sono dovuti riadattare alla nuova struttura della società, ma non tutti sono riusciti a "chinare il capo" dinnanzi a nuovi padroni, come al commendator Bracci.

Nella scena successiva al litigio con la moglie, la macchina da presa ci ha mostrato Silvio sputare verso le auto che stavano ritornando a casa dai locali notturni del lungomare. Qui si sono voluti evidenziare gli ultimi tentativi di ribellione a una sconfitta personale contro una società materialista e superficiale dove non sembra esserci più bisogno di persone come lui. Piuttosto però di impegnarsi seriamente verso nobili ideali, le azioni di Magnozzi si sono invece rivelate come un desiderio narcisistico di un riconoscimento pubblico tipico di molti personaggi della commedia all'italiana. Come tutti, Silvio Magnozzi non è altro che un essere umano alla ricerca di una collocazione stabile all'interno di una narrazione a lui distante.

Nel finale del film, Silvio riesce a trovare la forza di reagire e riscattarsi da quella situazione d'infelicità e di subalternità alla nuova élite, compiendo un gesto plateale: uno schiaffo al capitalista odioso; evidenziando la possibilità di rivalsa dell'italiano medio contro l'oppressione esercitata dai grandi industriali. Facendo ciò, si è trasmesso agli spettatori uno tra i caratteri più rilevanti del populismo: il combattere i "poteri forti" e la classi agiate in nome del popolo e della sua dignità al fine di recuperare la centralità e il potere precedentemente perduti.

Con *I Mostri* (1963), *L'ombrellone* (1965), *Il giovedì* (1963), *Il Gaucho* (1964) e vari altri film da lui girati, Dino Risi è riuscito dunque a cogliere i sintomi della nuova condizione economica e sociale presenti nella società italiana dell'epoca e le sue normali maschere di una "mostruosa capacità"[130]. Come scritto nel libro di *Cinema Italia* al momento di trattare i cambiamenti capitati nel nostro paese negli anni Sessanta:

> «Non si trattò solo dei cambiamenti introdotti nel sistema politico. L'antifascismo, quel tipo di antifascismo, favorì allora l'emergere nella cultura italiana del gusto per la

rottura di schemi consolidati e l'ardita sperimentazione di vie nuove, mutuate direttamente dai fermenti che agitavano la società civile. Sulla Resistenza si avviarono nuove piste di creatività e di innovazione»[131].

In quel periodo storico si è affermato pertanto un tipo di cinema di commedia all'italiana impegnato civilmente: in grado di smascherare «gli aspetti rivelatori di un modo di vivere e di pensare che sorregge la politica conservatrice e si presenta come mentalità piccolo borghese»[132].

In *Il Sorpasso*, diretto da Risi nell'estate del 1962 e uscito nelle sale nel dicembre dell'anno seguente, lo stile della commedia all'italiana ha trovato il giusto equilibrio tra dolore e comicità, tra esuberanza e mitezza, tra velocità e staticità[133]. Nel film sopra citato è stata raccontata la storia di un estroverso quarantenne, tale Bruno Cortona, interpretato da Vittorio Gassman, e il suo incontro del tutto fortuito con lo studente universitario Roberto (interpretato da Jean-Louis Trintignant). Il viaggio di due giorni dei due avviene in automobile lungo le autostrade, il mare e le strade tra il Lazio e la Toscana.

Dopo aver fallito l'adescamento di due ragazze, la coppia decide di fermarsi a pranzo in un ristorantino vicino al porto di Civitavecchia, per poi dirigersi dagli amati zii di Roberto nel pomeriggio e visitare la loro fattoria. La sera invece ci si sposta a casa di Bruno nella sua villa sul mare. Durante questi giri in auto, Roberto viene ammaliato dai modi di fare dell'amico più anziano e della sua apparente energia e gioia di vivere, apprezzandone soprattutto lo stile di vita più accondiscendente. La forte personalità di Cortona convince Roberto a cedere al desiderio di rivedere la sua fiamma Valeria, compagna di classe di cui era infatuato, e a sospendere momentaneamente gli studi di giurisprudenza. Ma le sue ambizioni non avranno più un futuro, poiché il tragitto subirà una fine inattesa. Durante un sorpasso rischioso, il giovane Roberto perde la vita cadendo giù per la scogliera mentre Bruno, rimasto illeso, a causa del tragico evento perde la poca voglia di vivere in lui rimasta. Già questa sinossi può indicarci come un semplice film come *Il Sorpasso* sia satiricamente riuscito a mostrarci la società del miracolo economico tra pieno e vuoto.

Il finale del film è stato emblema della corsa a cui l'Italia e gli italiani stavano gareggiando e la loro probabile fine. La Lancia Aurelia B24, *status symbol* degli anni '50, al momento dell'uscita del film era già considerata come un modello antiquato e pieno di toppe. Bruno si è dimostrato come un uomo che inseguiva perennemente i propri desideri, ma incapace di raggiungerli. Il suo stile di vita "fuori dal coro" e irresponsabile non ha fatto altro che arrecare danni al giovane introverso Roberto (simbolo dell'Italia pre-*boom*), spingendolo verso la morte. Il nostro paese è inoltre apparso nel film come indefinito, indeterminato geograficamente e narrativamente. Pure l'itinerario intrapreso dai due protagonisti si è dimostrato causale ed episodico. Tutto ciò è stato orbene sinonimo della società entro la quale il costrutto mentale del capitalismo sfrenato stava squarciando le menti delle persone, preparandoli ad avvertire una mancanza colmabile esclusivamente da desideri materiali temporanei volatili e dall'ossessione per un godimento senza freni inconciliabile con l'identità che la Democrazia Cristiana avrebbe voluto diffondere tra gli italiani.

In altri film che hanno composto il filone fin qui già trattato, vi sarebbero da evidenziare pellicole come *Discutiamo, discutiamo* (Marco Bellocchio, 1969), *I Compagni* (Mario Monicelli, 1963) e *La classe operaia va in paradiso*. In *I Compagni*, Mario Monicelli aveva già anticipato uno tra gli elementi che sarebbero stati simbolici per il '68. Uscito nel 1963 e ambientato nella città Torinese di fine Ottocento, il racconto de *I Compagni* si volle ispirare agli scioperi che avevano avuto luogo alla FIAT nel luglio del 1962. Gli scontri nelle piazze tra la polizia e i manifestanti avevano ormai sancito la ripresa del conflitto sociale per l'ottenimento di maggiori diritti e tutele per i lavoratori, come anche rappresentato nel film con la durezza del lavoro, la fatica fisica provocata dalla fabbrica e l'emergere delle prime manifestazioni operaie libere dai sindacati.

Ancora con *La Classe operaia va in paradiso*, pellicola arrivata nelle sale cinematografiche alla fine del conflitto sociale esploso tra la classe operaia nell'autunno caldo di due anni prima della sua uscita, in uno scenario politico dove i partiti non riuscivano a concepire il mutamento sociale in avvenire, il sindacato assunse il ruolo di difensore, portavoce del popolo proletario per mezzo di 3 organizzazioni nazionali: CGIL, CISL, UIL. Queste riuscirono a far approvare lo statuto dei lavoratori e a fornire loro maggiori tutele. In *La classe operaia va in paradiso* Lulù Massa, operaio comunista instancabile, dopo essersi tranciato un dito sotto di una pressa, decise di cambiare atteggiamento e di lottare contro l'azienda per ottenere maggiori tutele. Solo per mezzo del sindacato, il protagonista venne riassunto dalla fabbrica dove era stato in precedenza licenziato per i suoi modi di fare "rivoluzionari". Questo genere di film ha perciò consentito di coniugare il cinema politico, avente caratteri tipicamente populisti, con la commedia all'italiana: un'opera militante realizzata con i gruppi della sinistra extraparlamentare[134] contro il potere autarchico esercitato dalla medio/alta borghesia industriale.

La medesima fabbrica fordista è stata messa in luce nella pellicola, evidenziando tutte le criticità del lavoro in catena di montaggio: tra nevrosi, artriti e infezioni polmonari. Gli studenti in lotta in Italia si proclamarono estranei a tutti i partiti e contestarono persino quelli di sinistra, rimproverati per la loro tendenza ad adattarsi al sistema piuttosto che riformarlo o voler pensare di ricostruirlo alla radice, come visto anche in *La Cina è vicina* (Marco Bellocchio, 1967). Nacquero allora nuovi gruppi parlamentari della sinistra più estrema ispirati all'ideologia maoista e al programma del Partito Comunista marxista-leninista. Il cinema è dunque divenuto "d'inchiesta" e "d'impegno civile". La sinistra extraparlamentare, a seguito della visione dei diversi filmati prodotti e girati da Scola e da Petri, ha provato indignazione per come la classe operaia fosse stata rappresentata e guidata da leader facenti parte di gruppi o sindacati: eliminandone l'autonomia che si stava cercando di sostenere[135].

Con la fine degli anni '70 si aprì per gli operai la strada della sconfitta politica, dell'emarginazione di questi nel processo produttivo e nella frantumazione della speranza[136], in un clima sempre più populista.

Nel 1980 il movimento operaio torinese subì una cocente batosta durante i trentacinque giorni della FIAT, e presto, sul territorio lombardo, avrebbero preso piede il settore terziario e i suoi lavoratori: mutando nuovamente il palinsesto sociale ed economico nazionale.

Anche in altri filmati si è riusciti, per mezzo della commedia all'italiana, a trasmettere allo spettatore la costruzione sociale della nuova Italia degli anni prossimi al '68. Come intrappolate da Pasolini in *Comizi D'amore* (Pier Paolo Pasolini, 1964), le tensioni sociali stavano sempre più maturando già nei primi anni Sessanta, specialmente nella tradizionalità o meno della famiglia: per una parte riconosciuta come un pilastro sul quale si dovevano, teoricamente, poggiare lo stato e il cittadino italiano, mantenendo un tradizionalismo tipico del sud Italia e della religione cristiano cattolica.

In *Comizi D'amore*, Pasolini ha indagato nel profano di quegli anni, chiedendo alle diverse persone intervistate se fosse necessario parlare di certi temi scottanti, come l'omosessualità, la prostituzione e il "patriarcato". L'intervistatore è arrivato infine a concludere, a seguito dei suoi comizi tenuti in ogni parte d'Italia, di essere in un paese dove il cittadino italiano mancava di un'identità comune: «l'Italia del benessere materiale viene drammaticamente contraddetta nello spirito da questi italiani reali».

La stessa identità dell'italiano borghese è stata messa a dura prova anche nel film *La Voglia Matta* (Luciano Salce, 1962). Qui Ugo Tognazzi, impersonando la figura di un ingegnere perdutamente innamorato di una giovine fanciulla (Catherine Spaak), non è riuscito a dominare con il proprio essere la realtà parsa come diametralmente opposta a quella sua di provenienza, uscendone: «scornato e con la dignità in frantumi»[137].

Da questo episodio, finito con il non consumarsi dell'atto sessuale tra l'ingegnere e la ragazza, si è mostrato come i ragazzi fossero spavaldi, ma profondamente annoiati dalla vita; in un contesto di vuoto esistenziale. La nominata «gioventù bruciata» da parte di Antonio Berlinghieri (Ugo Tognazzi) composta da «ragazzi matti e genitori ancora più matti», si vorrebbe mandarla a riformatorio e a farla combattere in guerra per instillare un'ideologia, ma nulla riuscirebbe più a destare loro un poco di interesse.

Nel film tutto viene preso in giro dai giovani: persino l'inno delle SS ascoltato per radio da uno dei ragazzi, senza però che questo potesse simboleggiare un infervorato ritorno al passato. Pure la battuta di Francesca (Catherine Spaak): «Mussolini chi? Il padre del pianista?» è riuscita a sancire una situazione definibile come di fatto: i totalitarismi e il passato fascista italiano erano ormai, per le nuove generazioni, solo dei ricordi sfocati. I giovani non sapevano più cosa provare e la borghesia non è più riuscita ad attecchire su di essi, mettendo in scena ciò che il *boom* aveva ormai prodotto: l'avere a disposizione tutto per ritrovarsi senza più nulla.

All'avvento del Sessantotto, inteso come aria del tempo, vi furono prodotti diversi film che contenevano elementi politici e sociali rilevanti per l'epoca e in stretto rimando al populismo.

In film come *Italiani! È severamente proibito servirsi delle toilette durante le fermate* (Vittorio Sindoni, 1969), è avvenuto il proliferare di icone di quel periodo storico: fabbriche occupate, slogan sessantottini, immagini raffiguranti leader come Mao e Che Guevara, i "negri" che inneggiavano satiricamente a una finta libertà e i bambini che giocavano con le pubblicità dei detersivi. Nel film è stato illustrato come un contestatore riuscì a integrarsi nel sistema: come visibile in altre opere come la *Vita Agra* (Carlo Lizzani, 1964), il *Profeta* (Dino Risi, 1968) e *Fermate il mondo, voglio scendere!* (Giancarlo Cobelli, 1970). Questi film non vollero però trattare della politica in senso stretto, ma solo di criticare la società del tempo e trasmettere sul grande schermo gli aspetti del nuovo reale.

Ci pensò piuttosto un regista come Luciano Salce a mettere in scena il :«teatrino della politica»[138]. Nel film *La pecora nera* (Luciano Salce, 1968) Salce è riuscito a mostrare la natura dell'italiano medio, ovvero di diventare capo gregge delle pecore "bianche", evidenziando, con un ingenuo populismo, la corruzione e l'opportunismo insiti nell'Italia di quegli anni. Sullo sfondo del film non mancarono certamente le contestazioni del Sessantotto, i cartelli inneggianti a Karl Marx e a Herbert Marcuse, i giovani che venivano pestati dalla polizia e quelli che erano in partenza per i paesi asiatici in cerca della parità sociale tanto desiderata.

Un altro film, *Colpo di Stato* (Luciano Salce, 1969), è riuscito ancor più nel tentativo di mostrare l'incapacità politica della sinistra di quel periodo di fare la vera sinistra e il totale disprezzo dei politici per i propri elettori, incensando la marcata presenza del sempre più vivo populismo. Come la fine del film ha voluto suggerire, in Italia sopravviveva l'immobilismo politico dettato dal governo perpetuo della Democrazia Cristiana alleata degli americani e impossibile da battere e abbattere anche nell'eventualità che il PCI potesse prendere molti più voti alle elezioni.

Nella metà degli anni Sessanta ci furono diversi altri lungometraggi che girarono attorno alla sfera attrattiva della commedia all'italiana. Nell'episodio del film *Controsesso* (Marco Ferreri, 1964) del 1964, "il professore" (interpretato da Ugo Tognazzi), è stato raffigurato il mammone, ancorato a idee e preconcetti lungamente diffusi ancora nel periodo del Ventennio Fascista. Come anche detto da Tognazzi in un suo discorso alle giovini in aula: «domani voi sarete chiamate a educare i nostri figli , voi sarete le prime a orientare le loro giovani menti e con i loro genitori a formarne il carattere [...] La vostra missione è fondamentale ed essenziale, cercate di esserne degne».

Durante questo suo comizio, la macchina da presa è stata attenta a riprendere lo sguardo perso e dubbioso delle studentesse, in un clima tutt'altro che d'ubbidienza. Le scene girate nello studio del professore hanno inoltre evidenziato come lui, ascoltando alla radio la vecchia musica del Ventennio e riguardandosi le vecchie fotografie di scuola, fosse molto probabilmente un nostalgico di quel periodo storico ormai passato e dei suoi "falsi" valori e miti: tra famiglia, patria e religione cristiana. L'episodio ha il suo termine con l'installazione dentro un armadio dell'aula scolastica di un gabinetto portatile al fine di umiliare le alunne e pure il protagonista stesso. Quest'ultimo sarà difatti condannato a vivere perennemente una solitudine sessuale per i suoi valori antiquati in un'Italia più sessantottina e consumistica che fascista.

A seguito degli eventi del Sessantotto c'è stato, all'inizio degli anni Settanta, un nuovo gruppo di commedie definibili come sconsolate, raccontando storie tristi. Questo filone è stato inaugurato dal film di Dino Risi e scritto da Age e Scarpelli: *In Nome del Popolo Italiano* (Dino Risi, 1971). Nella pellicola, Vittorio Gassman ha interpretato la parte di un estroverso, rapace cialtrone, speculatore edilizio, corruttore di politici, inquinatore di litorali ed esponente dell'Italia del *boom* economico. La sua nemesi, il giudice Bonifazi (Ugo Tognazzi), tenterà per tutta la durata del film di inchiodare l'imprenditore, smontandone gli alibi per un presunto omicidio. Sullo sfondo di questa vicenda, tipica dei film polizieschi, il regista e gli sceneggiatori hanno voluto mostrare come l'inquinamento prodotto dal *boom* economico stesse modificando il paese: acque e spiagge inquinate e la morte di uccelli e pesci a causa delle fabbriche dove veniva prodotta la plastica.

Come affermato anche dall'imprenditore Santonocito (Gassman), contrariamente al pensiero dei vari hippie caricati nella sua auto per poterli criticare: «Noi abbiamo fatto la guerra e lavoriamo, lavoriamo duro per il benessere del paese». Ciò però non ha evidentemente inficiato sul benessere della nazione, ma solo dei singoli che si sono eretti il proprio castello nel quale vivere lontani da ciò che il *boom* stesso stava irrimediabilmente producendo e che il giudice Bonifazi aveva ormai da tempo visto, come anche da lui stesso ribadito: «Io sono stufo e non sono il solo di essere il difensore di leggi che proteggono una società che fa schifo».

Con il crollo simbolico nel film del palazzo di giustizia, delle strade cittadine e dell'inquinamento del mare, è avvenuto parimenti il disfacimento dei valori sui quali si fondava lo stato italiano di diritto. Nell'atto finale del film, nel quale il giudice avrebbe avuto la possibilità di salvare dal carcere il suo nemico Santonocito, Bonifazi decise di lasciare l'imprenditore al suo destino. Questo gesto non fu di certo preso da quest'ultimo alla leggera, ma fu motivato anche dagli avvenimenti che stavano accadendo dinnanzi ai suoi occhi: la sospensione della giustizia per una partita di calcio della nazionale italiana e l'esaltazione della patria tra rigurgiti violenti, ancora presenti, del fascismo e del nazionalismo esclusivamente nei momenti di vittoria collettiva. Non è un caso che sia stata inserita nel filmato una battuta finale, espressa da un tifoso populista, d'incensamento della patria e del Duce; come se quest'ultimo fosse ancora presente anche nell'Italia degli anni Settanta.

In questo panorama interno ed esterno al mondo delle fabbriche, mantenendone però sempre lo sfondo di cinema impegnato civilmente, non risulterebbe corretto non citare *Romanzo Popolare* (Mario Monicelli, 1974). In questo film di Mario Monicelli è stata mostrata ulteriormente la cultura popolare prigioniera della società di consumatori e di "consumati"[139]. In una storia raccontata analogamente come in un romanzo i cui protagonisti sono stati ripresi dalla classe più povera e popolare, ossia quella proletaria, è stata rappresentata l'Italia di quegli anni e di una tradizione che non riusciva a essere totalmente estirpata, ma che si sarebbe ripresentata ogni qualvolta ce ne fosse stata l'occasione. L'operaio e sindacalista Giulio Blasetti (Ugo Tognazzi) sposa una meridionale al fine di avere un figlio e di vivere assieme una vita coniugale libera e felice, in perfetta sintonia con l'avvento del nuovo decennio degli anni Settanta.

Criticando, nel corso della narrazione, le credenze promosse dalla vecchia Democrazia Cristiana sul matrimonio e sulla vendetta personale perpetuata dalla mentalità meridionale retrograda, al momento del fattaccio avvenuto proprio a colui che fino a prima aveva ostentato la propria visione più aperta del mondo, tutto venne di conseguenza a crollare. La finta confidenza di Blasetti nella fedeltà della moglie raggiunse un punto tale che il protagonista decise di inseguire l'amata per incastrarla nell'atto sessuale/d'amore con il suo amante e a cacciarla definitivamente di casa[140].

Nella sceneggiatura di Age e Scarpelli è avvenuto dunque il richiamo a ciò che si credeva fosse ormai sorpassato: la gelosia, la centralità della famiglia e la presunta inferiorità della donna rispetto all'uomo all'interno del rapporto matrimoniale (tra fedeltà e cieca ubbidienza). Quando i tre (Blasetti, la moglie Vicenzina e l'amante Giovanni) si separarono, ognuno prese la propria strada. Vincenzina (Ornella Muti) è riuscita a crescere e a trasformarsi in una donna operaia indipendente capace di gestire sia il figlio che le relazioni d'amore con eventuali partner temporanei; Giovanni decise di sposare un'altra donna e di fare famiglia, vivendo felicemente il resto della sua vita; Blasetti si rassegnò invece a un'esistenza mediocre da pensionato, accontentandosi di essere ogni tanto invitato a cena dalla sua *ex* moglie e morendo di giorno in giorno nella sua solitudine interiore. Il cinema di Age e Scarpelli ha mostrato l'incompiutezza dei suoi personaggi in un connubio impossibile con lo scenario di appartenenza, rilanciandone una cattiva immagine: «in una sfida comica al mondo»[141], sostando in un equilibrio che è pura illusione e tradimento delle aspettative.

Nel 1972, dopo il coraggio espresso nel film *Colpo di stato* di mostrare satiricamente i partiti e gli uomini politici, uscì nelle sale *Il sindacalista* (Luciano Salce, 1972) di Salce, avente come attore principale il giovane Lando Buzzanca. Sin dalle prime battute il filmato ha messo in mostra le armi della lotta comunista quali lo sciopero e la marcia, spostando abilmente il pensiero politico più alle azioni compiute dalla destra storica che dalla sinistra comunista: «più fatti e meno parole». Questa marcia interminabile, mostrata nella scena iniziale, guidata dall'eroico protagonista tra canti infiniti di «vita, morte e miracoli» e sotto ogni tipo di intemperie, portò a una riduzione sempre maggiore del numero di componenti della manifestazione, sino a lasciare da solo Buzzanca che, sfinito, venne aiutato da una piccola famiglia di emigrati meridionali. Di questa gente, Saverio (Buzzanca) decise di sposarne la figlia del padre capofamiglia. Dopo anni e anni di lavoro in fabbrica per mantenere i familiari, il proletario Saverio si mostrò subito per la sua tenacia nel voler cercare di difendere a parole la salute e la vita dei lavoratori da lui ritenuti come dei compagni "rossi" contro il padrone che «costringe a lavorar come una bestia».

Lo sciopero della fame, successivamente tenuto di fronte alla fabbrica nella quale lui lavorava, fu un'altra occasione per dimostrare la volontà del giovane operaio di ottenere più diritti per i lavoratori: la mensa operaia. Durante la protesta condotta dal singolo, non mancò l'occasione da parte del ricco borghese, Luigi Tamperletti (Renzo Montagnani), di cercare di corrompere l'anima del lavoratore e spiegargli che l'ideologia lavoratore povero e padrone ricco non funzionava e che non era più realistica. Intelligentemente però, le parole del padrone borghese Luigi si contraddissero da sole, poiché questi si presentò dal povero proletario in Maserati e vestito elegantemente: riaffermando il concetto di lotta di classe che fino a poco prima si era voluto enfatizzare.

La protesta fu del tutto inutile al fine di ottenere lecitamente la mensa. Quest'ultima fu tuttavia ugualmente concessa, a seguito di un accordo per la vendita nei distributori della fabbrica di una bibita prodotta, da un socio del ricco proprietario. Questo fece sì che il Tamperletti e il sindacato sbeffeggiarono le ottuse azioni del povero Saverio.

Il film ha posto in essere la lotta operaia come strumento del lavoratore da utilizzare per rivalersi di diritto su tutto ciò che non andava bene per i lavoratori. Così facendo però, combattendo per cause sempre più banali, la ragione di Saverio divenne del tutto sproporzionata; esasperando e parodizzando le battaglie operaie. L'imprenditore è stato mostrato nel film con due facce: sia quelle di sfruttatore, che di vittima vera e propria dei dettami del futuro sindacalista, cedendo alle sue richieste; qualunque esse fossero. Dietro però al fare poco autoritario e quasi da santo, Luigi in realtà stava fregando gli stessi operai, facendo loro concessioni le cui motivazioni di resa erano ben altre rispetto a ciò che il cieco Saverio andava tanto glorificandosi, sfruttando ogni situazione a suo vantaggio. Gli appartamenti della palazzina regalati per un anno a ogni singolo lavoratore della fabbrica erano difatti stati fino a poco prima qualificati dal comune come senza licenza e aventi problemi di natura strutturale.

Pure nel finale, l'appena nominato sindacalista Saverio, *leader* populista rinomato ed elogiato da tutti, finì con l'aiutare i piani dello stesso Luigi di voler vendere la fabbrica a una multinazionale tedesca. Solo a danno fatto, e senza cocciutamente aver voluto ascoltare le opinioni di un suo amico del sindacato di Roma: «sono un direttorio e non accetto ordini da nessuno», Saverio venne malmenato dagli operai e salvato in ultima istanza dall'amico: prospettando dinnanzi a lui una futura carriera da lavoratore del sindacato; la nuova anima politica in ascesa per la difesa teorica dei lavoratori.

Da questo film si può di certo riaffermare, come fatto anche in precedenza, il vittimismo dell'italiano medio, l'esaltazione e l'affermazione di un *leader*, il vecchio patriarcato e l'adattamento a una qualsiasi condizione sociale e politica: perdendo dei tratti tipici e rinnegando, in parte, se stessi al fine di ottenere un guadagno personale. Quest'ultimo elemento, cioè la volontà residuata di rivalersi sui soprusi e sulle ingiustizie sul lavoro, si è ripresentato anche a fine del film come una caratteristica del sindacalista interpretato da Buzzanca: un personaggio atto a personificare un veloce aggiustamento d'opinioni e di trasformismo per divenire pecora bianca anche senza esserne del tutto convinti.

Questa linea di definizione dell'italiano medio fin qui tracciata e di estremo populismo al quale l'italiano non poteva più sottrarsi, sono stati resi ancor più evidenti nel film uscito nelle sale cinematografiche nel 1978: un periodo nel quale la satira cattiva venne riaccesa con l'intervento dell'autore/attore Paolo Villaggio. Dal momento che la sua figura, non solo nella saga di Fantozzi, fu centrale in quegli anni, un *extra* Fantozzi fu prodotto a fine degli anni Settanta, intitolandosi *Quando C'era lui... caro lei!* (Giancarlo Santi, 1978). Diretto da Giancarlo Santi e scritto dal critico letterario-cinematografico Oreste Del Buono e dal fumettista Hugo Pratt, divenne un'opera molto originale e apprezzata dal pubblico.

Nella pellicola sopra citata è stato ritrattato il fenomeno del fascismo in chiave comica e derisoria, ma senza escluderne gli elementi che lo hanno contraddistinto e che hanno successivamente segnato anche l'Italia degli anni Settanta tra il terrorismo nero con il colpo di stato neofascista del 1970 e il terrorismo rosso. «Non va, non va, come vuoi che possa andare scusa in questo paese, ma per forza che non va! Finché non ci danno quelle leggi speciali che ci avevano promesso [...] allora si che le cose cambiano!», sborbottò Pavanati (Gianni Cavina) all'inizio del film per il fatto che tutti gli italiani fossero degli innocenti. Dal momento che Pavanati, Rossetti (Hugo Pratt) e Beretta (Paolo Villaggio) si riconobbero alla pompa della benzina, da lì incominciò il racconto a intreccio con continui flashback del periodo tanto "sognato"; d'oro quanto fasulle erano le scenografie a colori: evocazione di un regime dittatoriale fantastico e grottescamente assurdo. Per di più, non sono mai mancati nel filmato continui paragoni fatti da Pavanati su come gli italiani di oggi avessero perso vigore, attività fisica e felicità rispetto a quei "tempi migliori" in quel frangente ritenuti oramai come lontani; anche se tanto lontani non erano. Il trasformismo dell'italiano da acceso fascista a sentito antifascista si è potuto constatare anche nella battuta fatta a Beretta da Pavanati :«dai Beretta, cosa fai? Fingi di non ricordarti adesso? [...] allora eravamo tutti convinti».

Il Duce è stato perciò esaltato, ricordandone la sua forza disumana da superuomo, di attrattore delle donne e delle masse e di santo capace persino di effettuare miracoli e di guarire le persone. Alla fine del film Beretta venne convinto a essere un profondo nostalgico del regime: «anche per me era diverso, avevo una discreta dignità [...] a quei tempi io vivevo con la storia». Questa sua ammissione lo fece far incastrare dai suoi vecchi compagni di camerata che, ora divenuti alti funzionari pubblici e politici del nuovo "regime", lo incarcerarono come terrorista nero nemico della Repubblica Italiana e dei suoi cittadini.

Un film come *c'eravamo tanto amati* (Ettore Scola, 1974) può solo che chiudere la parentesi fatta sino ad ora: un'ultima esplosione della commedia all'italiana prima del suo inesorabile declino. Ettore scola, assieme ai già citati Age e Scarpelli, è riuscito a realizzare un riassunto della commedia all'italiana e a mostrare la trasformazione sociale Italiana avvenuta dal momento della vittoria dei partigiani e delle forze alleate nella Seconda Guerra Mondiale, sino agli anni Settanta del Novecento.

Dunque, in trent'anni di storia nazionale, sono stati raccontati gli amori perduti e gli ideali traditi dai tre personaggi del film che si sono eretti a simbolo di uno status sociale riconoscibilissimo da parte del pubblico. I tre amici, *ex* partigiani, a fine della guerra presero strade diverse: uno come proletario (Antonio), uno come intellettuale (Nicola) e l'altro come ricco borghese di successo (Gianni). Sin dalle prime battute del film, si è evidenziato un primo elemento di critica sull'Italia uscita dalla Seconda Guerra Mondiale e composta da *ex* fascisti i quali avevano, per la maggior parte, ripreso il proprio posto di lavoro ottenuto ancora durante il Ventennio e perduto a causa della guerra.

Banalmente il giovane Antonio (Nino Manfredi), *ex* partigiano, non venne promosso infermiere, mentre i democristiani sì: marcando già un vivo disgusto per ciò che la società e la borghesia stavano divenendo e non riuscendo a uscire da una serie di valori definiti come ipocriti e antiquati. Il personaggio di Nicola (Satta Flores) è riuscito ancor più a marcare la presenza del populismo nella società e nella comunicazione mediatica: con la sua perpetua ricerca del nemico comune:« in alternativa al calcio e alla dilagante canzonetta», fomentando l'odio sociale e affermando nella scena della diretta televisiva da Mike Bongiorno: «la televisione [...] manipola la pubblica opinione».

Nicola ha però avuto il coraggio, rispetto a Gianni (Vittorio Gassman), di non voler tradire tutto ciò in cui si credeva al fine di ottenere la ricchezza materiale per il singolo o la sopravvivenza della propria famiglia. Questo benessere coltivato dalla classe più ricca e il fenomeno del *boom* sono stati piuttosto criticati nel film, come nella scena del grande pranzo tra le varie famiglie borghesi con l'enorme porchetta che venne servita agli invitati e l'eccessivo numero di automobili utilizzate dagli Italiani.

Gianni, senza accorgersene, è riuscito nell'intento arrivista di cambiare la vecchia borghesia: sostituendosi alla figura del vecchio capo famiglia e assumendo l'incarico d'imprenditore al fine di: «cambiare la società in una società più giusta», anche se ciò non avverrà. In una delle scene finali del film, i tre *ex* compagni partigiani si ritrovano assieme in una modesta trattoria "di falliti" (la stessa vista anche a inizio del film) dopo trent'anni trascorsi in malo modo, sentenziando che «il futuro è passato».

Da questa *location*, i tre si spostarono poi in una piccola manifestazione di piazza dove stavano venendo ancora una volta cantate canzoni partigiane dai più alti valori. Quest'ultimi sono stati però traditi e bocciati dagli Italiani e il personaggio di Gianni ne è stato il perfetto esempio di colui che se ne è fregato degli ideali per il suo smodato arrivismo. La mattina seguente i due amici, assieme all'amica Luciana (Stefania Sandrelli), moglie di Antonio, andarono a riconsegnare la patente a Gianni e ne scoprirono la sua vera identità di cittadino Italiano benestante: residente nella sua villa lussuosa, ma rimasto desolato e solo come la nostra nazione; senza più un futuro al quale poter mirare.

Nel film qui sopra discusso si avrà certamente notato come Scola seppe, in pieno antifascismo militante, interpretare più intimisticamente i protagonisti di quella resistenza che combatté per la libertà, ma finì poi solo per essere una nostalgia, una grande speranza e al tempo stesso una gran delusione per tutti coloro che ci credevano ciecamente.

Solo tre anni più tardi l'uscita di *c'eravamo tanto amati*, il regista riuscì a fornire in *Una giornata particolare* (Ettore Scola, 1977) una tra le migliori rappresentazioni del fascismo e di come le differenze di genere da esso tanto combattute, specie contro l'omosessualità, avrebbero potuto guastare la virilità fascista per eccellenza: «L'uomo dev'essere marito, padre e soldato». Tutte queste storie dove hanno potuto condurci se non nuovamente in braccio a ciò che già era stato preannunziato con Vittorio Gassman nel *Sorpasso*?

Pochi anni dopo il clima infuocato provocato da film inchiesta e dalla rappresentazione del fascismo e dell'identità dell'italiano medio, negli anni '80 fu trasmesso, sulle reti *Mediaset*, *Drive In*: un programma nel quale il corpo delle donne veniva sfoggiato eroticamente in vesti succinte e reso disponibile agli uomini come oggetto di consumo. Ancora una volta, agli inizi del nuovo decennio un altro programma televisivo, condotto da Pippo Baudo, avrebbe sancito ancor più il clima del desiderio già in precedenza espresso. In questo *show*, i concorrenti dovevano entrare in un supermercato e arraffare quanto più possibile nel carrello della spesa. La società italiana subì un mutamento strutturale laddove il mercato divenne straripante e attento decisionista della vita dei cittadini. La televisione fu il mezzo per raggiungere ciò. Le reti pubbliche e private si affollarono di programmi che avevano il solo obiettivo di vendere emozioni in scatola e mercificarle al pubblico.

Le radici identitarie degli italiani sarebbero state così ulteriormente recise e nulla poterono fare i pochi ultimi film, come *La famiglia* (Ettore Scola, 1987), che vollero ricordare al pubblico in sala di ritrovare la fierezza di quando si era appena usciti da una condizione di miseria dalla Seconda Guerra Mondiale e di spingere verso il ritorno a una moralità e alle tradizioni. Questo racconto degli italiani è solo uno tra le tante narrazioni fatte in un'Italia che aveva delle necessità diverse in quel momento storico, cioè di ridere, di divertirsi, di mettere una pietra sopra a ciò che è stato e volgere uno sguardo incosciente esclusivamente al presente e al futuro. I toni cupi del '68 furono orbene sostituiti da nuovi prodotti cinematografici aventi attori come Jerry Calà, Christian De Sica, Massimo Boldi, Lino Banfi e diversi altri: aprendo a una nuova stagione per il cinema italiano che ci condurrebbe al di fuori della ricerca fin qui compiuta.

In questo secondo capitolo abbiamo sicché compreso il significato di populismo (applicato al contesto politico italiano della seconda e terza Repubblica), la sua distinzione dall'aggettivo popolare e l'importanza avuta dal cinema nel riportare, nelle tante pellicole, i suddetti valori. Nella seguente, e ultima, sezione del testo, proseguiremo con maggior zelo nell'analisi della presenza dell'ideologia populista in quattro film della cinematografia italiana aventi il gioco del *football* come contesto entro cui le vicende evocate assumono forma e la società italiana viene mostrata per quella che è.

CAPITOLO 3 - L'ANALISI DEI FILM "CALCISTICI"

Tra i diversissimi film girati, aventi come sfondo il *football*, dotati di ingegnosissime critiche rivolte alla nuova società dei consumi e al populismo diffuso sia dentro, che fuori dal campo da gioco, sono stati in questo capitolo da me analizzati quattro specifici film.

Il *"Presidente del Borgorosso Football Club"* (Luigi Filippo D'Amico, 1970) è una tra le pochissime pellicole prodotte che sono riuscite a trattare di calcio, mostrando con la cinepresa azioni di gioco credibili e godibili, «evitando banalità grossolane»[1]. Oltre a questa cagione, nel suddetto film di commedia all'italiana sono per di più presenti temi affini alla ricerca d'origine, ossia il populismo e i rimandi al regime fascista; messi in scena dalla maschera del "duce" Benito Fornaciari, riesumato comicamente in terra di Romagna dall'attore Alberto Sordi.

Le scelte fatte alla regia e al momento della scrittura del soggetto cinematografico hanno posto il fenomeno calcistico come il tema di fondo sul quale sviluppare le vicende narrate: tra tifoserie impazzite, composte anche da alti funzionari religiosi, messe in ridicolo e un linguaggio ricolmo di una rabbia e di un odio sociale tali da provocare l'indifferenza per la politica e la facile chiamata alle armi delle masse per un singolare incontro calcistico.

Nel secondo film selezionato, *"L'allenatore nel pallone"* (Sergio Martino, 1984), si possono avvertire ulteriori elementi di ripresa dalla pellicola precedente menzionata; in un ambiente essenzialmente traboccante di calcio: tra tifosi, calciatori, arbitri, allenatori, presidenti, mediatori e giornalisti sportivi. In questa situazione, per di più avvolti da un linguaggio calcistico, nuovamente populista, di contestazione e d'esaltazione del *leader* impersonato da Lino Banfi, è avvenuta anche una sofisticata disamina di alcuni temi scottanti d'attualità come l'esotismo brasiliano, il razzismo, l'omosessualità e il totonero.

Nel penultimo filmato preso in esame, *"Eccezzziunale... veramente"* (Carlo Vanzina, 1982), gli eventi che hanno coinvolto i tre tifosi protagonisti (Milanista, Juventino e Interista) faranno un'altra volta da cornice al solito quadro di riferimento: rimarcando la *"viuuulenza"* negli stadi provocata dagli *ultrà* delle squadre di *football* antagoniste e la fissa incontrollabile di dover necessariamente seguire i *match* del proprio *team* del cuore a ogni costo; come se fosse una questione di vita o di morte del *supporter* e la sua unica preoccupazione.

Nell'ultimo film trattato, *"L'uomo in più"* di Paolo Sorrentino, l'analisi sarà invece incentrata sugli eventi legati alla vita dei due protagonisti della storia, entrambi aventi il nome di Antonio Pisapia. Da quest'osservazione dei fatti, ispirati a storie di vita reali degli anni '80, si potranno trarre nuovamente delle conclusioni atte alla comprensione delle dinamiche presenti attorno al panorama calcistico nella Napoli dell'epoca: tra scandali, corruzione, scommesse sportive e innovazioni tattiche mancate.

3.1 Il presidente del Borgorosso Football Club

Negli anni Cinquanta del Novecento la critica definiva Alberto Sordi come un mattatore[2], un personaggio simpatico ed esuberante, assicurandogli la stima e il successo; un comico che con la sua lenta evoluzione fisica, e più tardi con il suo invecchiamento, iscrisse sugli schermi la storia di un'intera generazione d'italiani. Grazie alla maturità raggiunta, si delineò ben presto un nuovo orizzonte in cui venne premiata la qualità dell'interpretazione, la professionalità, la mobilità dei ruoli e il mimetismo.

Proveniente dal proletariato e dalla piccola borghesia romana, il comico romano era un semplice giovanotto in un'Italia appena uscita dalla guerra; caratterizzato da una formazione cattolico-capitolina tipica dell'Italia degli anni Trenta del Novecento. Rispetto ad altri attori, Sordi si è differenziato per mezzo del rifiuto del voler improvvisare e per la volontà di preparare con attenzione e cura ogni minima battuta. Egli ha, nel corso della sua lunga carriera, interpretato moltissimi ruoli differenti della società, esplorando ed esibendo le varietà medie della specie nazionale d'appartenenza, percorsa contiguamente da tensioni e inquietudini insite nell'Italia di quegli anni: di atteggiamenti qualunquisti e opportunisti. All'inizio il suo personaggio era soltanto negativo: di millantatore, di mammone, di piagnucoloso, di puttaniere, d'ipocrita e vile. Poco alla volta, come se i suoi difetti fossero da attribuire più alla natura umana che a lui, acquistò connotati positivi. film come *Una vita difficile* sono riusciti a capovolgere la negatività in positività del personaggio, divenendo inoltre più complesso e sfumato rispetto a lungometraggi come *La Grande Guerra* e *Tutti a casa* dove fu invece mostrato come una sola pedina della storia. Sin dai suoi primi film in cui rivestì il ruolo di attore protagonista, Alberto si dimostrò precursore della *commedia all'italiana* nella rappresentazione di una serie di uomini caratterizzati da inettitudine e infantilismo, alla ricerca del successo in una società le cui tradizioni morali e culturali non erano più quelle di una volta. Questo immedesimarsi del pubblico nel personaggio inscenato nelle vicende epiche, ma al contempo ordinarie, ha sancito una *standing ovation* al mattatore e ai nuovi registi in ascesa quali Fellini, Visconti, Antonioni e simili.

A dispetto degli altri più conosciuti divi, Sordi ha rappresentato una rottura totale con l'avanspettacolo e l'ormai antiquato *vaudeville*, macchiandosi d'innovazioni apportate dalle maschere della commedia dell'arte. Masolino D'Amico rimarca nel suo libro l'innovativa comicità dell'attore romano: «Dopo Sordi le marionette, l'ometto riccio di Macario, il piccoletto di *Rascel*, Sordi è unico nel suo suscitare risate con la semplice esasperazione di una situazione altrimenti normale»[3].

La sua rappresentazione dell'uomo medio della società è avvenuta per mezzo dell'eccentricità e lo stesso umorismo da lui adottato era inquietante. I personaggi instabili di Alberto Sordi, a differenza di quelli derivati dalla commedia dell'arte, sono soggetti psicologicamente in crisi per colpa di una "ghettizzazione" rispetto alla nuova società del *boom* economico. Diversamente alla commedia classica, con Sordi è avvenuto il fallimento della maturazione del protagonista, rivelando una condizione di nevrosi e manifestando psicosi. Il nuovo maschio italiano non era altro se non un vile, un conformista, un irresponsabile e un infante fisicamente troppo cresciuto per l'età che anagraficamente questi avrebbe dovuto avere. Il tipico personaggio sordiano non vuole nulla e nessuno in particolare, ma non appena si prospetta l'occasione giusta, questi può viziosamente cambiare infatuazione. Tutto questo è solo conseguenza di una perdita dei vecchi valori in cui prima si avrebbe potuto aggrapparsi al fine di crescere. La Seconda Guerra Mondiale, la caduta del fascismo e gli eventi che seguirono alla dichiarazione ufficiale dell'armistizio con gli alleati l'8 settembre 1943 hanno sicuramente provocato, come intuibile dal film a episodi *Accadde al penitenziario* (Giorgio Simonelli, 1955), il mutamento del carattere del giovane italiano; costituendosi come un trauma nel giovane italiano. Dietro la retorica del secondo dopoguerra che reputava la fine del regime fascista e l'avvento della Repubblica Italiana, vi era il popolo costituito dalla sola borghesia urbana, cioè quella più ricca, devota e nazionalista. Il genio di Sordi è stato pertanto quello di replicare sul grande schermo un conflitto ben visibile al di fuori delle sale cinematografiche nell'Italia viva delle borgate, delle campagne e delle città tutte. Da *Una vita difficile* in poi, Sordi è riuscito a interpretare dei ruoli che, seppur ancora negativi, riuscivano ad avere un maggior fondo di umanità e innocenza: rendendosi umano agli occhi del pubblico e a mostrando loro la società italiana del *boom* economico e degli anni successivi a quel fenomeno storico.

Negli "anni di piombo", il romano è stato componente del quintetto d'attacco della comicità italiana, riuscendo nel corso degli anni a mutare costantemente nelle interpretazioni e a cavalcare l'onda del successo grazie a un talento naturale di energia inestinguibile. Le produzioni di quel periodo storico hanno contribuito nel restituire una visione più violenta, cupa e negativa della situazione del paese. La commedia e il famoso attore non si sono sottratti dal voler inscenare queste derive in film come *Mordi e Fuggi* (Dino Risi, 1973), *Un borghese piccolo piccolo* (Mario Monicelli, 1977), *I nuovi mostri* (Dino Risi, Ettore Scola, Mario Monicelli, 1977) e *Caro papà* (Dino Risi, 1979). In *Un borghese piccolo piccolo*, un'opera ritenuta tra le migliori mai prodotte da Monicelli, Sordi ha interpretato la figura di un modesto impiegato ministeriale, tale Giovanni Vivaldi, alle prese con il dramma familiare di perdere l'unico figlio per una morte ingiusta. Secondo Gian Piero Brunetta questo film è stato: «il più livido e amaro di tutto il cinema di Monicelli, quello in cui la regressione della società sembra essere giunta al trionfo delle leggi dell'occhio per occhio e dente per dente e il passaggio dalla normalità ala mostruosità può avvenire in maniera quasi naturale». Il padre Giovanni deciderà infatti di vendicarsi personalmente dei soprusi subiti e della morte di suo figlio, uccidendo l'assassino con le proprie mani in un confronto all'americana.

Nello stesso anno dell'uscita di *un borghese piccolo piccolo*, gli studenti e operai più radicali crearono in Italia un nuovo movimento di lotta più artistica, che politica. I gruppi estremistici dell'Autonomia Operaia emersero a livello nazionale, ma la loro nuova contestazione ora era rivolta allo stesso Partito Comunista, poiché accusato di aver spinto sull'utilizzo di politiche fin troppo repressive. Anche la componente femminile rappresentata dalle donne fece la sua prima apparizione per essere ascoltata sulla necessità di avere maggiori diritti civili. La mutazione della società italiana stava perciò correndo all'impazzata verso un atteggiamento più evasivo e individualistico dell'italiano medio, e il cinema da quel momento non fu più considerato il monopolio delle passioni e dei fermenti culturali degli italiani. Solo nel 1979 si registrarono oltre 500 nuovi locali da ballo e migliaia di giovani presero a ritrovarsi nelle discoteche: nuovi luoghi di aggregazione e di fuga dalla realtà antistante[4].

Oltre a una filmografia di circa 150 film, quasi esclusivamente commedie, Sordi ha anche diretto in prima persona una quindicina di film come *Amore Mio aiutami* (Alberto Sordi, 1969) e *Polvere di stelle* (Alberto Sordi, 1973). Il suo episodio lungo, *Le vacanze intelligenti* (Alberto Sordi, 1978), è stato un'opera molto gradita dagli spettatori per il divertimento, per l'autenticità e per esser riuscito a cogliere la trasformazione di gusti e tradizioni delle persone componenti della società dei consumi: tra presente e passato.

Di queste tradizioni, nel corso del Novecento vi si è inserito anche il gioco del calcio: in un perfetto connubio con la cinematografia italiana e non. Come la nascita del cinema ha consentito sempre a un più ampio numero di spettatori di assistere alle visioni di film e a riempire segmenti della giornata lavorativa trasformati via via in tempo libero, allo stesso modo il calcio è riuscito a spingere nella stessa direzione. Quest'ultimo è stato nondimeno considerato da molti come «oppio dei popoli»[5] per la sua diffusione avuta in tempi molto brevi tra le masse provenienti da qualunque ceto sociale.

Come il cinema era stato agli inizi «bollato come fenomeno da baraccone»[6], alla stessa stregua lo fu il gioco del pallone: la cui cultura fu prima diffusa tra le classi più povere e popolari. Entrambi però riuscirono analogamente a entrare nel cuore degli italiani e farsi riconoscere come due importanti discipline. Già negli anni Venti il cinema e il calcio presero tuttavia due strade totalmente differenti. Nell'Italia del nord, i grossi capitali entrarono con forza nel calcio al fine di far ottenere dagli industriali un guadagno economico dalla vendita di biglietti allo stadio, dal merchandising, dai premi delle competizioni e dalle ritrasmissioni televisive delle partite. Nel cinema invece non vi fu la presenza della grande industria a favorirne uno sviluppo, bensì questi fu sostenuto dal fascismo con la creazione di cinecittà e dalle diverse famiglie aristocratiche che cercarono, per mezzo del dispositivo cinematografico, di ritrovare la notorietà e la popolarità di un tempo.

Sin da *Cinque a zero* (Mario Bonnard, 1932) degli anni Trenta, non mancarono riferimenti nelle pellicole filmiche del gioco del calcio: «assommando singole sequenze e interi soggetti, singole battute e intrecci complessi»[7]. La motivazione di tale scelta fu quella di voler disegnare quadri di costume oppure i contesti di provenienza delle storie raccontate nei film: per entrare maggiormente nella psicologia dei personaggi rappresentati. La suspence fornita dal *football* era capace di suscitare emozioni e di regalare spettacolo al pubblico, contribuendo a elevarlo tra le forme d'intrattenimento più godibili dagli spettatori. Purtroppo, dopo aver visto già una volta i goal e le azioni di gioco, l'audience stessa del pubblico sarebbe calata in maniera colossale, poiché non vi era più un'attrazione tale da tenere incollati gli spettatori sul grande o sul piccolo schermo (la televisione). Il cinema quindi decise di lasciar perdere di rappresentare il calcio reale, volendo invece riprodurre parodicamente e ironicamente, con una serie di gag divertenti, gli elementi e i protagonisti che hanno fatto la storia di questo *sport*. In film come *Ultimo minuto* (Pupi Avati, 1988) non sono di certo mancati momenti di ripresa ad altezza uomo di scambi veloci e di palle contese, ma questi non sarebbero bastati per riesumare le emozioni presenti, nella realtà, nel giorno dell'incontro calcistico; tanto aspettato da parte delle accese tifoserie. La macchina da presa ha perciò preferito «aggirare l'ostacolo»[8], mostrando i risvolti del calcio sulla società dell'epoca e i suoi interpreti: i calciatori, gli allenatori, i dirigenti, gli arbitri, i tifosi, le squadre di calcio e molti altri.

Il populismo è stato poi insito nel fenomeno del calcio, specialmente tra le diverse tifoserie. Il pubblico, difatti, non fu omesso dalle inquadrature delle riprese televisive, mostrando come in uno stadio i tifosi potessero, con movimenti organizzati, attirare l'attenzione e creare una sfera di pura magia e di legame comune per l'amore del calcio, ma anche di estrema follia. Dagli anni Cinquanta del Novecento vi furono diverse categorie di tifosi[9]: i semplici spettatori che decidevano di radunarsi allo stadio per godersi lo spettacolo calcistico senza partecipare troppo al tifo esagerato delle masse; i *supporters* classici, cioè coloro che volevano che la propria squadra vincesse a tutti i costi, esprimendo liberamente senza freni i sentimenti e le emozioni provati per la fede calcistica.

Sino a quegli anni, gli spettatori e i tifosi avevano poco peso nella storia del calcio mondiale ed europeo, potendo permettersi di protestare solo con l'assenza fisica dallo stadio. I tifosi più agguerriti e appassionati si dedicavano a canti, urla, all'esibizione dei colori e delle bandiere del *club* oltre ad ammassarsi contro le reti che li separavano dal campo. I dirigenti e i tifosi erano altresì separati, salvo poi entrare in un dialogo diretto tra le parti per il bene dei *clubs*. Così accadde che, come negli anni successivi alla scomparsa dei giocatori della *Grande Torino*, avvenne l'entrata in società di fedelissimi *ultras* torinesi per costituire un'associazione che potesse essere ascoltata dai dirigenti granata. Molte associazioni di *supporters* nacquero nel secondo dopoguerra con la funzione di riunire i tifosi di uno stesso *club* per scambiare idee e stabilire una linea comune di condotta con la società calcistica di riferimento. I fedelissimi *granata* nacquero nel 1956 con lo scopo di riunire i tifosi del *Torino*, per organizzare gli spostamenti delle tifoserie a seguito dei loro beniamini e difendere la volontà della società di fondersi con altre. Lo stesso Presidente granata decise nel 1957 di rispondere ai tifosi come un tribuno del popolo e non più come un insensibile despota; in un clima di perfetta armonia con la tifoseria[10].

A partire dagli anni Sessanta del Novecento le tribune ospitarono tifoserie sempre più vivaci e accese, esibendo striscioni, sciarpe e tutta una serie di beni di consumo atti a indicare un'appartenenza al *club* tifato. I tifosi stessi di quegli anni potevano essere definiti anche come una vera e propria tribù degli stadi, posseditrice di usi e costumi particolari. Fu proprio il caso nel 1965 dei tifosi interisti che furono soggiogati dal tifo energico dei supporter inglesi del *Liverpool Football Club* presenti nella *Kop*, la tribuna popolare.

Negli anni Ottanta i tifosi ormai era possibile suddividerli in 3 categorie: chi guardava, chi agiva e chi dava spettacolo con maggiore o minore intensità in base al "*momentum*" della partita. Lo spettacolo degli *ultrà* poté altresì essere distinto in due facce appartenenti alla stessa medaglia: una più organizzata e disciplinata mentre l'altra si presentava come festaiola, di un delirio collettivo festivo eccessivo. Gli *ultrà* sono stati orbene identificati come una forma di partecipazione al fenomeno sportivo del calcio più tinteggiante oppure come un periodo di crescita della vita di ciascuna persona che richiedeva una parte di trasgressione che si presentava sotto la forma di scontri fisici e verbali. Gli scontri fisici o verbali produssero, soprattutto in Inghilterra, la nascita di un libro nero del calcio, un'era luminosa e al contempo buia della storia del *football*[11].

Dal secondo dopoguerra si registrarono sempre più casi di eccessiva e irrazionale violenza negli stadi con bottiglie lanciate sui giocatori, la devastazione dei trasporti pubblici o la ricerca della zuffa con i *supporters* avversari[12]. Film come *Quel ragazzo della curva B* (Romano Scandariato, 1987) e *Appuntamento a Liverpool* (Marco Tullio Giordana, 1988) hanno cercato di portare nei cinema il fenomeno *ultrà* con la corretta maturità:

tra normalità ed emarginazione del tifoso meno veemente, trascinabile implacabilmente in una spirale di abominazione totale nel caso non ci fosse nessuno in grado di farlo rinsavire. In *Quel ragazzo della curva B,* il protagonista Nino (Nino D'Angelo) è infatti l'unico a contrapporsi all'ingresso di criminali camorristi nelle curve degli *ultrà* napoletani e a non far perdere la testa ai partecipanti del suo circolo: «Chi non capisce che il pallone è amore e amicizia, non è degno di stare in mezzo a noi [...] tra noi i teppisti non li vogliamo».

La violenza degli Hooligans s'inscrisse dunque in una ricerca di un piacere che potesse agire in modo disinibito, come una sorta di liberazione dalle costrizioni imposte dalla società e dalla routine quotidiana. In ricordo dell'incapacità dei *supporters* inglesi, sul finire degli anni Sessanta, di autocontrollarsi dall'eccesso di passionalità, nel film *Arancia Meccanica* (Stanley Kubrick, 1971) è stata propriamente rappresentata la gioventù britannica caduta in barbarie.

Durante gli anni '70 gli stadi divennero delle fortezze da conquistare o da difendere dagli invasori avversari: facendo sì che si sviluppasse un'organizzazione militare gerarchica esperta nella "guerriglia urbana"[13]. Oltre all'odio provato nei riguardi dei *supporters* avversari, in quel periodo, in Inghilterra si professò anche il disprezzo verso gli immigrati Pakistani: facendo riemergere l'ala politica più di destra del paese, il *National Front.* La democrazia partecipativa del fenomeno calcistico vide il suo tramonto con un conseguente allontanamento dei dirigenti dei *club* dalle tifoserie popolari, rifiutandosi di accettare il proletariato tra le file degli spettatori rispettabili del *football.* Negli anni Ottanta del Novecento Margaret Thatcher decise di affrontare *"l'hooliganismo",* reprimendo severamente l'introduzione di bevande alcoliche e oggetti pericolosi negli stadi e perquisendo il pubblico. Come altro strumento usato, il governo guidato dalla Thatcher, in Inghilterra, decise di applicare una strategia di infiltrazione per individuare e catturare gli hooligan accertati di violenze. A fine anni Novanta la lotta contro l'hooliganismo fu quasi del tutto vinta in un clima di ricostruzione e di riammodernamento degli stadi e delle strutture calcistiche inglesi: in una condizione di entrata al nuovo secolo.

Nel *"Il presidente del Borgorosso Football Club"* la scena iniziale è possibile paragonarla a ciò che a fine anni Novanta i militanti leghisti fecero a bordo del pullman di destinazione verso Parma[14]. In quell'occasione, i giovani militanti, simili a tifosi di calcio, si misero in viaggio intonando canzoni da gite scolastiche, capitanati dal generale Zanga, l'eroe padano. I militanti, come i giocatori di calcio che seguivano il Presidente Libero Fornaciari nel film, vennero anche in quest'occasione arringati e rimessi in riga, ammoniti con gesticolazioni e occhiate furibonde dai rispettivi leader. «Ieri sera al bar centrale hanno detto [...] che contro il Guastalla basterebbe un pareggio. [...] Io voglio che la Borgorosso *Football Club* [...] entri a testa alta nella categoria superiore. Abbiamo solo due partite tutte due fuori casa in terra nemica [..] Niente storie, niente tattiche di attesa, niente pugnette, vincere!». Con queste parole, Fornaciari incitò i suoi calciatori alla vigilia della partita contro il Guastalla; utilizzando un linguaggio pregno di un vivo populismo da scatenare contro il "nemico" comune: la squadra avversaria.

Secondo quanto riportato anche da Lynda Dematteo[15], Zanga e Fornaciari potrebbero inoltre riprendere il ruolo populista del leader: «In questo (Zanga, ma anche Fornaciari) somiglia a un tribuno totalitario che si rivolge esclusivamente alle masse [...].Il leader è il prodotto dell'effervescenza popolare, incarna l'idea che le classi subalterne hanno del potere». Ecco dunque che la somiglianza tra i due eventi risulta evidente: entrambi i "generali" sembrava avessero fatto la medesima scuola di recitazione teatrale, in una commistione perfetta con il tifo da stadio e il fenomeno del leghismo. Come ribadito da Dematteo, molti dei militanti della *Lega* erano difatti stati arruolati nelle gradinate dello stadio, trasferendo i loro antagonismi sociali e/o regionali sui campi da calcio:

«A Bergamo, gli episodi di violenza legati al mondo dello stadio sono di ordinaria amministrazione. Le partite tra Bergamo e Brescia hanno conseguenze che incidono sui bilanci comunali. Negli ultimi anni la tensione è in costante aumento negli stadi della penisola, ormai entrata in una delle crisi più importanti nella storia del tifo organizzato. La violenza razzista ha progressivamente invaso le gradinate dei campi italiani»[16].

La rivalità presente negli stadi tra tifoserie opposte fu ripresa anche nella politica con l'attacco al nemico di turno che fosse meridionale, comunista o straniero; di pura violenza razzista, la quale era caratteristica imprescindibile negli anni Novanta del partito leghista. Questi legami riuscirono ad andare ben oltre la sola frequentazione delle curve degli stadi più estremiste con la votazione del simbolo del partito non per eleggere un rappresentante, ma per vincere le elezioni come fosse una schedina del totocalcio: spostando lo spettacolo della politica dal parlamento alle piazze; in una perfetta coesistenza con le tifoserie da stadio.

Le manifestazioni dovevano essere considerate come simboliche, atte cioè a condizionare un intero paese: inscenando una guerra civile su toni parodistici. Le scorribande degli *ultras* potrebbero sembrare prive di senso, ma in realtà esse rispondevano a una strategia dell'apparire che consentiva di esistere per mezzo di comportamenti "fuori dal coro" o deviati rispetto a una traiettoria comune; ricollegandosi alla sfera simbolica del carnevale. La finta organizzazione militare ecco che si rivelava una parodia e una finzione che poteva però trasformarsi in tragedia con azioni pericolose intraprese dai manifestanti verso gli stranieri, i comunisti o i meridionali italioti[17].

Certi eventi, come il linciaggio nel martedì grasso del 1990, potrebbero persino ricondurci per certi aspetti alle azioni violente di stampo fascista e confermarci dell'esistenza di una violenza razzista in stretta correlazione tra identità di genere e identità etnica. Il cinema è riuscito a mostrare in diversi film queste tensioni populiste che stavano costantemente alimentandosi nel nostro paese tra le diverse tifoserie. In film come *Cinque a zero* viene mostrata una zuffa tra tifosi. In *I prepotenti* (Mario Mattoli e Mario Amendola, 1958), il figlio del romano Cesare Pinelli (Aldo Fabrizi), all'uscita dallo stadio da calcio del Napoli, ritrova la propria auto con le gomme bucate. In risposta a una sua battuta di poco gusto fatta ai partenopei: «questi napoletani non riescono a vincere le partite sul campo, si sfogano sulle macchine targate Roma», il figlio di Domenico Esposito (Nino Taranto), tifoso del Napoli, finisce per azzuffarsi con il romano. Ancora in altri film come *Superfantozzi* (Neri Parenti, 1986), Fantozzi (Paolo Villaggio), assieme all'amico Filini (Gigi Reder), sono stati partecipi attivi di una ridicola e grottesca "gita teppistica" condotta ai danni dei tifosi Scozzesi che si stavano recando anch'essi allo stadio[18]. Nel terzo episodio raccontato in *Fratelli D'Italia* (Neri Parenti, 1989) il ragioniere milanese Carlo Verdone (Massimo Boldi) s'imbatte in due *ultrà* giallorossi appena usciti di prigione (Angelo Bernabucci e Maurizio Mattioli) e finisce per essere aggredito allo stadio dalle tifoserie opposte.

La commedia all'italiana del filmato *Il presidente del Borgorosso Football Club* è riuscita anch'essa a restituirci parte di questi elementi: echi di un passato ritenuto come estinto e irripetibile, ma che per certi aspetti non si è mai esentato del tutto dal desiderio di volersi ripresentare. Sino a partire dalle prime scene, l'obiettivo cinematografico ha messo in luce gli elementi più populisti: primo tra tutti il ruolo del leader e i suoi seguaci. Al momento del malore improvviso di Fornaciari, l'inquadratura ha mostrato con un campo lungo l'enorme mucchio di automobili, di carri "paramilitari" e di motorini che stavano trasportando i tifosi, soffermandosi specialmente sulla figura del reverendo Don Regazzoni: anche lui un *supporter* del *club* del Borgorosso.

Figura 1 *Due fotogrammi delle inquadrature iniziali sul seguito del pullman del Borgorosso e sul condottiero Fornaciari nell'intento di motivare i suoi "uomini" prima della partita contro il Guastalla*

Nella scena successiva al pullman, il figlio di Fornaciari, impiegato al Vaticano, viene avvisato della scarsa salute del padre. Il figlio Benito, interpretato da Alberto Sordi, credendo che la madre non volesse più rimettere piede nella casa dalla quale insieme se n'erano andati ancora molti anni prima, fece un errore: evidenziando come lei fosse un'opportunista della situazione, decidendo di ritornare dal suo *ex* marito solo per recuperare le sue fortune economiche prima che finissero in mani altrui dopo l'avvenuta morte.

Nella sequenza girata a Borgorosso, a casa di Libero, le inquadrature hanno mostrato come la città fosse deserta a causa della partita di calcio: attrazione delle masse nel fine settimana. Anche nei dialoghi tra il reverendo e Benito si è fatto capire al pubblico che ci si interessava ormai più di una vittoria di calcio che della salute delle persone; scambiando l'una con l'altra:« o Scipione come andiamo?» (intendendo bene che il Don si riferisse al risultato calcistico più che alla salute del padrone di casa). Successivamente, viene inquadrato il padre Libero seduto sulla sua poltrona e con a fianco i suo fidati seguaci: i proletari e il reverendo. Il "Duce", con fare autoritario da despota, stava in quel frangente dettando istruzioni per via telefonica all'allenatore su come far ribaltare il risultato della partita a favore del Borgorosso: in un clima di sentita tensione più per il risultato che per la salute del padrone.

Figura 2 *Due fotogrammi presi dalla sequenza girata nel salotto del "dux" Fornaciari. In quello in basso vi è la raffigurazione del simbolico passaggio di proprietà del Borgorosso al figlio Benito (la stretta di mano)*

Al momento del *goal* segnato per agguantare il pareggio, il cuore di Libero smise di battere: facendo scendere la tristezza sul viso di tutti i presenti non tanto per la scomparsa di una persona, bensì per il fatto di aver perso il vero condottiero del *club* calcistico di Borgorosso. Il giorno seguente, il farmacista di Borgorosso scrisse nella gazzetta locale un articolo sulla scomparsa della figura del Presidente Libero: «con Libero Fornaciari Valli scompare un grande sportivo, una figura esemplare del calcio romagnolo. L' industriale illuminato e di successo aveva profuso tutte le sue energie e tutto il suo entusiasmo per potenziare il Borgorosso *Football Club*. [...] chi prenderà il suo posto?».

La madre Amelia Fornaciari (Tina Lattanzi) e Benito saranno in principio del tutto disinteressati al mantenimento della squadra calcistica, volendo invece venderla al miglior offerente e lasciare il borgo bolognese per sempre: «tra poco torno a Roma (dice Sordi), sposo Alice e vi porto a fare il giro del mondo (riferendosi alla madre e alla sua futura moglie)». L'incomprensione femminile sul gioco del calcio (che rimarrà invariata fino a fine del racconto) è stata mostrata non solo in questa pellicola, ma anche in *Contessa di Parma*, *Il nemico di mia moglie* (Gianni Puccini e Gabriele Palmieri, 1959) e in *Piccoli Equivoci* (Ricky Tognazzi, 1989).

Lo strano rapporto con la religione è stato anch'esso messo

al centro del discorso filmico. In una delle scene girata a Roma, nella Città del Vaticano, quando la madre di Benito chiese in seguito l'aiuto al monsignor Montanari (Francesco Sormano) per far ritornare in sé il figlio dal morbo di Presidente della squadra di calcio del Borgorosso, si scoprì che pure i monsignori della curia del vaticano più fedeli alla chiesa si erano convertiti anch'essi al nuovo culto, il *football*; praticandolo nei giardini vaticani. La stessa fede più per il calcio che per la religione cattolica è stata mostrata anche in un'altra scena, girata a Borgorosso, quando Benito, poco prima di andare la domenica allo stadio assieme al reverendo Regazzoni, decise di recarsi in chiesa e fare la comunione. In questo luogo, dove nella sola teoria non sarebbe dovuta entrare la febbre del gioco, a causa dell'incombente partita valevole per la promozione in serie B della squadra, il prete fece una messa sprint, «dribblando alcuni versetti del vangelo e distribuendo comunioni come se queste fossero noccioline»[19], per raggiungere prima lo stadio. Incurante quindi dei predicozzi sinistrosi, in quegli anni Settanta il «demone calciaiolo»[20], approfittando dell'ammodernamento della chiesa cattolica, si diffuse a perdita d'occhio tra le masse composte anche da prelati e dalle alte sfere ecclesiastiche. In film come *Il nemico di mia moglie*, i preti del seminario non avevano altre possibilità di sfogarsi se non con il cacio. Anche in *La Moglie del prete* (Dino Risi, 1970) è stato immortalato un episodio di sfida tra preti e seminaristi, facendo assumere un tono pessimo per la cristianità: quasi ci fosse in palio per i vincitori non una coppa, ma il «paradiso»[21]. In *Il presidente del Borgorosso Football Club* sono pertanto stati messi in ridicolo sia la fede, che la serietà professionale del corpo dei preti.

Figura 3 *Singolo fotogramma dove Don Regazzoni e Benito sono sugli spalti per tifare il club del Borgorosso*

Figura 4 *Due fotogrammi nei quali il monsignor Montanari arbitra una partita di calcio tra funzionari cattolici della curia romana*

La domenica dopo la comunione, il giovane Benito e Don Regazzoni si precipitarono allo stadio per vedere la partita. È buffo osservare come semanticamente il montaggio abbia giocato con un semplice piccolo frammento di frase: «a morte», utilizzata prima da Benito per rammendare al reverendo di seguire i dogmi della chiesa e in secondo luogo come una minaccia fatta da un tifoso del Borgorosso all'arbitro prima del *match*; focalizzando ora l'attenzione sul linguaggio populista insisto nel calcio. Insulti agli arbitri e ai calciatori sono difatti divenuti l'abitudine dei cori da stadio, ma non solo. L'immagine dei tifosi è stata in tal caso stereotipata nel film: tra clacson, bandiere, botti, offese ed esultanze sopra le righe. Persino Benito, non intendendosi di calcio, stava quasi per finire di fare a botte con il figlio del Presidente della squadra rivale. Come anche detto dal reverendo per sminuire la rabbia repressa degli avversari sportivi del Celerina sotto di due goal a zero alla fine del primo tempo: «(il calcio) è entusiasmo sportivo, è lo sfogo degli istinti animali». Negli spogliatoi, l'ignorantone Sordi, cercò di motivare i calciatori, ma non s'intendeva di calcio : «io? E che devo dire? Tanti auguri ragazzi, [...] in bocca al lupo».

Al rientro dei calciatori in campo, i giocatori del Borgorosso, assieme al Presidente Benito, vennero sommersi dal lancio di oggetti e d'imprecazioni gratuite: «E piano ehi! Che fa! [...]Ma è maniera questa di assistere a una partita di calcio? [...] sono delle bestie (affermò Benito)».

Figura 5 *Due fotogrammi del rientro in campo dei calciatori del Borgorosso e di Benito Fornaciari che vengono colpiti da una serie di oggetti lanciati loro dalla tifoseria avversaria*

Il montaggio e le inquadrature hanno poi nuovamente giocato sulla semantica del significato anche nella sequenza girata in un allevamento di maiali fuori da Borgorosso. In quest'occasione, Benito cercò di cedere al sindaco comunista della città la squadra del Borgorosso *Football Club*, poiché ritenuto la persona più valida per succedere a Libero Fornaciari. I continui intrecci d'inquadrature tra le parole del sindaco e i maiali hanno invece suggerito agli spettatori ben altro rispetto all'affidabilità e alla sicurezza che sarebbero stati garantiti alla squadra calcistica dal nuovo Presidente. Il Sindaco Bulgarelli avrebbe di fatto, come prima operazione, tagliato il budget di trasferimenti e d'ingaggi per rientrare con le spese non appena ottenuto l'incarico.

Figura 6 *Due fotogrammi del sindaco Bulgarelli che,
per mezzo del montaggio di inquadrature diverse, viene
semanticamente paragonato negativamente al maiale*

Bulgarelli, non volendo pagare quanto dovuto a Fornaciari per prendere le redini della squadra, fu uno tra i responsabili indiretti della vendita dei migliori giocatori di calcio del *club* di Borgorosso. Questo spinse i tifosi a una rivolta collettiva contro la nuova dirigenza del giovane Benito. Nella scena nella quale il giovane Presidente stava passando per la città nella sua autovettura, le inquadrature dall'alto hanno mostrato come i tifosi stessero per assaltare il bolide e protestare per l'inutile vendita dei calciatori; loro beniamini.

Figura 7 *Due fotogrammi dell'accerchiamento dell'autovettura
di Benito da parte dei tifosi del Borgorosso*

Nella sequenza dell'assalto alla casa di Fornaciari, sono state mostrate le facce di un tifo *ultrà* estremista e sintomo ulteriore di un acceso populismo che in questo specifico caso è stato messo in scena. Il farmacista stesso ammise in una battuta: «Se lo prendono (Benito) lo linciano». Persino le chiamate alla casa di Fornaciari erano minacciose e rimestate di volgarità e violenza: «La casa di tuo padre (di Libero Fornaciari) sarà la tua tomba, vigliacco». La serie di inquadrature sia dall'interno, che dall'esterno dell'abitazione ha ancor più mostrato allo spettatore la tensione, la foga e la ferocia delle tifoserie che non avevano altro a cui pensare se non al voler far fuori il cattivo Presidente: rovina del Borgorosso *Football Club*. Il film riuscì, in questa situazione, a deridere il modello maschile fascista in relazione al gallismo romagnolo.

Figura 8 *Due fotogrammi presi dalla sequenza dell'attacco degli ultrà del Borgorosso alla casa del neopresidente Fornaciari*

Nella scena al balcone, per calmare le folle, Alberto Sordi assunse effettivamente mimiche tipiche del dittatore romagnolo, come se fosse posseduto dal suo spirito; rievocando il fantasma del duce. L'ammasso di tifosi apparì come un personaggio a sé: più comunista che neofascista, ma con comportamenti al limite del permesso; denunciandosi, secondo gli studi dello psicologo G. Le Bon[22], come un movimento irrazionale: «La folla è semina, ama farsi fottere (disse Libero Fornaciari nel film)». Per Le Bon stesso esiste un'evidente connessione tra dialettica, parole, immagini e le illusioni infuse alle masse:

«Le illusioni sono necessarie ai popoli, questi vanno per istinto in contro ai rètori che gliele offrono, così come un insetto va incontro alla luce. Il grande fattore dell'evoluzione dei popoli non è mai stato la verità ma l'errore. E se il socialismo vede crescere oggi il suo potere, è perché rappresenta la sola illusione ancora operante. [. ..] Le folle non hanno mai avuto sete di verità. Davanti alle evidenze sgradevoli, si ritraggono, preferendo deificare l'errore, se questo le seduce»[23].

Benito fu sempre sul punto di essere linciato dal "popolo" di Borgorosso e cercò in tutti i modi di poter guadagnarsi il suo favore: vincendo le partite e acquistando calciatori importanti senza cedere la squadra al sindacato comunista.

La Romagna divenne storicamente terra rossa proprio a seguito del declino del regime fascista e della povertà ereditata dalla guerra; trasformandosi in un focolaio di rossi comunisti[24]. Questo territorio non era per l'appunto terra di calcio e Mussolini non corse mai dietro a un pallone, sapendo però argutamente ribattezzarlo calcio e restituire la gloria agli Italiani di aver inventato quel gioco in realtà inglese[25].

Il film ha avuto la capacità di annullare la distanza tra il comico e il tragico, sino a disturbare e farne assaporare il suo gusto amaro al pubblico e a renderlo partecipe delle disavventure dei personaggi mostrati sul grande schermo. Nella scena della stanza da letto di Libero, con annessa balconata, il mammone (Sordi) fu posseduto dallo spirito del Duce e riuscì così a rispondere al malcontento dei civili: calmandoli e incitandoli a seguirlo per il raggiungimento della gloria e della vittoria del *club*. Questo coraggio, questa forza di mascolinità e di presa di coscienza delle proprie origini romagnole fecero sì che il *neo* Presidente perdesse però totalmente la testa:

«Uomini e donne di Borgorosso, [...] un gruppo di traditori nascosti nell'ombra vuole impadronirsi di questa squadra [...] gettando il seme della discordia e provocando la vostra feroce, ma legittima reazione [...] dei brocchi, degli incapaci che hanno mostrato sul campo la loro codardia [...] io ho cercato solo d'interpretare le vostre aspirazioni [...] preparare per voi tifosi un Borgorosso nuovo, potente, invincibile. [...] Voglio che i bianconeri del Borgorosso possano un giorno diventare una squadra di autentici campioni [...] il mio cuore e il vostro dovranno battere forte all'unisono per la grandezza e per le sempre più alte mete del nostro Borgorosso *Football Club*».

Figura 9 *Due fotogrammi presi dalla scena girata alla balconata della casa del "dittatore" Benito Fornaciari*

Con l'assunzione di giocatori di scarso livello e di un allenatore parodia del famoso Helenio Herrera, il mago dell'*Inter* di Angelo Moratti, la società si indebitò: «Colpo Grosso del Borgorosso! Il nuovo allenatore è il famoso italo peruviano Josè Bonservizi (scrisse il giornale locale)». Nel giorno del primo incontro della nuova stagione calcistica, l'allenatore Bonservizi, assieme ai giocatori negli spogliatoi, cantarono all'unisono un canto popolare e populista che è qui utile riportare :«chi non lotta con coraggio non si merita l'ingaggio, chi non lotta con vigore è il peggior di un traditore, chi si estranea dalla lotta è un gran figlio de na... ». Oltre a quanto già detto, discorsi motivanti di questo tipo, rivolti ai calciatori, sono stati inseriti pure in altri film come in *Don Camillo* (Julien Duvivier, 1952) con l'arringa del sindaco Peppone (Gino Cervi) ai giocatori della squadra di calcio dei bianchi: «Voi giocate contro la squadra della reazione, dovete vincere o vi spacco la testa a tutti!».

Benito, a seguito dei risultati più che scadenti ottenuti sul campo, decise lui stesso di divenire allenatore del *club*: risollevando momentaneamente il morale dei tifosi e dei giocatori e generando risultati promettenti. La rivelazione fatta da Erminia (Margarita Lozano) a Benito, nella scena girata nell'ufficio dell'azienda vinicola del padre Libero, fu l'ancora di salvezza del giovane Presidente per capire il gioco del calcio: «Meno si capisce e meglio è. Non si tratta di capire il calcio, ma gli uomini. Ma che cosa sono i giocatori? Sono dei ragazzini, è inutile fargli tanti discorsi. Pugno di ferro ci vuole [...] ».

In una delle sequenze finali del film, al momento della famosa partita tra tifoserie opposte dello stesso comune romagnolo (contro la Sangiovese), dopo una partenza disastrosa della squadra, i tifosi del Borgorosso, agitati costantemente dal Presidente, invasero il campo da gioco squalificando la squadra e condannando il proprio allenatore/Presidente alla cessione del *club* per poter calmare le acque: «noi ti bruciamo a te (Benito) se non te ne vai».

Alla fine della pellicola, Benito Fornaciari, dopo aver economicamente rovinato la squadra, come Mussolini fece con l'Italia a seguito della Seconda Guerra Mondiale, decise non di fuggire, bensì di ribaltare le sorti della battaglia, poiché spinto dalle utili e incoraggianti parole di Erminia: «Suo padre non si sarebbe mai arreso, ma suo padre era un uomo che sapeva quello che voleva. Lei non è degno di essere suo figlio [...]quando abbiamo saputo (noi lavoratrici) che rinunciava alla presidenza, abbiamo pianto. Non si arrenda presidente! Difenda il Borgorosso». Benito decise sicché di riprendendosi il ruolo di *manager* e Presidente del *club*, acquistando il famoso giocatore Omar Sívori: guidando i calciatori e la tifoseria verso la partita finale (la partita della vita). Questo costò pertanto al Presidente di venire diseredato dalla madre e di essere lasciato al suo destino, giacché infuocato totalmente da una sola passione: la fede calcistica.

Figura 10 *Tre fotogrammi presi dalla sequenza dell'invasione di campo della tifoseria del Borgorosso*

Bagnacavallo, località in provincia di Ravenna, dopo esser stata luogo di riprese negli anni Settanta del Novecento, divenne a tutti gli effetti Borgorosso[26]. Grazie alle sue caratteristiche architettoniche, il comune di Bagnacavallo fu cornice di numerosi film come la donna del fiume (Mario Soldati, 1954), la mazurka del barone, della santa e del fico fiorone (Pupi Avati, 1975) e, più recentemente, della miniserie televisiva al di là delle frontiere (Maurizio Zaccaro, 2004). Nel 2013, Giorgio Minguzzi ha curato una mostra e ha raccolto testimonianze, fotografie e filmati d'epoca a Bagnacavallo, mantenendo così intatto il ricordo felice e divertente di quegli anni di riprese. Gli stadi delle partite dove si tennero gli incontri furono quelli di Lugo, di Faenza e di Cesena. Il regista stesso, Luigi Filippo D'Amico[27] optò per la scelta di questo luogo perché i romagnoli erano caratterizzati da un carattere sanguigno in ricordo di un certo Benito Mussolini; di una popolazione di tifosi calda, piena di sangue e di impegno. Nell'intervista del 1994 al regista D'Amico[28] ciò è stato confermato ed è stato inoltre ribadito come, grazie al paese molto suggestivo, si è potuto girare in molte case e posti della Romagna. Qui la gente era cordiale, di buona forchetta e di buon bicchiere, con la disponibilità da parte di molte persone di fare da comparse al film; riuscendo a riempire gli stadi di persone. Molti dei personaggi del film erano dei simpatici tipi romagnoli: alcuni già esperti di cinema, mentre altri, scelti da Nanni Fabbri, erano completamente estranei al mezzo cinematografico, ma capaci di recitare e di fare bene la loro parte.

L'idea del film dello sceneggiatore Sergio Amidei, assieme al pensiero di Sordi, fu quella di interpretare un'altra personalità che potesse essere affresco della società italiana; come fu il caso del medico della mutua e di altre maschere indossate dall'attore romano in film precedenti. Con Amidei si decise di fare del calcio il tema centrale del film, scegliendo il luogo delle riprese in una piccola squadra di provincia ereditata casualmente dal romano Sordi. Sordi stesso riuscì inoltre a imparare la pronuncia romagnola e a recitare anche la parte del padre nel film.

Le riprese avvennero nell'estate del 1970 tra un caldo terribile. Il ricordo di D'Amico fu di una grande difficoltà e sofferenza nel riuscire a produrre la pellicola a causa dell'impatto fisico, del caldo e della spossatezza dettata da un ritmo frenetico dei lavori; una situazione difficile fatta in prima persona sotto il sole cocente della Romagna. Il punto di forza fu invece quello di aver lavorato assieme a una troupe cinematografica professionale e competente, aiutandosi a vicenda durante le riprese.

Il soggetto cinematografico nacque in un momento nel quale Sordi era molto amato dalla critica e dagli Italiani, potendo garantire un successo al film sullo *sport*. I film sullo *sport* difatti sono stati, secondo D'Amico, fino a quel momento poco apprezzati dalla critica cinematografica, se non nel caso eccezionale dei suoi due film: *"Il presidente del Borgorosso Football Club"* e *"L'arbitro"* (Luigi Filippo D'Amico, 1974). Per far fronte a ciò, il regista e coautore decise di adottare degli accorgimenti tecnici come l'accelerazione dei movimenti dei calciatori e la scelta, come anche prima ribadita, di scegliere attori di un certo calibro e apprezzati dal popolo.

In "Borgorosso", la figura del politico salvatore, Mussolini, venne ridicolizzata da Benito/Sordi, come anche il qualunquismo, il populismo e l'indifferenza verso la politica degli anni Settanta. Quando Sordi fu nel film collocato nella regione del Duce, il "mammone"[29] dovette evolversi e ribellarsi contro l'ordine matriarcale e religioso a lui in precedenza imposto: forgiando per mezzo del calcio la mascolinità e la forza dell'uomo imposta durante il regime dittatoriale Mussoliniano.

Il film di D'Amico e di Amidei è riuscito a rievocare il posto che il calcio occupava nella vita sociale italiana degli anni Settanta, mostrando i più comuni luoghi di dibattito e di confronto tra cittadini di diversa caratura sociale.

All'epoca, i bar *sport* di Bagnacavallo avevano ciascuno la propria specialità sportiva come il calcio, il ciclismo o i motori: posti di ritrovo per diversi gruppi di persone dove idolatrare i propri beniamini o attaccare e criticare apertamente certi loro comportamenti o performance sportive negative. Nel periodo fascista non ci fu la possibilità di poter confrontarsi relativamente alla direzione politica del paese[30]. Questo comportò che la chiacchiera sportiva si diffondesse ed entrasse nel quotidiano comune degli italiani come mezzo di distrazione[31]; di "oppio dei popoli". Il calcio fu un divertimento autoreferenziale che allontanò la gente dai problemi del quotidiano, creando un consenso artificiale e acuminando ulteriormente un linguaggio di stampo populista. Il film di "Borgorosso" fu dunque preambolo di quello che sarebbe avvenuto anni più tardi in Italia: l'indifferenza per la politica e la più facile mobilitazione delle persone per seguire una semplice partita di calcio.

3.2 L'allenatore nel pallone

L'attore Lino Banfi è stato il fulcro del progetto relativo a *"L'allenatore nel pallone"*, film uscito nelle sale cinematografiche nel 1984 e classificatosi sul podio dei cosiddetti B-Movies degli anni Ottanta.

Già a partire dagli anni Settanta in Italia, si è diffuso, secondo Brunetta, «un cinema *"low budget"* generalmente definito come spazzatura, grazie al quale per qualche anno si è avuta l'impressione di un rinnovamento dei fasti dell'avanspettacolo»[32]. Questo tipo di cinema è stato indirizzato a una ripresa di elementi di erotismo e di pornografia dal carattere *"soft"*:

> «il successo consistente della commedia erotica, nella quale confluiscono anche altri generi popolari, sembra ritardarne la fine. La commedia erotica è, prima di tutto, il collettore in cui finisce e riprende vita per qualche anno l'avanspettacolo riuscendo a dare maggiore visibilità nazionale a una compagnia di comici che avevano battuto per anni i palcoscenici prima dello spettacolo cinematografico»[33].

Lino Banfi/Pasquale Zagaria ebbe i suoi primi grandi successi negli anni Sessanta e Settanta proprio grazie a questa tipologia di film della *"sex comedy"* all'Italiana, sino a raggiungere negli anni Ottanta la massima popolarità come attore comico di film di commedia all'italiana con ruoli di primo livello in *Vieni avanti cretino* (Luciano Salce, 1982), *Occhio, malocchio, prezzemolo e finocchio* (Sergio Martino, 1983) e diversi altri. Nel corso della sua lunga carriera di attore, iniziata da protagonista solo dal 1973 in *Il brigadiere Pasquale Zagaria ama la mamma e la polizia* (Mario Forges Davanzati, 1973) Lino Banfi è riuscito, sino a oggi, a interpretare svariati ruoli e personaggi conviventi in un unico individuo descrivibile come tutto fuorché essere ordinato e sistematico.

Nei primi anni Settanta Lino ottiene una serie di ruoli in film di De Laurentis, come in *Io non scappo... fuggo* (Franco Prosperi, 1970), *Detenuto in attesa di giudizio* (Nanni Loy, 1971) e molti altri. Nello stesso periodo, Banfi ha anche interpretato ruoli più difficili nei film di Franco e Ciccio. Con le parti ottenute per *Franco e Ciccio sul sentiero di guerra* (Aldo Grimaldi, 1970), *Don Franco e Don Ciccio nell'anno della contestazione* (Mario Girolami, 1970) e in *Ruscirà l'avv. Franco Benenato a sconfiggere il suo acerrimo nemico, il pretore Ciccio De Ingras?* (Mino Guerrini, 1971), Banfi divenne molto amico di Ingrassia e assunse all'incirca il ruolo di spalla di quest'ultimo. Il lavoro assieme alla comicità gestuale e verbale dei due comici siciliani, avrebbe dimostrato a Lino di potercela fare nell'ambiente cinematografico.

Nel 1973, come precedentemente anticipato, Banfi viene contattato dal produttore Carlo Maietto per assumere il ruolo di protagonista in *Il brigadiere Pasquale Zagaria ama la mamma e la polizia.* Qui l'attore doveva inscenare un poliziotto particolarmente ingenuo, inetto e presuntuoso, ben riconoscibile all'occhio del solito italiano medio. Dopo questo sensazionale successo che sbancò il botteghino, incassando qualcosa come 400-500 milioni di lire, Banfi decise di dedicarsi, contemporaneamente al *cabaret*, sempre più al cinema.

Negli anni Ottanta Lino è ormai una *star* affermata e nel solo 1981 gira ben cinque film, alcuni dei quali furono veramente di successo. In *La moglie in bianco, l'amante al pepe* (Michele Massimo Tarantini, 1981), Banfi rivestirà per la prima volta i panni di un nonno, oltre a quelli di padre di un presunto figlio omosessuale. In *Spaghetti a mezzanotte* (Sergio Martino, 1981) Savino Lagrasta (Lino Banfi), un mediocre avvocato, dovrà invece avere a che fare con la dieta impostagli dalla moglie Celeste (Barbara Bouchet) e il rapporto nascosto con l'amante Elvira (Alida Chelli). In *L'onorevole con l'amante sotto il letto* (Mariano Laurenti, 1981) Lino sarà l'onorevole Armando Battistoni, uomo bacchettato dalla rigida e intransigente moglie. Pure in questa situazione l'attore dovrà cercare di non far scoprire la tresca amorosa con la professoressa Anna Vinci (Janet

Agren). Con il gioco degli equivoci e dell'improvvisazione per cavarsela da ogni grattacapo, conditi da una retorica verbale pressocché pugliese e quindi comica, Banfi si è mostrato alle sue massime capacità interpretative attoriche.

Ma il film migliore, tra la serie di pellicole qui citate, è stato sicuramente quello prodotto nel 1982, *Vieni Avanti Cretino*, un'opera considerata come esplicito omaggio al mondo dell'avanspettacolo frequentato da Salce ancora quando il regista era bambino, e nel quale Lino vi aveva lavorato per circa 15 anni prima di debuttare nel cinema, come ricordato anche dall'attore stesso:« [Vieni avanti cretino] è un film che non ha epoca, sono tutti *sketch* che io facevo in avanspettacolo... tutti gli *sketch* che facevamo in teatro allora erano questi: avevano un doppio senso, quindi la gente già all'inizio rideva, a capire l'equivoco»[34]. In *vieni avanti cretino*, Pasquale Baudaffi (Lino Banfi) è un *ex* detenuto appena uscito di galera dopo due anni per una rapina che non aveva mai commesso:

> «Ti racconto com'è stata la dinamica dei fatti. A un certo momento io stavo passando davanti la banca dell'agricoltura alla cassa rurale [...] ti esce di dentro un signore tutto frettoloso e freddoloso [...] eh sì perché era tutto imbacuccato [...] gli vado incontro per dire "signore ha perso la ventiquattrore" [...] arrivano due tranvieri di dietro e me la portano via [..] erano due poliziotti, ma avevano la faccia da tranvieri [...] è nata una colluttazione [...] m'hanno preso, m'hanno legato e mi hanno portato al commissariato».

Il cugino Gaetano decide di dargli una mano per trovare un lavoro, Pasquale ne prova dunque di diversi, ma senza avere successo in alcuno di essi. Tutti i numeri comici messi in atto sono stati pura arte e divertimento per gli astanti e per il pubblico nelle sale cinematografiche. Nel 1983 sono invece due i film che vedranno Lino come attore, uno tra i quali assieme al famosissimo comico Paolo Villaggio. *Pappa e ciccia* (Neri Parenti, 1983) è un'opera divisa in due parti, e solo nella prima

Banfi assume un ruolo di primaria importanza, accompagnato dalla spalla Villaggio/Fantozzi. Nel primo episodio, ambientato a Zurigo, Nicola Calore (Lino Banfi) è un imbianchino pugliese in cerca di fortune in Svizzera. Qui però finirà per svolgere lo stesso mestiere dapprima occupato in Italia e una serie di piccoli lavoretti in una villa di ricconi. Per riassumere il succo narrativo, Francesco Mininni ha così scritto del film in questione: «Banfi ripete il cliché del poveraccio che vuol passare per ricco, Villaggio insiste nella sua immutabile casistica catastrofica»[35].

Con questa serie di opere cinematografiche, reliquie storiche della commedia *sexy* all'italiana ricca di *slapstick* e battute volgari, Lino Banfi ne è uscito come un ottimo interprete della società italiana, già in precedenza descritta con i personaggi interpretati dal celebre Alberto Sordi. Prima di concludere una sua biografia introduttiva, è bene ricordare anche la comparsa di Banfi in molti altri film *cult* degli anni '80, come in *Scuola di ladri* (Neri Parenti, 1986), Grandi Magazzini (Castellano e Pipolo, 1986) e *Il commissario Logatto* (Dino Risi, 1986). Proprio di quest'ultimo film citato, la critica ha saputo elogiare l'abilità attorica di Lino:

> «Se fosse nato prima, Lino Banfi sarebbe diventato uno dei 'colonnelli' della commedia all'italiana: qui si conferma un comico d'assalto capace di sottigliezze recitative: cavallo di razza. Ma oggi le corse alla risata percorrono altre piste: nella dimensione tradizionale, anche in questo filmetto di Risi, il genere non offre più novità e quando non si impiglia nell'intrigo si sbriciola nella barzelletta»[36].

Nel film, per restare in tema di anticipazioni di scandali politici che sarebbero capitati solo alcuni anni dopo la sua realizzazione e visione offerta al pubblico, Lino Banfi interpreta la figura di un commissario chiamato Natale Logatto. Già nelle prime sequenze, il protagonista, scomodo ai potenti, si vede negare la possibilità d'indagare liberamente sulla curia romana a seguito dell'assassinio di un sacerdote nei giardini vaticani. Logatto non si fa intimidire e decide d'interrogare lo stesso Papa, commettendo l'errore di chiedere l'alibi pure a Sua Santità: «La mano di Satana è penetrata nella nostra casa con barbara ferocia. Noi confidiamo, con l'aiuto di Dio, di assicurare il colpevole nelle mani della giustizia terrena. [...] Vai e indaga [...] sbaglio figliolo o tu vuoi sapere se Sua Santità ha un alibi?». Come punizione il commissario viene trasferito nell'isola di Favignana, un luogo nel quale non c'era più nemmeno una struttura di commissariato da ben 3 anni prima dell'arrivo di Logatto. Nei primi mesi di presidio non accade nulla di rilevante: «Tu hai capito [...] a pochi chilometri da qui. Solo in quest'isola non succede mai niente porcaccia miseria». Solo nella calda estate successiva ci sarà per lui un'importante caso da risolvere tra tutte le beghe dei turisti, cioè la misteriosa scomparsa di una giovane donna benestante appena arrivata nell'isola: Wilma Cerulli (Isabel Russinova). L'indagine, accuratamente ripresa dal regista Dino Risi, ha avuto il credito di mostrare ancora una volta la società dei consumi e le sue figure principali, divise tra la cultura tradizionale vissuta a Favignana e il momento *clou* di cambio del paradigma antecedente con uno più nuovo, *pop*, attento ai cambiamenti importati dalla società dei consumi. Questo è riscontrabile, all'arrivo dei turisti, con la messa in scena di situazioni sociali particolari: tra inclinazioni sessuali disparate e insaziabilità di quest'ultime da parte delle figure in gioco. Durante la ricerca della persona scomparsa, Logatto incontra un singolare giornalista, tale Vito Ragusa (Maurizio Micheli), suo estimatore, che diverrà il suo nuovo aiutante: «Si ricordi commissario che se io voglio la posso distruggere oppure posso far di lei un grand'uomo». Dopo aver seguito fin troppe tracce confusionarie, il commissario non riesce a capire più nulla: «signora mia [...] comincio a non capire più niente. Qui perdo le tracce. E Arcuri, e il dentista, e quello di Bologna. Ma chi cavolo ha ammazzato sta Wilma qua!».

L'attore Banfi si dimostra sempre misurato per il ruolo rivestito e alcuni suoi atteggiamenti, saggiamente introdotti a *mo'* di satira, hanno ripreso pose mussoliniane e napoleoniche, specie quando vengono lui lette le qualità scritte nel giornale locale sulle indagini fino a quel momento condotte: «Le indagini sono affidate al commissario Natale Logatto. Uomo maturo, riflessivo, colto, dotato di un forte carisma. Senza vizi e senza macchia è l'uomo adatto a sbrogliare l'intricata matassa del giallo di Favignana. L'assassino ha le ore contate».

Non è la prima volta che abbiamo visto atteggiamenti atti a voler ridicolizzare eccessive celebrazioni riconducibili a dei personaggi della storia riconosciuti come dittatori ed egocentrici, come nel caso del *Presidente del Borgorosso* o dell'*Allenatore nel pallone*. Dopo essere piombato persino nella residenza del barone Fricò (Galeazzo Benti) con un *blitz*, Natale invita tutti i vari imputati per cercare di ricostruire, come nel finale dei famosissimi gialli scritti da Agatha Christie e affini (*Poirot, Barnaby, La signora in giallo, etc.*), i fatti accaduti. Sfortunatamente per lui, Wilma si presenta viva e vegeta. A seguito della sfuriata di Logatto con tutti coloro che avrebbero voluto sapere la verità dei fatti, il commissario decide di confessarsi. Successiva all'aver accidentalmente spifferato tutto al solito giornalista, la notizia bomba fa ritornare al governo la *Democrazia Cristiana* e, come premio, il commissario è promosso vicequestore a Milano. L'amico Ragusa è invece ripagato con il ruolo di inviato speciale della *Rai.* In conseguenza di un'ulteriore *gaffe* avvenuta durante un *summit* internazionale, il vicequestore viene nuovamente trasferito in Sicilia nella nuova veste di Questore per combattere la mafia.

Questo mutare degli eventi può ulteriormente essere prova di come la società narrata nel film sia verosimilmente prossima a ciò che saranno gli attentati, i delitti e gli scandali politici degli anni '90 e, per certi aspetti, anticipazione della fine della così definita "Prima Repubblica" italiana. Pure l'immagine proposta al pubblico in sala dei *media* può essere anticipazione di un eccessivo populismo mediatico per quanto riguarda l'esaltazione di alcune persone e la fuga di notizie, non sempre del tutto vere, da parte di giovani scrittori in carriera: alla ricerca dello *scoop* del secolo per finire in prima pagina.

Ritornando a noi e al titolo di questo paragrafo, "L'allenatore nel pallone", cronologicamente e sportivamente intendendoci, nel 1984 si tennero le olimpiadi invernali a Sarajevo e i giochi di Los Angeles ai quali però non partecipò la Russia. In quell'anno Niki Lauda vinse il campionato del mondo di *Formula 1*, il *Liverpool* batté la *Roma* nella finale di *Coppa dei Campioni* e la nazionale di *football* francese trionfò agli Europei. La *Serie A* di calcio era un punto di riferimento a livello mondiale, annoverando tra le diverse squadre alcuni tra i giocatori più forti dell'epoca: Zico dell'*Udinese*, Falcao della *Roma,* Baresi del *Milan* e Mancini della *Sampdoria*. In quell'estate se ne aggiunsero poi molti altri come Rummenigge nell'*Inter* e Maradona nel *Napoli*. L'Italia nel calcio rimase dunque l'epicentro, con la possibilità per chiunque di poter incontrarne i protagonisti e propri beniamini in treno o in aereo: intenti a tornare presso la propria dimora dopo la fine dei *match*.

Nils Liedholm, all'epoca manager della *Roma,* era solito tornare a casa a Milano in aereo e discutere durante il viaggio con lo stesso Lino Banfi, in quanto quest'ultimo era tifoso romanista. Per mezzo di questo diverso modo di vivere il calcio, uscì il 26 ottobre del 1984 *"L'allenatore nel pallone"*, un film che ebbe la forza di segnare la cinematografia Italiana per sempre e di far avverare i sogni di 33 milioni di tifosi di calcio in realtà: essere allenatori di serie A pur non avendo i requisiti per farlo.

Differentemente dal *"presidente del Borgorosso Football Club"*, qui la figura dell'allenatore Banfi si scontrerà con quella del Presidente del *club*: entrando ancor più all'interno della narrazione calcistica e dei suoi conflitti interni: specchio di quelli celati nella società del reale.

Fu proprio il "Barone" (Liedholm) ad accendere in Banfi l'idea di chiedere a Sergio Martino di scrivere un soggetto cinematografico avente Oronzo Canà (Lino Banfi) come protagonista del film nelle vesti di un allenatore di calcio. Fu quindi scritta una sceneggiatura iniziale capace di fotografare con intelligenza e ironia i temi caratteristici del calcio degli anni Ottanta e nel giro di pochi mesi si procedette a girare le riprese. Oronzo Pugliese fu sicuramente la figura, oltre a Liedholm, a cui Banfi si ispirò per interpretare Oronzo Canà nel film[37]. Pugliese, uomo rude e rozzo, ma buono, onesto, leale e di sani principi, nel corso della sua vita diede tutto se stesso per le squadre che allenò: specialmente nei momenti in cui si doveva caricare la squadra emotivamente e psicologicamente prima di una partita. Questi aspetti della sua figura non sarebbero però potuti venire allo scoperto se questi non fosse inoltre stato riconosciuto nazionalmente come un ottimo tecnico capace di ottenere dei risultati importanti. Proprio grazie a questi successi, Pugliese fu rinominato dalla tifoseria e dalla stampa come il "Mago di Turi". Mediante i racconti dei vari *mister* calcistici e dei ricordi da tifoso, Banfi è riuscito a ricamarsi una sua maschera da indossare: non copiando, ma prendendo spunti e riportandone alcuni aneddoti. Del personaggio di Pugliese furono riprese perciò delle similitudini riscontrabili specialmente negli atteggiamenti vulcanici quando il *coach* si sedeva in panchina durante gli incontri: «Guarda il Barone (Liedholm) come sta in panchina [...] lui sì che non perde il suo *self control* anche dopo il goal, non esprime emozioni. Mentre te quando stai in panchina sembri un tarantolato», disse Mara Canà nelle prime battute del film. Un secondo elemento, ripreso da Pugliese, fu il modo con il quale Oronzo si poneva con i propri giocatori: mostrandosi come un padre di famiglia imparziale con tutti a tal punto da far percepire loro di essere tutti in egual modo importanti.

Sergio Martino è stato la stella dietro la cinepresa[38]: un regista d'eccellenza che negli anni precedenti all'uscita del film venne snobbato dall'opinione pubblica italiana, ottenendo dei successi solo in campo estero. Lo stesso Quentin Tarantino fu uno tra i registri stranieri a tesserne maggiormente le lodi. Martino, grazie anche al suo film *"I corpi presentano tracce di violenza carnale"*[39] del 1972, fu acclamato per la cura e la qualità dei dettagli e delle ambientazioni mostrate. Anche John Carpenter trasse dalle esperienza di Martino degli spunti interessanti per la creazione di atmosfere e momenti di suspence. Grazie al film *"L'allenatore nel pallone"*, Sergio

Martino ha avuto modo di entrare nel cuore dell'italiano medio: raccontando con un'ironia pungente e con una profonda intelligenza ciò che era nascosto dietro il fenomeno calcistico italiano.

Come raccontato dal regista stesso, fu scelto il Brasile come luogo di riprese per l'aria umidiccia, l'odore di gasolina, l'aspetto folcloristico di un'allegria un po' malinconica del passato. Il Brasile era inoltre considerata la meta per l'italiano che voleva scappare e andare in vacanza con gli amici, specialmente per il divertimento e per la bellezza delle donne. Il film fu quindi un successo dettato soprattutto dalla lente realista di Martino che tentò di riprodurre situazioni molto simili alla realtà. Furono interpretati i ruoli di giornalista calcistico, di cronista, di commentatore e di provocatore con la partecipazione di veri professionisti del mondo del calcio e della tv: Aldo Biscardi, Fabrizio Maffei, Gianfranco Giubilo e molti altri[40].

A seguito delle prime sequenze iniziali, ovvero della discussione di Canà con la moglie e la figlia e della vittoria in B della *Longobarda*, il Presidente della citata squadra di calcio comunicò in diretta televisiva la decisione di assumere Oronzo come nuovo allenatore. Il giorno successivo, il mister e la sua famiglia partirono per recarsi dalla squadra e firmare il contratto; non esentandosi dal rispondere alle varie domande puntigliose della stampa e del giornalista Ceretti sugli schemi tattici che saranno utilizzati dal *manager*: «Un po' si (Canà s'ispirò alle tattiche di Liedholm), ma soprattutto zona, ragnatela, fasce laterali che devono correre, passaggi corti e pressing. Più un pizzico della farina del mio sacco [...]».

Con l'ufficializzazione del nuovo allenatore, il Presidente della *Longobarda* e Oronzo Canà decisero di allestire la nuova squadra di calcio con l'ambizione e la voglia di assumersi un ruolo da protagonisti del mercato. In questa nuova sequenza, girata interamente all'hotel Milanofiori di Assago[41], sono state mostrate diverse personalità conosciute del mondo del calcio e anche il tipico atteggiamento dell'italiano medio di non riuscire a chiudere la bocca qualora ci fossero notizie bomba da non dover comunicare: segno di un'accesa passione per il calcio a tal punto da non resistere dalla tentazione di sognare e di diffonderne l'entusiasmo agli altri: «Ma che Rummenigge, ma lei è sempre in arretrato [...]Io miro in alto, molto più in alto. Canà, indovini chi le ho preso? Maradona», disse, tra i tanti falsi proclami, Borlotti al *mister*.

Dopo una campagna acquisti deludente culminata con la cessione dei due astri nascenti della *Longobarda*, Falchetti e Mengoni, l'allenatore dovette ricorrere all'assunzione di altri rinforzi. Fu quindi scelto come attore per il ruolo di mediatore il comico Andrea Roncato; una scommessa sicura perché già famoso nazionalmente come comico: «Ma glielo do io Socrates, non c'è problema. Modestamente io il Brasile lo tengo in pugno».

Figura 11 *Tre fotogrammi presi dalla sequenza girata all'hotel Milanofiori di Assago: tra i falsi proclami del presidente Borlotti, le reazioni caratteriali di Canà e le battute pungenti del mediatore Bergonzoni*

Grazie alla figura del mediatore sportivo, il Presidente mandò in Brasile Canà e Andrea Bergonzoni alla ricerca di un «pezzo da novanta» per il *club*. La figura del mediatore fu così parodizzata sull'idea che gli spettatori avevano di questo tipo di agente: un ricco e stravagante affarista, anche più ricco dei giocatori stessi e non sempre onesto negli accordi tra squadre calcistiche e giocatori.

Negli anni Ottanta l'Italia decise di consentire ai *club* di acquistare un giocatore straniero per squadra; a distanza di 15 anni dalla svolta autarchica fallita a seguito della rovinosa sconfitta nei mondiali del 1966. Capire quale potesse essere la carta giusta da assoldare si rivelò però una scelta difficilissima. Per questo motivo molte società decisero di andare alla ricerca dei talenti in Sud America: una terra dove il cartellino medio di un calciatore era più basso della media europea. Molto spesso capitò che questi fenomeni facessero poi cilecca una volta arrivati in Italia, deludendo le aspettative stagionali. Per ottimizzare l'investimento sul calciomercato ed evitare casi simili, servivano buona intuizione, fortuna e conoscenza dei giocatori. Fu proprio dalla sfortuna legata all'acquisto di Luis Silvio nella *Pistoiese* che si decise di riproporre la stessa storia nella *Longobarda* di Aristoteles, con un esito non più negativo; di riuscito adattamento e inserimento nell'ambiente nordico Italiano, superando la nostalgia del paese d'origine grazie all'amicizia dell'allenatore e di sua figlia nei riguardi del sudamericano.

L'esotismo e il folclorismo del Brasile furono pertanto, come già anche detto dal regista Martino, elementi segnalati nelle sequenze del film girate in quei luoghi: tra splendide donne Brasiliane e in un clima di perenne festosità e felicità per il turista Italiano; ignaro delle *favelas* e delle scarse condizioni di vita dei brasiliani. «E io son venuto qua in Basile dove tutti vengono o per le donne o per i giocatori. Io sono venuto a farmi fare l'appendicite!», dirà Canà a fine della sequenza girata davanti l'ospedale di Rio de Janeiro.

Figura 12 Quattro fotogrammi presi dalla sequenza girata in Brasile simboleggianti l'esotismo: la felicità dei cittadini e le bellissime "donne" brasiliane

L'inganno e i possibili fraintendimenti si potevano annidare in ogni angolo del Brasile quanto nelle trattative di calciomercato. Di queste ultime basterebbe effettivamente ricordare, come visibile nel film *Gli Imbroglioni* (Lucio Fulci,1963), il tentativo di rifilare calciatori rotti e di poco valore a squadre avversarie; al fine di avere untornaconto per la propria società calcistica ai danni delle antagoniste. Per cui ecco comparire nel film *"L'allenatore nel pallone"* l'amico del procuratore Andrea, Giginho (Gigi Sammarchi): un truffatore. Vedendo l'ingenuità del personaggio di Canà, Giginho non esitò al tentativo d'imbrogliare il povero Italiano e di dividere il bottino con la sua amica volpe, cioè il procuratore: «ha beccato il luccio. Altro che iena, è un luccio quello lì», disse Andrea riferendosi al mister Canà appena ingannato.

Salvato in *corner* dalla moglie Mara per mezzo di una telefonata all'Italia, l'allenatore riuscì a cavarsela per un pelo nel paese straniero tra svariate gag comiche come l'essersi finto malato per raggiungere il giocatore Socrates all'Ospedale di Rio de Janeiro; salvo poi venire erroneamente operato d'appendicite da un altro Socrates, medico gastrico. In questa situazione tragicomica, il medico espose a Canà il motivo della propria avversione per le squadre di calcio italiane; in un ambiente di odio sociale tra Italiani e Brasiliani:« io odio tutti gli italiani, non mi piace che portano via tutti i giocatori professionisti dal Brasile. Delinquente».

Figura 13 *Singolo fotogramma dell'incontro tra il "truffatore" Giginho e l'allenatore Canà*

Aiutato dai due compagni di venture che in precedenza lo volevano solo frodare, Canà riuscì a scoprire il talento brasiliano Aristoteles in uno dei campetti da calcio dei quartieri popolari (tra danze ed eccitazioni pittoresche nella terra dei veri prodigi del calcio), convincendolo a partire assieme a lui per l'Italia: «Ragazzo mio, tu sei forte. Io ti faccio guadagnare tanti soldi […] in Italia t'ho detto, il paese dei poeti, dei santi, dei navigatori, dei calciatori stranieri. Bello figlio mio!».

Per il ruolo di Aristoteles non fu tuttavia scelto un brasiliano, ma tale Urs Althaus: un attore svizzero avente padre nigeriano e madre elvetica. Questi fu un vero calciatore alcuni anni prima tra il 1972 e il 1974 nell'*FC Zurigo* e ottenne la parte nel film a seguito di un provino; mostrando a Martino di saper giocare e palleggiare bene con il pallone.

Figura 14 *Due fotogrammi relativi al primo incontro tra Canà e il giocatore brasiliano Aristoteles in uno dei campetti da calcio della zona vicino allo stadio di Maracanã*

Al ritorno in Italia, è stata girata la scena dove sono state esposte le tattiche del nuovo *mister*: utilizzando un linguaggio calcistico forbito e diffuso ormai tra gli amanti del *football*: «Io ho detto quindici (giocatori) perché mentre 5 per esempio della difesa vanno in avanti, i 5 attaccanti retrocedono e così viceversa […]. Durante questa confusione generale le squadre avversarie si diranno: e che sta succedendo? E non ci capiscono niente (come gli stessi calciatori)».

È interessante osservare come la vittoria di una singola partita potesse far sognare la famiglia di Canà per poter migliorare ulteriormente il proprio status sociale ed economico, come detto da Mara: «Fantastico, così col premio partita mi posso pagare *l'interior director* per rendere più bella la casa» e dalla figlia Michelina (Stefania Spugnini): «e io posso comprarmi tanti nuovi vestiti». Dopo una prima sconfitta per 5 a 1, la macchina da presa non si è esentata dal voler riprendere gli sfottò recitati nel siparietto tra Canà e i giocatori beniamini della *Roma FC*: «Bomber, anche tu mi fai questi gesti eh! Da te non me l'aspettavo [...] io ti ho visto ragazzo a te, ti ho visto nascere, eri pulcino nella mia squadra, facevi ancora pio pio».

A causa di una serie di sconfitte disastrose, l'accesa violenza di stampo populista dei tifosi nei confronti dell'allenatore della *Longobarda* è stata rappresentata nella scena di fronte al condominio dove abitava Canà. In questa situazione, i tifosi accerchiarono il tecnico, insultandolo, infierendo sulla sua persona e imbrattando i muri della sua palazzina con scritte quali: "Canà sei un uomo finito, avremo la tua pelle, Canà devi morire", etc.

Per tenere in essere un sempre più vivo populismo, anche nella scena di poco seguente di Canà con la figlia Michelina e il suo amico Juventino, si sono rimostrate queste tendenze di odio tra tifosi: chi Juventino, chi Romanista (come Oronzo). «Per cortesia, vada a suonare a casa di Trapattoni» disse Canà all'amico di sua figlia. Questi episodi non sono d'altronde nuovi nel mondo del cinema. In molti altri film, come a esempio in *Fico D'india* (Stefano Vanzina, 1980), Renato Pozzetto non perde l'occasione di mettere alla berlina un tifoso Juventino (Aldo Maccione). Anche in *Lui è peggio di me* (Enrico Oldoini, 1984) Pozzetto riprende il sentito rancore Juventino al momento di replicare a una coppia di innamorati aventi etnie diverse: «non fate queste cose, che poi nasce un bambino della *Juventus*» (giocando simbolicamente e razzisticamente con i colori del *club* bianconero).

Negli anni Ottanta e Novanta questa tensione esistente tra le diverse tifoserie verrà ancor più conclamata in diversi altri prodotti cinematografici quali per esempio *Eccezzziunale...*

veramente, dove il camionista Tirzàn insegue per Torino, Bruxelles e Milano le partite della sua "Giuve" finendo per scontrarsi volgarmente con due poliziotti tifosi rispettivamente della *Roma* e della *Fiorentina* per i *match* e le coppe "rubate". In *Vacanze in America* (Carlo Vanzina, 1984) un gruppo di tifosi juventini sfida una comitiva di studenti romanisti. In *Ultrà* (Ricky Tognazzi, 1991) l'epilogo del film si svolge a Torino con la rissa finale tra tifoserie rivali Romaniste e Juventine e l'intervento delle forze dell'ordine per sedare la folla.

Figura 15 *Singolo fotogramma dove è possibile osservare le nuove condizioni dell'ingresso all'appartamento dell'allenatore Canà: testimone della furia populista degli ultrà della Longobarda F.C.*

Oronzo, a seguito del rovinoso inizio di campionato, decise di portare la squadra in ritiro per tentare di salvare la stagione e cercare di convincere i suoi giocatori a fare meglio e a far giocare bene specialmente Aristoteles. Il fenomeno del razzismo è stato quindi inscenato nella sequenza girata nel ritiro in montagna. I compagni di squadra non volevano infatti avere alcun rapporto d'amicizia con l'immigrato Sudamericano "Ari": «Mister, io non posso restare in Italia. Nessuno ama Aristoteles qui». Decidendo di dormire con il calciatore brasiliano perché nessuno degli altri lo voleva in stanza, Oronzo trasmise un importante messaggio di accoglienza e di inclusione degli stranieri in un Italia dove populismo e razzismo erano entrambi ben diffusi in quegli anni: «fai finta che io sono tuo zio, tuo papà, tuo nonno [...] se per questo la canto anch'io una canzone brasileira» (rispose Canà ad Aristoteles per quietarlo e renderlo felice).

La *Longobarda* riuscì a raccogliere al giusto momento degli importanti successi, ma ciò non durò per molto. Durante la partita contro il *Milan*, il giocatore Speroni (Stefano Davanzati) intervenne scompostamente ai danni del compagno brasiliano, stella della squadra, per motivi di arroganza e gelosia del solito Italiano medio nei confronti del rivale; infortunandolo e facendolo sostituire da Crisantemi (portatore di iella): facendo perdere l'incontro e ricacciando la squadra nei bassifondi della classifica di campionato. Aristoteles volle pertanto, a seguito di questo evento, tornarsene definitivamente al proprio paese d'origine. Canà, appena ricevuta la notizia, si precipitò alla stazione dei treni per fermarlo: «che vuoi fare Ari? Dove vai? Ma che Rio e Rio [...] tu sei la mia unica speranza [...] io ti voglio bene a te [...] vieni a vivere con me a casa mia».

In questo drammatico quadretto, l'aver scambiato le parole di Canà per quelle di un amante omosessuale da parte del ferroviere, fece scoppiare una zuffa in cui presero parte pure Andrea e il suo amico Giginho a difesa dello sfortunato Oronzo. Non è la prima volta che certe battute omofobe, «per riderci sopra»[42], sono comparse all'interno dei film a sfondo calcistico. L'omosessualità è stata difatti ampiamente mostrata in altre pellicole come: *Spogliamoci così, senza pudor...* (Sergio Martino, 1976) dove Dante Zatteroni (Enrico Montesano), travestito da donna *bomber*, viene smascherato per una sfortunata pallonata presa nel basso ventre. In *Testa o Croce* (Nanni Loy, 1982) è stato presentato un caso di presunta omosessualità da spogliatoio tra un giovane calciatore e il figlio di Beduino (Nino Manfredi). In *Il tifoso, l'arbitro e il calciatore* (Pier Francesco Pingitore, 1983), Alvaro Presutti (Alvaro Vitali), arbitro di serie A, scopre solo nel finale del film che il centravanti della *Juventus*, Walter Grass (Marco Gelardini), è omosessuale: svincolando quest'ultimo di esser stato l'amante di sua moglie. Tornando a *L'allenatore nel pallone,* Canà riuscì a convincere Aristoteles a restare, grazie soprattutto all'amore nato da lì a poco tra il talento Sudamericano e la figlia di Canà, Michelina.

Durante il lungo infortunio del brasiliano e la sua scarsa

volontà di giocare per stare di più con la sua nuova compagna, la squadra della *Longobarda* macinò una serie di sconfitte contro i migliori *club* di *Serie A*. Nella partita giocata contro la *Fiorentina*, Canà cercò di mediare un risultato a tavolino, trattando il tema d'attualità dello scandalo del totonero: un fenomeno che stava coinvolgendo sempre più soggetti. Nel caso de *L'allenatore nel pallone*, il *mister* cercò di aggiustare il risultato finale grazie all'amicizia reciproca con l'allenatore della squadra avversaria: accordandosi assieme per spartirsi un punto nell'incontro di calcio e ricompensare il tecnico Fiorentino con un regalo economico.

Il totocalcio, la corruzione e i possibili tentativi di *combine* sono riscontrabili in molti altri filmati come nell'esemplare *Puro cashmere* (Biagio Proietti, 1986). In quest'opera cinematografica, il risultato del *match Sporting Lisbona-Wolves* è legato esclusivamente all'andamento del monte scommesse al quale stavano partecipando tutti i giocatori di ambo le compagini. Anche in *Gli eroi della domenica* (Mario Camerini, 1952), una commedia ricca di gradazioni drammatiche, è stata posta al centro la possibile corruzione del centravanti di una squadra di calcio provinciale in vista della difficile sfida contro la compagine del *Milan*. Il calciatore Gino Bardi (Raf Vallone), beniamino dei tifosi, rifiuta di "vendersi" per denaro, rischiando pure di morire in campo a causa del suo grave stato di salute che non gli consentirà più di mettere nuovamente piede su di un campo da gioco. In *Paulo Roberto Cotechiño centravanti di sfondamento* (Nando Cicero, 1983), la spietata contessa, interpretata da Franca Valeri, cerca di impedire all'attaccante di partecipare all'incontro del *Napoli* contro *l'Inter* per aumentare le probabilità di vittoria dei neroazzurri. Tentativi di corruzione sono inoltre stati inseriti in altre opere come *Cicciolina e Moana "Mondiali"* (Jim Reynolds, 1990). In quest'altro racconto, le due *pornostar* più conosciute vengono assoldate dalla *Federcalcio Italiana* per sfiancare gli avversari della nazionale azzurra. In *Ultimo Minuto* (Pupi Avati, 1987) il giocatore di calcio Boschi (Massimo Bonetti) si vende al miglior offerente per far perdere la squadra biancorossa nella partita decisiva. In *Il cielo in una stanza* (Carlo Vanzina, 1999), infine, viene toccata perfino l'integrità del mediatore di turno per far entrare una giovane promessa nella squadra calcistica della *Roma*. Nel film dell'*Allenatore nel pallone* quest'argomento di profonda attualità fu orbene ripreso e ironizzato, tanto da far sì che lo stesso allenatore della Fiorentina De Sisti fraintendesse le parole di Canà e immaginando che al posto di una combine quest'ultimo si riferisse a voler fare una partita di beneficenza: «qui un pareggio era meglio per tutti, secondo me», disse Oronzo al telecronista sportivo al termine del *match* contro la *Fiorentina*.

La *Longobarda*, per potersi salvare dall'incubo della retrocessione, era costretta a vincere le ultime due partite della stagione. Dopo aver fatto subentrare dalla panchina Aristoteles contro la *Lazio*, la compagine di Oronzo riuscì a ribaltare il risultato e ottenere due punti nella prima delle due ultime gare di campionato. La tifoseria della squadra esplose dunque in un'enorme festa e preparò un corteo per celebrare il ritrovato vincitore Canà; nuovo leader populista della *Longobarda* e dei suoi *ultrà*. Quest'ultimo decise quindi, in stretto rimando anche alla scena della balconata vista nel film *"Il presidente del Borgorosso Football Club"*, di rivolgersi alla folla dalla finestra della propria abitazione e di scimmiottare le parole pronunciate dal Duce Mussolini il 10 giugno del 1940: «Vincere e Vinceremo»[43].

Figura 16 *Singolo fotogramma del proclama di sicura vittoria fatto dall'allenatore Canà ai suoi più fedeli tifosi*

Il giorno seguente alla partita contro la *Lazio*, il Presidente Borlotti comunicò di persona a Canà di perdere l'ultima partita per poter retrocedere in B e spendere così economicamente di meno per sostentare il *club*. Alla sfida finale contro la compagine dell'*Atalanta*, il mister inizialmente seguì il *diktat* di Borlotti e scelse Crisantemi al posto di Aristoteles. Al risultato parziale di 0 a 0, il Presidente scese a incoraggiare ingannevolmente i suoi calciatori e a ricordare all'allenatore di mantenere i patti presi in precedenza; in particolare di non far entrare in campo il talento brasiliano. Quando l'*Atalanta* passò in vantaggio nel secondo tempo regolamentare, Oronzo decise di ascoltare l'implorazione della figlia di far entrare Aristoteles. A due minuti dalla fine, la *Longobarda* trovò il pareggio e a tempo scaduto riuscì a passare in vantaggio: vincendo il *match* e salvandosi dalla retrocessione.

Sul campo scoppiò alla fine un'eccitante celebrazione terminata con l'invasione di campo dei tifosi che andarono ad abbracciare il mister Canà in uno *sketch* tra i più comici e esilaranti del tempo: i due gemelli *supporters* portarono in trionfo l'allenatore "*dux*" sulle proprie spalle prendendolo per un «coglione» e definendolo come un vero «eroe».

Figura 17 *Due fotogrammi presi dalla sequenza finale del film dove avviene la celebrazione definitiva di Oronzo Canà a eroe della squadra di calcio della Longobarda*

3.3 Eccezzziunale... veramente

La filmografia dei due fratelli Carlo e Enrico Vanzina è tutt'altro che insignificante, rendendosi *corpus* della maggior parte dei film italiani degli ultimi decenni tra scritti o co-scritti e costituendo una solida *factory* vanziniana di una famiglia allargata. Dietro un'abbondanza di titoli prodotti e girati con al montaggio Raimondo Crociani e Sergio Montanari, l'enorme quantitativo realizzato ha lasciato fuori ben poco dall'immaginazione dei due registi. Ecco pertanto che, da tale mole di lavoro prodotta, si può cogliere in controluce un vero e proprio universo Vanzina che è riuscito a collegare le diverse opere al suo interno e unire cinema e produzione televisiva in un connubio perfetto: in largo anticipo sui tempi dell'evoluzione della serialità televisiva: tra ricorrenze, ripetizioni, *reprises*, reiterazioni, gag, tic socio-culturali, tormentoni linguistici, battute, situazioni, bozzetti ripetuti, etc. I film dei Vanzina sono orbene riusciti a mostrare agli spettatori degli scorci su ciò che il mondo e la società italiana, specie quella giovanile, ha loro offerto.

Gli anni Settanta e Ottanta sono gli anni nei quali i Vanzina si confrontano con la realtà e la società dell'epoca da una posizione privilegiata da borghese: pedinando i mutamenti in corso, i *trend* del momento, lo stile di vita dell'italiano medio e il suo linguaggio: «perfettamente sincronizzati al presente di quel momento preciso»[44].

Oltre a un citazionismo puro e irriverente, per i Vanzina è necessario far ricordare i film altrui per poter inventare di nuovi: una serie di memorie da recuperare, «far crescere e germogliare» per trasformarle poi in soggetti e sceneggiature di opere cinematografiche di valore. Per mezzo dell'enorme conoscenza di film del cinefilo Carlo e della lettura di Enrico, il binomio li ha portati a inventare i propri film ricostruendo frammenti ripresi da ciò che l'esperienza loro ha suggerito: con il piacere di riprendere solo ciò che piace e che per loro è stato considerato come il meglio della fonte utilizzata. Negli anni Ottanta e

Novanta, *Montecarlo Gran Casinò* (Carlo Vanzina, 1987), *S.P.Q.R. 2000 e ½ anni fa* (Carlo Vanzina, 1994) e *Piedipiatti* (Carlo Vanzina, 1991) sono stati alcuni tra i diversissimi titoli prodotti con la filosofia precedentemente esposta: di ripresa di elementi del passato, di blocchi narrativi, ma soprattutto della cultura oltre oceano hollywoodiana.

Il ricorrere all'infinito combustibile americano ha così fuso tendenze provenienti dall'America con quelle che stavano insediandosi nell'Italia dell'epoca, come nel caso dell'opera *Il ras del quartiere* (Carlo Vanzina, 1983) in cui le gang del quartiere sono state accompagnate da «sonorità elettropop inquietanti»[45]. I figli di Steno sono pertanto riusciti a cavalcare un nuovo tipo di comicità «tra tv, teatro e cinema»[46], come nel caso di *Sapore di mare* (Carlo Vanzina, 1983): «l'attesa spallata alla vecchia commedia dei padri e dei fratelli maggiori, per fare posto a qualcosa di nuovo e di inedito per il nostro cinema, con una funzione di pesce pilota»[47].

Si può per certo affermare che sia difficile non trovare all'interno dei film dei Vanzina dei riferimenti al gioco del calcio giocato o tifato. I due registi furono infatti appassionati e tifosi di *football*. Lo stesso Enrico, negli anni Novanta, entrò a far parte degli ospiti commentatori nel programma televisivo di *controcampo* di Sandro Piccinini assieme a Giampiero Mughini e Vittorio Feltri. Per raccontare la società italiana, i due fratelli Vanzina avevano capito benissimo che il calcio fosse un «filtro metaforico perfetto»[48]capace di restituire perfettamente il pensiero dell'italiano medio. Nei film, questo fenomeno è stato utilizzato come tema narrativo principale sul quale costruire la narrazione di calcio giocato o tifato; di un «tifo concreto»,[49] composto da esperienze realistiche con tanto di *merchandising* di sciarpe, bandiere, cappellini e *gadget* vari presenti nei film.

L'esibizione di comportamenti precisi, di luoghi e di tempi, hanno dunque svelato una forza di «indiziarietà sociale»[50]. Il manifesto di ciò può essere *Eccezzziunale... veramente*, un film dove il *football* è stato scelto come il contesto sul quale costruire le storie dei tre personaggi protagonisti: ognuno tifoso di una specifica squadra di calcio. Sin dai titoli di testa è facile capire come il film sia stato imbastito sulla figura dell'attore Diego Abatantuono con la celebre canzone da lui cantata e scritta assieme a Enrico Vanzina; senza fare alcun riferimento al tifo da stadio rispetto a film come *Tifosi* (Neri Parenti, 1999), ma essere di giunzione con altri titoli quali *I fichissimi* (Carlo Vanzina, 1981) e *Il ras del quartiere*.

La sintesi grottesca del tifoso *ultrà* viene mostrata primariamente all'inizio dell'avventura milanista per poi decrescere lentamente fino a scomparire assieme all'identità del personaggio di Donato Cavallo (Diego Abatantuono) e al suo adattamento a una nuova condizione di vita con una fidanzata che odia il calcio. Nell'episodio interista avente come protagonista Franco Alfano (Diego Abatantuono) e i suoi amici (Teo Teocoli, Ugo Conti e Massimo Boldi), tutti *supporters* interisti, il tifo da stadio viene utilizzato solo come spunto iniziale: occhieggiando *Amici Miei* (Mario Monicelli, 1975), ma distaccandosi poi nell'evolversi dei fatti inscenati. Nell'ultima vicenda narrata dello Zebrone Tirzan (Diego Abatantuono), il personaggio è talmente sfortunato da non riuscire nemmeno ad assistere per novanta minuti a una vera partita di calcio, poiché sempre impossibilitato dalle disavventure con il suo camion tutto addobbato di gingilli juventini. Nella parentesi milanista, Donato viene presentato come un «Ras della fossa», assumendosi l'incarico di capo di un gruppo di fanatici milanisti; in ricordo dei vari gruppi fondati a partire dal 1968, anno della nascita del primo gruppo d'*ultrà* d'Italia. La raffigurazione comica di Abatantuono come capo *ultrà* è riuscita orbene a recuperare la ritualità delle armi e degli scontri allo stadio al grido di «*viuuulenza!*». Questi elementi saranno invece del tutto assenti nel secondo capitolo del film nel 2006 in *Eccezzziunale... veramente. Capitolo secondo... me* (Carlo Vanzina, 2006) a seguito degli incresciosi eventi di violenza che hanno riguardato, in quei trent'anni di distanza da un capitolo all'altro, la tifoseria milanista con delle tragedie di cronaca nera non di poco conto: esplicando l'incapacità di ridere ancora sulla furia negli stadi e catechizzando i calciatori sull'utilizzo di una *"viuuulenza"* «moderata: psicologica», come anche ribadito dai due registi nell'intervista di Moccagatta:

> «Ovvio, non poteva [il secondo capitolo del film] più essere il primo, e non voleva esserlo, però cercammo una chiave più sottile oltre al divertimento di superficie, quella di una malinconia di fondo, con questi personaggi invecchiati, un po' fuori dal tempo, anche nel rapporto con il calcio, che ora era diventato un'altra cosa rispetto ai primi anni Ottanta. [...] Soprattutto, non c'era più spazio per certi eccessi del primo film, in particolare i fenomeni e le manifestazioni di tifo esasperato e violenza allo stadio tra ultrà»[51].

Occorrerebbe riferirsi anche ad altre opere Vanziniane come *S.P.Q.R. 2000 e ½ anni fa* per poter entrare ancor più «nella carne viva del calcio»[52] e del populismo. L'idea della Roma Classica è rimasta costante in Italia nel corso degli anni ed è stata invocata più volte sin dal fascismo, poiché vista come modello al quale potersi ispirare per l'espansionismo, la bellicosità e il peso archeologico della capitale romana. Come detto anche da Christopher Wagstaff:

> «L'Italia non ha mai abbandonato questo genere di film, che assumeva una posa di dignità culturale, e che aveva il pregio di essere spettacolare, di rafforzare le nozioni nazionaliste del grande passato italiano, di invitare al confronto tra il politicamente giusto e il dissoluto oppositore, e che spesso combinava tutte queste risorse con l'attrazione emotiva del melodramma»[53].

Sebbene *S.P.Q.R.* non sia un melodramma, in questo film, per mezzo di alcune sequenze ricche della metafora calcistica, è possibile rileggervi la storia e la politica degli anni Novanta come una profezia del nostro attuale presente. Sin dall'inserimento del tifo da stadio nella scena della rivolta di *Spartacus* alle cave, non sono mancati riferimenti al giustizialismo degli uomini del nord Italia contro la

Roma ladrona e la volontà di punire i senatori romani corrotti. Nelle battute e nei comizi tenuti da Cinico (Leslie Nielsen), specialmente nella sequenza finale di fronte ai giurati e nella proposta di leggi sulle immigrazioni, sono stati evidenziati ulteriori elementi riconducibili a una Roma tutta volta all'attualità e alla contemporaneità tra la corruzione di funzionari pubblici, il divario economico tra classi sociali diverse e la persuasività fondata su di una comunicazione di stampo *populista*:

> «Senatori, vi rendete conto che cos'è diventata Roma? Un caotico parcheggio pieno zeppo di stranieri! Ai vecchi tempi al foro e ai giardini dell'Aventino potevi incontrare Tizio, Caio, Sempronio. Veri onesti nobili cittadini romani e invece oggi chi puoi incontrare? Niente altro che [...] un'accozzaglia di zozzoni morti di fame che ci rubano il pane, il lavoro! E noi sti zozzoni li vogliamo far diventare cittadini Romani?».

Figura 18 *Due fotogrammi del discorso populista di Cinico al senato romano*

All'interno di "*S.P.Q.R.*", come già precedentemente anticipato, non sono mancati *derby* tra la squadra calcistica di Mediolanum e quella Romanista, mettendo in scena gli *ultrà* di Milano, spalleggiati da Silvio (Ugo Conti), contro la tifoseria romana di turno: sintomo di un acceso contrasto che si reitera periodicamente nel tempo. Il giudice Antonio Servilio (Massimo Boldi), nelle sue battute, non si è mai esentato dal voler rispondere prontamente ai vari cori offensivi intonati dalla compagine avversaria romanista nella scena dell'incontro calcistico. Antonio, dal momento che era stato scambiato per un pericoloso *ultrà*, venne poi inseguito dai Celerini in una tra le gag comiche più tradizionali: «Ma quale serie B! Ci avete rubato la partita! Ladri [...] qui c'è puzza di calcioscommesse e anche di qualcos'altro».

La rivalità tra Servilio e Atticus (Christian De Sica) verrà mostrata per gran parte del film, salvo durante la temporanea alleanza contro il senatore Cinico. Nella scena finale, ambientata negli anni Novanta, avverrà nuovamente lo scontro in auto tra i soliti due: il milanese e il romano; indice di una continuità tra passato e presente storico di finestre di stampo *populista* di fomentazione del *caos* sociale tra cittadini. È possibile riscontrare alcune analogie anche in *Milano Miliardaria* (Vittorio Metz e Marcello Marchesi, 1951), un film nel quale vi è presente ancora una volta la contrapposizione Nord-Sud tra le tifoserie di *Inter* e *Napoli*, sfociante in scontri canori tra partenopei e milanesi e scommesse pazze: icona della patologia del "tifo calcistico" degli anni Cinquanta.

Figura 19 *Due fotogrammi raffiguranti le tifoserie di Mediolanum e di Roma allo stadio romano per la partita di coppa della repubblica romana*

Figura 20 *Due fotogrammi che mostrano l'odio passato e presente tra Servilio e Atticus: sfociante in violenza urbana*

Non è mancata infine nel film un'ulteriore critica ai valori paternalistici della propria istruzione, all'uso insensato del passato come modello al quale ambire, e al mito dirompente di essere la migliore nazione possibile. Il voler mettere in scena il presente in un passato ideale ci ha, per certi aspetti, fatto capire come anche il passato sia stato influenzato dall'ignoranza e tali azioni si sono riprodotte anche nella nostra attualità. Il tentativo finale di Cinico di discolparsi dalle accuse non è altro che parodia, e non troppa, di una politica italiana che non ha alcuna intenzione di cambiare se a rimetterci è l'intero *establishment*:

«Colleghi Senatori, io sono veramente scandalizzato. Un magistrato, un polentone, un mezzo barbaro, accusa un senatore romano, un nobile discendente di Romolo e Remo, di aver tradito i principi della nostra repubblica. Ma se, certo per far star bene tutti, bisognava pur pagarlo un prezzo, questo prezzo, l'onorevole Antonio Servilio, li chiama tangenti. Io invece preferisco chiamarli contributi al benessere generale. Oggi, grazie a quelle tangenti, voi romani potete vivere nel lusso più sfrenato. [...] è vero ci mangiano sopra i politici, ma anche gli avvocati, i commercianti, gli artigiani, i loro figli, i loro cavalli e i loro gatti, e i loro cani. È un vero magna magna generale credetemi. [...] e ora questi due imbecilli, questi due matti vogliono spezzarla la catena. Questi due galantuomini vi vogliono rovinare e trasformare Roma, la culla della civiltà, in una città di morti di fame. [...] Senatori, questo non è un processo, questa è una cospirazione, un complotto contro la Repubblica, contro la pagnotta [...] mi hanno chiamato traditore, e ora voi fategli sapere chi sono i veri traditori».

Un diverso film di ben più recente uscita, *2061: un anno eccezionale* (Carlo Vanzina, 2007), può essere un'ulteriore anticipazione di ciò che è stato negli ultimi in Italia il fenomeno populista. Nell'intervista fatta ai fratelli Vanzina, riportata nel libro di Moccagatta, alla domanda se dopo circa dieci anni dall'uscita della pellicola nelle sale il film si fosse rivelato come profetico, i due registi hanno così risposto: «C'era già tutto, in una sorta di illuminazione del futuro prossimo venturo. Gli eccessi leghisti al Nord, l'immigrazione islamica al Sud. Pazzesco, a ripensarci oggi». Sin dalle prime battute viene raccontata dalla *voice over* di come l'Italia nel 2061 fosse ritornata, a causa delle crisi economiche e politiche, a una condizione simile a quella del 1861:

> «Al nord, i separatisti longobardi hanno innalzato un muro sul Po per impedire l'ingresso ai terroni. Nella Rossa Emilia Romagna sventola la bandiera della falce e mortadella. La toscana è tornata a essere un gran ducato dove, come ai tempi dei guelfi e ghibellini, si combattono le fazioni dei Della Valle e dei Cecchi Gori [...] il sud invece è stato invaso dagli africani».

Sebbene siano passati decenni, la situazione non è molto cambiata nel Bel Paese, riconoscibile da tutti come l'Italia attuale. Le tradizioni sono rimaste tali e quali assieme agli stereotipi instillati nelle menti delle persone, come ad esempio l'uso del dialetto siciliano anche dai nuovi "invasori" africani, ora nuovi "bianchi", il voler maritarsi come da tradizione meridionale, e lo stigmatizzare la donna come di facili costumi.

All'interno della pellicola non sono inoltre mancate ironiche gag comiche che mettessero in luce i problemi dell'Italia, ritenuti ora dalla brigata di Abatantuono come dei beni culturali; cimeli di un passato nostalgico. Ecco quindi il riconsiderare la statale Salerno-Reggio Calabria e le sue auto abbandonate come un relitto a cielo aperto, e l'immenso accumulo di rifiuti vicino Napoli una famosa montagna e meta turistica per eccellenza dove poter trascorrere le vacanze e sciare, previo uso della maschera antigas. Nella sequenza girata nel nuovo "Stato della Chiesa", la giustizia viene ancora una volta sentenziata da un isterico fanatismo cattolico. Ciò è deducibile, ad esempio, dai dialoghi del cardinale Bonifacio Colonna ai "carbonari": «Terroristi tutti quanti che volete rovesciare la sacra romana chiesa dal suo trono. [...] Io so tutto di voi sapete. Schiavi di belzebù, servi del maligno. È per questo che meritate di morire, morti ammazzati!».

Per non farci mancare niente, nella sequenza girata nella nuova Repubblica Fiorentina, la contesa per il possesso della squadra calcistica tra i Della Valle e i Cecchi Gori ha riacceso gli animi degli *ultrà* calcistici per eccellenza, dissotterrando ancora una volta il tanto amato populismo. Nella scena girata invece nella Milano del "regime leghista", i terroni sono cacciati e ingabbiati come animali da forze dell'ordine riconducibili per diversi aspetti agli squadristi fascisti. In questo film è stata insomma riproposta la nostra società con tutti i suoi difetti e convenzioni ben note agli occhi degli spettatori.

Nel finale del film, se non fosse stato per il "patriota" redente, tale professor Ademaro Maroncelli (Diego Abatantuono), i mercenari al suo servizio non avrebbero battuto ciglio nell'arruffare il denaro destinato alla causa per la nuova liberazione e unificazione nazionale, come da bravi italiani.

Fatte queste due parentesi, è bene ora concentrarsi sul filmato in oggetto di questo sottocapitolo: *Eccezzziunale... veramente* inizia con l'episodio di Donato cavallo (Diego Abatantuono), capo *ultrà* soprannominato il ras della fossa milanista: motivatore eccellente e condottiero della tifoseria rossonera del *Milan*. Nelle prime scene viene sin da subito mostrata la grande passione di Donato per il *football* per mezzo della parentesi del sogno appena fatto, dei tantissimi *gadget* dell'*A.C. Milan* che riempivano la sua stanza da letto e del perpetuo canticchiare di cori milanisti, provocando l'ira dei fratellastri oramai stanchi di dover sopportare ogni giorno un simile tipo sveglia: «e basta con sto *Milan*! c'hai rotto la minchia».

Figura 21 *Singolo fotogramma della stanza da letto di Donato*

Come ogni domenica verso le 8 del mattino, il ras della fossa era solito recarsi in un piccolo scantinato trasformato nella sede di un *fan club* di *ultrà* per tenere un comizio populista davanti ai suoi fidati seguaci e ordinando loro di usare la *"viuuulenza"* allo stadio nel prossimo *match*: il fatidico *derby* contro *l'Internazionale di Milano*. Nella scena ripresa allo stadio al termine dell'incontro vinto dall'*Inter*, Donato e i suoi seguaci tentano di scappare a gambe levate dal possibile scontro fisico con gli *ultrà* interisti, ma senza riuscirci efficacemente: Sandrino il "Mazzolatore" (Renato D'Amore), leader indiscusso della compagine avversaria, carica il ras armato di una catena, ma prima di riuscire a colpirlo, questi scivola inaspettatamente su di una banana e finisce all'ospedale in coma.

Figura 22 *Fotogramma del comizio del "ras della fossa"*

Figura 23 *Fotogramma raffigurante la tifoseria Milanista, al seguito di Donato, contrapposta a quella interista capeggiata da Sandrino il "Mazzolatore"*

Sentitosi in colpa, il milanista decide di fare visita a Sandrino: ora rimasto smemorato e senza più la capacità di aprir bocca. In quell'occasione, Donato Cavallo incontra Loredana (Stefania Lucarelli), la fidanzata di Sandrino, e cerca di rendersela amica negando il fatto di essere stato lui a far finire il compagno in ospedale e di essere un credente *ultrà* milanista o amante del calcio: «Io? [tifoso?] assolutamente no...». Da questa bugia ne nasce una relazione temporanea tra i due, ma non sempre di eterno amore. Dopo un breve sfogo all'ospedale di fronte all'inerme *ex* fidanzato Sandrino, Donato decide di ritornare alla carica del *fan club* del *Milan*, ma all'uscita dal ritrovo, Loredana si palesa inaspettatamente per professargli eterno amore e innescando una serie di simpatiche *gag* comiche al fine di nascondere la fede eterna dell'*ultrà* per il calcio e la tresca amorosa alla madre di lei: «via da quelle maledette radioline che parlano solo di calcio», dirà Loredana. Non appena il ras decide di recarsi nuovamente allo stadio, la sua compagna tenta perfino di uccidersi per il fatto di esser stata nuovamente abbandonata e di essersi fino ad allora innamorata «solo di tifosi», finendo anch'essa in ospedale di fianco al letto dov'era posto in stato comatoso l'*ex* fidanzato. Grazie a questa situazione propizia, Donato ha campo libero poter finalmente aggregarsi ai compagni milanisti, ma solo per pochi istanti.

Non è la prima volta che al cinema sono state inscenate situazioni nelle quali si è stati moralmente condizionati per non andare a divertirsi allo stadio, poiché dipendenti più del pallone da gioco che del sesso in senso stretto del termine. In *Parigi è sempre Parigi* (Luciano Emmer, 1951), uno dei tifosi della nazione italiana di calcio è costretto a dover litigare con la sua compagna per essere libero di andare a vedersi la partita in santa pace. In *Io so che tu sai che io so* (Alberto Sordi, 1982) il protagonista Fabio (Alberto Sordi) rifiuta la proposta della moglie di andare in campagna per una nuova luna di miele avvisandola di voler invece starsene a casa davanti alla televisione per poter seguire la diretta televisiva della partita tra *Roma* e *Catanzaro*. Nell'episodio dei *Guardoni* in *E adesso sesso* (Carlo Vanzina, 2001), i ragazzi protagonisti sono più interessati a seguire col binocolo la partita sulla *pay tv* del vicino di casa, *supporter* del *Verona*, piuttosto che essere attratti dalle donne. Nella vicenda di *Saracinesca,* inserita del film *Un'estate al mare* (Carlo Vanzina, 2008), un tifoso della squadra calcistica della *Fiorentina,* interpretato dal solito Massimo Ceccherini, s'imbatte a Forte dei Marmi nel portiere Manzanas. Il giocatore si dimostra come ligio ai doveri del perfetto professionista *footballer*, provocando l'ira della sua compagna: «No puedo [fare sesso], devo studiar [...] ora che firmo il contratto con la *Fiorentina* devo pablar toscano no? [...] [il latte] è pieno di vitamina D [...] [non posso ballare in discoteca e stancarmi]ho la sveglia alle 6 per il jogging sulla spiaggia». In un altro divertente siparietto, il povero Cecco si ritrova involontariamente a letto con la fidanzata dell'idolo "Saracinesca" e a finire in ospedale a causa delle corna scoperte. La reazione sarà devastante per il cuore dei tifosi della Viola con l'annullamento del trasferimento del giocatore dal *Real Madrid* alla squadra toscana «Saracinesca dichiara, i tifosi fiorentini non mi meritano, torno a Madrid».

Nel film vanziniano del 2012, *Buona Giornata* (Carlo Vanzina, 2012), la scaramanzia di Cecco, interpretato da Paolo Conticini, porterà il fidanzato a far ripetere il tradimento sessuale di sua moglie Chiara (Chiara Francini) per ben due volte di fila al fine di far vincere, come da rito ben collaudato, la *Fiorentina:* «impegnata, impegnata. Cecco son nove anni che mi devi sposare. Io mi sono bella e stufata. [...] Tu sei fidanzato con la Fiorentina e io ogni tanto ho bisogno di tenermi in allenamento [...] non posso mica star sempre in panchina».

Nell'episodio *Che vitaccia!* presente nella serie tv *I Mostri* (Dino Risi, 1963), un padre di famiglia (Vittorio Gassman), residente in una baracca scalcinata e decadente di una borgata romana, fregandosene delle condizioni del figlio malato, decide di spendere le sue ultime 900 lire per andare all'*Olimpico* a godersi le azioni della sua squadra del cuore: la *Roma*. Quest'episodio della serie tv *I Mostri* degli anni '60 è servito appunto per denunciare il tifoso "mostro" avente alcuni tratti simili al "ras della fossa" del film di *Eccezzziunale... veramente* per quanto riguarda il comportamento irresponsabile, gli eccessi di *"viuuulenza!"* e la foga calcistica esibiti sulle gradinate degli stadi, indipendentemente dal periodo storico di appartenenza.

Figura 24 *Due fotogrammi del "ras della fossa" allo stadio assieme ai fedelissimi ultrà milanisti in Eccezzziunale... veramente*

Figura 25 *Due fotogrammi del protagonista dell'episodio Che Vitaccia! della serie tv "I Mostri" allo stadio Olimpico assieme agli altri tifosi romanisti*

Con l'incredibile guarigione del *boss* Sandrino e il suo recupero della memoria e della parola, Loredana scopre la vera identità del "ras della fossa" e del fatto di esser stato proprio Donato il responsabile dell'ospedalizzazione dell'*ex* fidanzato interista: «questo qui è quel terun bastardo milanista che mi ha fatto finire qui dentro […] ora ti sfiguro io».

Dopo essere scappato dalla furia del "lazzaro incazzato", nella scena girata fuori dallo stadio di San Siro dopo aver subito anche una sconfitta in ambito calcistico per colpa della *Juve*, Loredana perdona Donato e i due decidono di mettersi definitivamente assieme come coppia fissa e di fare un piccolo patto: non seguire più le partite del *Milan* in trasferta. Questa promessa non sarà però mantenuta: Donato ascolterà la telecronaca delle partite anche in situazioni tutt'altro che adibite al tifo calcistico, come durante la proiezione di un film al cinema; tenendo all'orecchio un auricolare per ascoltare la radiocronaca del *match* in diretta, venendo infine scoperto da tutti a seguito di un goal segnato dalla sua squadra del cuore contro il *Cagliari*.

È interessante notare come quest'ultima scena sia stata ripresa da un film del passato sicuramente conosciuto dai Vanzina: *Il Marito* (Nanni Loy e Gianni Puccini, 1958), avente come protagonista Alberto Mariani (Alberto Sordi) nei panni del marito spregiudicato, ambizioso, ignorante di tutto, fuorché di calcio, e lestofante. In questa pellicola, Alberto, costretto dalla moglie a stare assieme a lei e alle sue amiche nel salotto di casa per assistere al loro concerto da camera, si attrezza per ascoltare di nascosto un transistor che stava trasmettendo la radiocronaca di Nando Martellini. Il tentativo di seguire la partita non ha tuttavia un esito positivo neppure in questa occasione: le donne incrementano inaspettatamente l'intensità del suono dei loro strumenti a corda, impedendo al povero Alberto di capire più cosa stava venendo detto in radiocronaca.

Figura 26 *Confronto tra i due fotogrammi dei film:*
Il Marito e Eccezzziunale... veramente

Eccezzziunale...veramente è orbene riuscito a legare questi accadimenti a quelli degli altri due personaggi del film, Franco Alfano e Tirzan, intrecciando le loro diverse e uniche storie in una sola: avente il calcio come quadro entro il quale muoversi e riferirsi. Nel caso del personaggio di origini meridionali Tirzan, la sua fede calcistica e il suo senso d'appartenenza alla "terra Juventina" vengono enunciate sin dalle sue prime battute rivolte all'autostoppista buddhista: «e secondo te il buddhista è una fede? Secondo te è meglio quel pancione trippone di Buddha o gente [...] come l'avvocato Agnelli?».

Il calcio è stato quindi posto come una fede alla quale dover credere ciecamente e senza la possibilità di sottrarsi da essa anche se si è in servizio a lavoro; celandovi in esso un disagio sociale ormai diffuso tra la popolazione. In un altro film come *L'Ingorgo* (Luigi Comencini, 1978), il calcio viene ulteriormente enfatizzato dall'italiano medio e inteso come strumento d'unione sociale al momento del fischio finale della vittoria della nazionale italiana; facendo dimenticare a tutti i personaggi presenti il fatto di essere rimasti bloccati per ore presso il grande raccordo anulare di Roma per via di un ingorgo stradale.

Questo tipo di tifo irrefrenabile e manifesto per la propria nazionale sarà la causa per la quale nel film *Pane e Cioccolata* (Franco Brusati, 1974) il protagonista Giovanni Garofoli (Nino Manfredi), un italiano emigrato in Svizzera clandestinamente, verrà smascherato come italiano in un bar del luogo quando, durante l'incontro trasmesso in televisione tra *Germania* e *Italia,* la nazionale azzurra segna il «Gol!» decisivo. In *Vacanze in America,* nel monologo di fine anno del preside del liceo cattolico San Crispino, viene metaforicamente richiamato il calcio, evento naturale della vita di ogni essere umano: «ragazzi miei, la vita è come una partita di pallone cari, che invece di durar 90 minuti, può durare 90 anni. [...] Nella vita dovrete impegnarvi, sudare per i colori della vostra squadra, ma sempre lealmente. Perché quando commetterete un fallo, troverete arbitri inflessibili».

In *Eccezzziunale...veramente,* nella scena girata di fronte al camion juventino, durante il *derby* torinese, i due poliziotti fermano e multano il povero Tirzan, prendendolo in antipatia per il solo fatto di essere un *supporter* di un *club* rivale (tutti contro la *Juventus*): «l'altr'anno c'avete rubato lo scudetto [...] e c'avrei gusto se la *Juventus* perdesse pure la partita».

Figura 27 *Singolo fotogramma della scena nella quale lo Juventino camionista Tirzan viene fermato da due poliziotti tifosi rispettivamente della Roma e della Fiorentina*

La sventura perseguiterà il camionista anche in terra di Francia, a Parigi, con il furto del furgone prestatogli dal suo amico "slavo" per non perdersi di assistere in tribuna alla partita in esterna delle *"zebre"* contro *l'Anderlecht.* Tirzan decide pertanto di andare in commissariato per sporgere denuncia del furto, ma senza far capire molto all'ispettore Patanè. È comico come si sia parodiata grottescamente la tipica ignoranza dell'italiano medio sull'uso di un linguaggio più dialettale che forbito al momento di cercare d'intendersi con chi è di origini straniere, e gli stereotipi promossi dai contenuti televisivi di quegli anni:

> « Ma lei è sicuro di essere commissario? [...] mi pare scarno [...] io mi sporgo per fare denuncia e lei mi vuole ficcare dentro alla pastiglia? [...] chi è quello? Arsenico Lupin? [...] Son le 17 e 33, ho bisogno di un video [l'incontro televisivo di calcio della Juventus] [...] [l'ora legale] ma è illegale scusi, è illegale! [...] In nome della vecchia amicizia che mi lega al tuo vecchio babbo, l'inventore dell'accendino, trovami un video, devo vedere la partita ti prego!».

Figura 28 *Singolo fotogramma del film dove sono presenti Tirzan e l'ispettore Patanè in una delle strade parigine*

Tirzan e l'ispettore girano tutta Parigi per tre interi giorni al fine di ritrovare il furgone rubato, ma senza successi. Inaspettatamente, durante un'accesa discussione tra i due vicino a una strada, riescono a imbattersi con i malviventi e a fermare il veicolo; recuperandolo e riconsegnandolo, leggermente sfasciato, all'amico "slavo".

Negli accadimenti finali del film il povero camionista, oramai sicuro di aver perso il lavoro a causa dei danni riportati dal viaggio dello "slavo" in Romania al suo prezioso furgone, decide di recarsi in *taxi* allo stadio per assistere all'incontro calcistico della *Juventus* contro il *Milan* allo stadio *San Siro*, acquistandovi un biglietto dal bagarino a un prezzo "maggioratissimo": «Altro che bagarini, siete la razza evoluta dei bagarozzi voi! Fetenti!».

Fortuitamente, viene concesso a Tirzan di sedere nel

posto riservato al sindaco accanto al mitico Gianni Agnelli, proprietario della *Juventus Football Club*. In questo nuovo siparietto, Tirzan cerca umilmente di diventare un suo sodale grazie alla sua caratteristica simpatia da *"terrunciello"* e alla sentita fratellanza per essere entrambi fedelissimi tifosi del *club* bianconero: «sei un cervello, madonna, sei simpatico Agnello!». Da ciò ne conseguirà un finale a lieto fine con l'assunzione del camionista al ruolo di nuovo autista del *pullman* della *Juventus*; rimarcando la fama della generosità dell'"Avvocato" presso il popolo italiano composto non solo dai settentrionali, ma addirittura dalla grande maggioranza di meridionali e dalle loro famiglie emigrate al nord alla ricerca di lavoro.

Figura 29 *Singolo fotogramma dell'epilogo del film in cui viene mostrata la promozione di Tirzan ad autista ufficiale della Juventus F.C.*

La figura dell'ultimo personaggio del film, tale Franco Alfano, viene anch'essa mostrata nel corso della pellicola come un nuovo tipo di *supporter*. Franco, tifoso interista, assieme ai tre suoi amici, è solito fare scherzi e baldoria la notte per evitare di stare troppo con sua moglie e si mostra, a più riprese, pronto a cogliere la prima occasione possibile per mollare tutto e tutti. La prima volta che lo si vede sullo schermo, questi è in giro per Milano a bordo di un'autovettura assieme agli altri tre "moschettieri".

Da questa prima *location* ci si sposta poi al bar di Massimo (Massimo Boldi) dove gli amici interisti si ritrovano a brindare preannunciando la vittoria del *derby* contro il *Milan*. Qui si può cogliere il fare arrogante e un po' destrorso, vacuo e antipatico del tipico tifoso interista[54].

Il giorno della partita di campionato, cioè di domenica, Franco e i suoi amici si recano tutti allo stadio per seguire l'incontro sugli spalti neroazzurri: tra tifoserie opposte, striscioni, *ultrà* e azioni di gioco scelte con cura e ben montate.

Figura 30 *Singolo fotogramma della scena girata al bar di Massimo*

Figura 31 *Due fotogrammi presi dalla sequenza girata durante il derby tra Milan e Inter. Qui è possibile osservare i caratteri del tifo neroazzurro opposti a quelli della controparte rossonera*

Al rientro a casa, dopo la buona vittoria per uno a zero sulla compagine dell'*A.C. Milan*, Franco deve confrontarsi con una famiglia dalla quale vorrebbe solo che evadere: «è questa qui l'ora di tornare? ma ci hai preso per un ristorante?», si lagna la moglie (Anna Melato). La tipica domenica del tifoso è presentata anche in *La domenica della buona gente* (Anton Giulio Majano, 1953), un giorno in cui «cerchiamo di dimenticare i cattivi pensieri, e lutti, e ingiustizie, e guerra e povertà», godendoci una "tranquilla" partita di *football*.

A seguito del riepilogo delle partite del *weekend*, un vero e proprio rituale per gli amanti del totocalcio, come parimenti visibile nei filmati *Ha fatto 13* (Carletto Manzoni, 1951), *Se vincessi cento milioni* (Carlo Campogalliani e Carlo Moscovini, 1954) e *Al Bar dello sport* (Francesco Massaro, 1983), in *Eccezzziunale...veramente* l'interista Franco Alfano scopre di aver incredibilmente indovinato tutti e tredici i risultati della schedina e decide di rivoluzionare la sua vita: «cara mia moglie è una strega e mia suocera una stronza, la vostra farsa è finita. Vi ringrazio della partecipazione, ma da questo momento in poi sono libero».

Dopo aver lasciato il lavoro e speso un patrimonio indebitandosi, gli amici di Franco non hanno però il coraggio di dirgli la verità se non per mezzo di una videoregistrazione su di una videocassetta:

> «Milano, tre giovani di 30, 31 e 32 anni [...] gli olé gli hanno sfilato di tasca [...] la schedina del totocalcio appena giocata al bar del caro amico Massimo, sostituendola con una schedina falsa, ma però vincente [...] beh caro Franco, non sapevo come dirtelo, ti abbiamo fatto veramente uno scherzo *eccezzziunale*».

Figura 32 *Singolo fotogramma del video registrato da Massimo per informare l'amico Franco dello scherzo*

Per certi aspetti, si possono qui ricordare due film particolari: *I soliti ignoti* di Mario Monicelli del 1958 e *Audace colpo dei*

soliti ignoti (Nanni Loy, 1959) dell'anno seguente. Per quanto riguarda il tentativo in *Audace colpo dei soliti ignoti* di alcuni ladruncoli di rubare il montepremi del totocalcio e fingersi tifosi romanisti, in *Eccezzziunale...veramente* i Vanzina decidono di mettere in scena un qualcosa di simile: i tre amici, per farsi perdonare da Franco e fargli recuperare i 60 milioni di lire di debito, decidono di impegnarsi tutti assieme per cercare di truccare l'incontro di *Serie A* tra *Avellino* e *Inter.* Per riuscire in tale impresa, i quattro decidono di organizzare un piano per costringere l'arbitro dell'incontro, tale Miciché, a far vincere la squadra dell'Avellino, minacciandolo negli spogliatoi prima del fischio d'inizio. Purtroppo per loro, invece di fermare il vero arbitro, finiscono ridicolmente per catturare il commissario di polizia «preposto al servizio d'ordine dello stadio». Lo schema del colpo articolato alla *soliti ignoti*, si rivela perciò fallimentare non solo in *Eccezzziunale...veramente,* ma anche in altre opere, come *Febbre da Cavallo* (Stefano Vanzina, 1976).

La super- *mandrakata,* attuata dai poveri protagonisti in cerca di una rapida soluzione, non è sinonimo di esiti positivi. Anche quando i colpi sono fatti più seriamente, ad esempio con la rapina in gioielleria in *I mitici. Colpo gobbo a Milano* (Carlo Vanzina, 1994) o in *Caccia al tesoro* (Carlo Vanzina, 2017), lo schema rimane sempre quello più collaudato e al tempo stesso disastroso, salvato eventualmente "in *corner*" da una donna.

Per poter vedere la partita, il commissario, tifoso interista, decide di lasciar andare i quattro giovani ragazzi per consentirgli di non perdersi nemmeno un minuto dell'incontro; dimostrando come anche la giustizia possa essere sospesa per una semplice partita di calcio: «e se li arresto li devo portarli in questura [...] o santa pace non vedo più la partita, che rabbia! [...] Lascio stare, la partita comincia tra pochi minuti, lascio stare».

Già nel film *Un giorno in pretura* (Stefano Vanzina, 1954) i figli di Steno avranno di certo osservato l'equazione romano uguale romanista, riprendendola e riconducendola ora a una nuova analogia: milanese è uguale a interista/milanista. Il magistrato del film di *Un giorno in pretura,* interpretato da Peppino De

Filippo, non è pertanto molto distante dal commissario di polizia Miciché dell'episodio di Franco Alfano in *Eccezzziunale... veramente*: entrambi uomini di legge, ma anche esaltati tifosi di calcio nel fine settimana:

> «Cari ragazzi, qui ci sono gli estremi di truffa, sequestro di persona, minacce [...] associazione a delinquere [...] e si ma se li arresto li devo portare in questura, battere la denuncia, mandare il fonogramma a Milano, oh santa pace non vedo più la partita, che rabbia! [...] Io lavoro la domenica perché sono appassionato di calcio».

Figura 33 *In alto vi è il fotogramma della scena girata negli spogliatoi con Franco, i suoi amici e l'ispettore Miciché del film Eccezzziunale... veramente; in basso vi è la scena finale del film Un giorno in pretura con la disputa tra il pretore Lo Russo e Nando Mericoni.*

Ecco che in *Eccezzziunale... veramente* riesce a emergere quel tratto che ha contraddistinto tutto il film, ossia la dimensione totalizzante del calcio e la sua forte influenza nella società a tal punto da rendere ossessivi i suoi più fedeli beniamini e far loro pesare la scelta di essere o non essere tifosi di calcio. Lo stereotipo del tifoso *ultrà* ha sottolineato inoltre tutto ciò che già in precedenza è stato scritto a riguardo, cioè il sintomo di un acceso populismo profondamente diffuso tra i proletari e non; elemento caratterizzante della vita e dell'identità del tipico italiano medio in un assoluto realismo sociale d'interclassismo delle tifoserie.

3.4 L'uomo in più

Paolo Sorrentino, ancor prima dell'avvento del nuovo secolo, era stato classificato come un regista napoletano emergente non ancora percepito come un giovane autore capace di rinnovare il cinema italiano[55]. "Speleologo dell'interiorità ed esploratore dei territori dell'Io"[56], in circa un decennio il giovane regista è riuscito a divenire uno tra i più importanti registi italiani della contemporaneità e uno tra i più famosi al mondo:

> «È andato via via precisando un percorso artistico di spiccata originalità ispirativa e comunicativa, delineato da una precisa architettura di segni, di idee, di motivi, di stile, di atmosfere, di immagini che specificano e ribadiscono l'unità poetica e l'identità autoriale del suo cinema»[57].

Nel primo film da regista di Paolo Sorrentino è stata narrata la storia di due uomini, entrambi aventi il nome Antonio Pisapia, contemporaneamente residenti a Napoli nel mitico periodo italiano degli anni '80. Antonio, giocatore di calcio professionista, a seguito di un brutto infortunio non ha la fortuna di rivestire il ruolo di allenatore. L'altro Antonio, Tony, è un cantante pop italiano caduto in disgrazia e impossibilitato nel riuscire a tornare alla ribalta dopo lo scoppio di uno scandalo che ha visto lui medesimo coinvolto. Il suicidio dell'omonimo Antonio, compaesano di Tony, spinge quest'ultimo a cercare la redenzione, uccidendo il Presidente che vietò al giovane allenatore Pisapia di allenare la sua squadra del cuore, il *Napoli*.

Come anche riportato da Nicola Giuliano: «Un giorno [Sorrentino] scrisse questo trattamento dal titolo *Il diluvio di mattina presto*, lungo 25 pagine, che raccontava la storia di un cantante e di un calciatore... ed era meraviglioso [...] Una volta letto, bisognava assolutamente farlo [produrre il film]»[58].

"L'uomo in più" di Sorrentino si può orbene considerare come un primo lavoro sulla sua città natale, Napoli, poiché vi sono presenti alcuni rimandi alla città e alle tradizioni della regione italiana della Campania. Al tempo stesso Sorrentino

de-enfatizzò certi contesti specificatamente italiani che lo portarono a evidenziare un'atmosfera di noia esistenziale e di relazioni spersonalizzate e ispirarsi a film d'oltralpe come *"La doppia vita di Veronique"* (Krzysztof Kieślowski, 1991). I due principali interessi di Sorrentino, il calcio e la musica, sono sicché stati i due universi paralleli che lo affascinarono a tal punto da voler fare un film.

La figura dell'*ex* centrocampista Antonio Pisapia è stata possibile ricollegarla a un vero calciatore della storia del calcio moderno, tale Agostino Di Bartolomei. Agostino fu giocatore della *Roma* e campione d'Italia nel 1983. Già a partire dalla fine degli anni '70 egli divenne capitano della squadra romana e il più prolifico realizzatore nel campionato 77/78. A detta della tifoseria romanista, questi fu un giocatore di una professionalità e di un agonismo incredibile. Coraggioso, fantasioso e altruista sul campo da calcio, seppur di scarsa velocità, Di Bartolomei fu un vero capitano capace di trascinare alla vittoria i propri compagni. Successivamente all'addio alla squadra romana nel 1985 per trasferirsi nel *Milan*, da lì in poi non fu più lui data la possibilità di tornare ad avere un incarico ufficiale nella società della *Roma*, non venendo mai più contattato. Dopo aver lasciato il calcio giocato e aver appeso le scarpe al chiodo posteriormente a una lunga carriera calcistica, Di Bartolomei decise di farla finita con la sua vita a soli 39 anni il 30 maggio del 1994, sparandosi nel petto. Probabilmente la scelta fu dettata dallo sconforto avuto dall'*ex* calciatore di come la creazione del centro sportivo che voleva costruire a San Marco di Castellabate non andò a buon fine. Senza aver ottenuto l'interesse da parte della politica locale e il finanziamento dalle banche, gli stessi affari non furono così fruttuosi, tanto che neppure la sua agenzia di assicurazione, né altre attività, decollarono, spingendolo in una depressione che lo portò al gesto di togliersi la vita.

Nel film *"L'uomo in più"*, Sorrentino s'ispirò alla vicenda tragica di Agostino di Bartolomei e ne riprese diversi tratti in comune e ideando la figura immaginaria del calciatore Antonio Pisapia. Fu infatti grazie alla sua serietà e intelligenza, alla sua caratura morale, alla sua passione e dedizione alla professione calcistica che Sorrentino decise di presentarcene la vita per mezzo di uno dei 2 protagonisti del film. Lo stesso attore Andrea Renzi confermò la tesi di aver preso spunto da alcuni tratti dell'*ex* capitano della *Roma*, anche se distanziandosi poi per gli esiti successivi. Come Antonio fu ritenuto inadatto a una società quale quella degli anni '80 nell'immaginario sorrentinese, lo stesso accadde anche per Di Bartolomei che fu spinto ad allontanarsi da ciò che più questi amava e che era l'unica cosa che potesse tenerlo in vita: il calcio. Come Pisapia aspirava a un ruolo di allenatore, pure Di Bartolomei avrebbe voluto lavorare nel calcio ad alto livello. Nel 1992 gli fu affidata a quest'ultimo la presidenza della società romana del *Prati Quarto Miglio*, ma non fu abbastanza per riuscire a convincerlo. Nell'unico anno in cui Antonio lavorò presso suddetta sede, seppur non presenziando quasi mai agli allenamenti, un giorno raccomandò ai giocatori di comportarsi sempre educatamente ed essere uomini prima che calciatori: dimostrandosi come la grande persona che era.

Figura 34 *In alto la foto di Di Bartolomei, in basso un fotogramma ripreso da "L'uomo in Più" raffigurante il calciatore Antonio Pisapia*

Negli anni '80, lo scontro tra la compagine della *Roma* di Liedholm e la *Juventus* di Trapattoni fu anche la contrapposizione tra due visioni diverse del calcio. Se prima i difensori si nascondevano dietro gli attaccanti che dovevano marcare, come detto da Antonio Pisapia nel film de *"L'uomo in più"*, con la difesa a zona ci si nascondeva dietro gli schemi. Nella marcatura italiana a uomo tutti venivano coinvolti nella fase offensiva del gioco, rendendo imprevedibile la partita. Nel calcio moderno invece c'è stata un'evoluzione di questo sistema con il solo contributo di centrocampisti o terzini alla fase offensiva del gruppo. Nel 2004 fu un caso, invece, l'utilizzo della marcatura a uomo da parte della nazionale greca che riuscì a vincere la competizione europea, classificandosi nella lista dei miracoli calcistici.

Nel film di Sorrentino, con la figura del calciatore Antonio, è avvenuta anche l'ispirazione tattica a Ezio Glerean, un allenatore gentiluomo nato a San Michele al Tagliamento. Costui, come accadde nel film pure per Pisapia, non fu in grado di sfondare nel mondo degli allenatori di calcio come avrebbe meritato. Glerean, lanciato alla ribalta dal patron Palermitano Maurizio Zamparini, per resistere al Presidente definito come un "mangia allenatori" riuscì a durare nel 2002 solo una giornata sportiva dopo un precampionato travagliato. L'occasione a *Palermo* fu forse la più grande occasione sprecata per il tecnico veneto in quel determinato momento storico. Negli anni 2000 Glerean aveva sviluppato un nuovo tipo di tattica diverso rispetto al solito 4-4-2 di Sacchi o dal 4-4-3 di Zeman, promuovendo un 3-3-4. Con un'interpretazione estrema della difesa a zona, l'allenatore riuscì a riscuotere importanti successi con le squadre venete del *Cittadella* e del *Padova*. All'interno del film sono state illustrate a grandi linee le peculiarità di un modulo di gioco simile al suo: una difesa avente 3 centrali di difesa bravi con il gioco aereo e nell'uno contro uno, 3 mediani aventi tanto cuore e polmoni per correre a tutto campo e 4 attaccanti capaci di produrre un pressing continuo sul portatore di palla avversario. A Glerean mancò però, come anche al povero Antonio Pisapia, l'opportunità di sperimentare tale modulo in categorie calcistiche più alte come la *Serie A*, poiché incapace di trovare un Presidente che potesse fare da "uomo in più" e scommettere su di lui.

Se il personaggio del calciatore Antonio è stato modellato sulle vicende dello sfortunato giocatore della *Roma* e sulle idee tattiche innovative di Ezio Glerean, il personaggio del cantante interpretato da Toni Servillo è invece possibile associarlo al panorama della musica leggera italiana degli anni Sessanta e Settanta del Novecento:

> «I vari Bongusto, Califano. [...] il mondo della canzone non mi appassionava [ci racconta Sorrentino] molto sul piano musicale, che trovavo discutibile, ma a causa dei personaggi di questo ambiente [...] con delle vite molto strane, delle vite da star nonostante non lo siano veramente. [...] Il mio cantante è un mix di tutta una serie di cantanti. [...] Ho preso quello che mi piaceva di tanti cantanti e tante cose me le sono inventate. [...] Il declino privato di personaggi pubblici mi affascina»[59].

Dal primo trattamento della narrazione, trovò poco dopo sviluppo la sua sceneggiatura che ebbe ben otto stesure ed elaborazioni, discutendo con il produttore cinematografico Nicola Giuliano: «Scena per scena, battuta per battuta»[60]. Il tutto prese forma come *work in progress*, definendo intrecci narrativi e parallelismi tra i due Pisapia fino all'inserimento, nell'ultima versione, degli episodi dei sogni onirici del cantante Antonio inerenti alla morte del fratello in mare. La scelta degli attori ricadde su Toni Servillo per il ruolo di cantante e Andrea Renzi per il ruolo del calciatore nel film. Servillo è uno tra gli attori più capaci nell'appropriarsi dello spazio costruito attorno a sé e a far sentire la sua mancanza dalla scena in qualunque momento. Come detto anche da Toni all'intervistatore Paolo Mereghetti riguardo alla decisione di recitare come attore protagonista nel primo film di Sorrentino:

> «Mentre facevo il misantropo continuava a presentarsi alla mia attenzione una sceneggiatura che si chiamava L'uomo in più e io, con quell'atteggiamento un po' snob di chi si sta confrontando con Molière, non avevo voglia di leggerla. Paolo Sorrentino era un giovane che aveva collaborato con

Teatri Uniti quando avevamo prodotto Il verificatore, un film molto amato da Gillo Pontecorvo, che aveva fruttato il David per il migliore esordio a Stefano Incerti, con cui anni dopo avrei girato Gorbaciòf. Come dicevo, non avevo voglia di leggere questa sceneggiatura, ero tutto preso da Molière, già avevo in mente di mettere in scena Il tartufo e in generale mi interessava il teatro, che non a caso continuo a fare. Ma poi un giorno Angelo Curti mi dice: «Non preoccuparti se non la leggi tu, la stiamo facendo leggere a Lanzetta». E allora ribatto: «No, un momento, aspetta! La leggo! La leggo!». [...] L'ho trovata subito magnifica, ho trovato magnifico il personaggio che Paolo mi proponeva: credo che tra le sue tante qualità una delle maggiori sia saper inventare personaggi che restano nella memoria del pubblico. Dissi subito: «Lo faccio»»[61].

In direzione opposta è stato invece Andrea Renzi, incaricato di dover "essere succube" della macchina da presa e di dimostrarsi timido e "rigido", ma al contempo un pelo vivacizzato: utilizzando un accento umbro e affezionando il pubblico per la tenerezza e malinconia espresse dall'attore.

Ultimata la selezione del *cast*, Sorrentino diede inizio alle riprese del film nel 2000 e queste si protrassero per circa nove settimane a Napoli. Nel settembre del 2001 la pellicola fu finalmente distribuita al pubblico nelle sale.

Figura 35 *Singolo fotogramma di Tony Pisapia davanti al suo pubblico nel momento di massima gloria*

La storia ha inizio con un *incipit*, un corpo narrativo definibile come a sé stante e autonomo, destinato poi a riconnettersi diegeticamente con l'opera con riecheggiamenti, fraseggi e riprese che solo in un secondo istante riescono a essere chiarificate per lo spettatore. Vi è dunque una preliminare enigmaticità che si può estrapolare per mezzo di un assunto, una citazione di una frase di Pelé volontariamente inserita dal regista a inizio della pellicola: «Il pareggio non esiste». Almeno nella realtà del quotidiano, non può esservi una neutralità, ma si è sempre scompostamente spinti da un lato o dall'altro: si prevale o si soccombe, si vince o si perde. La citazione in questione ha anticipato tutti gli accadimenti narrativi avvenuti in seguito con la tragica fine dei due protagonisti e i loro due diversi destini all'insegna dell'afflizione e del fallimento personale.

Sorrentino utilizza il doppio, motivo caro alla narratività a cui sia cinema, che letteratura hanno spesso fatto ricorso, per imprimere nuove variazioni ed elaborare trame complesse di vite parallele che vivono "similari eventi"[62] tali da ricongiungersi invisibilmente come fossimo in una tela disegnata a prescindere da un'entità superiore. I due protagonisti hanno pertanto in comune il nome e il cognome, giorno, mese di nascita e la stessa città dove vivono. Se uno professionalmente si è esibito sui palchi dei teatri, dei *night club* e i palcoscenici canori più rilevanti a livello nazionale e internazionale di fronte a una folta schiera di ammiratori e seguaci, l'altro non ha fatto altro che trasporre lo stesso successo sul piano sportivo, in particolar modo con il calcio. Che siano state canore o atletiche, le loro abilità hanno loro concesso di ottenere tutto e di arrivare ai vertici della mobilità sociale permessa; tra competizione, rivalità, conflitti, sopraffazioni e logiche di potere incarnate da determinati personaggi nel film (il *manager* della casa discografica di Tony oppure il Presidente del Napoli).

Le due *star* hanno dovuto, a più riprese, rapportarsi e convivere, seppur con fatica, con un sistema in cui i rapporti di forza sono dominanti e spietati e dove non si trova alcun spazio per la moralità. Degli anni Ottanta del cosiddetto *horror vacui* e del trionfo del *kitsch*[63], essi ne sono stati lo specchio, calcando le scene e proiettandosi nel limbo di una notorietà temporalmente effimera, ma possedendo indoli diverse.

Il calciatore Pisapia è un ragazzo timido e introverso che ha deciso di giocare in difesa "nascondendosi dietro agli attaccanti" se non con il *goal* che, a detta del suo allenatore Molosso, «si fa una sola volta nella vita». Umile e riservato, il beniamino dei tifosi tenta di sottrarsi alle loro occhiate dettate dall'esaltazione populista per la squadra di calcio del *Napoli*. Ciò è visibile nella scena girata in auto durante l'attesa del semaforo verde, prima di rientrare a casa ed essere nascosto dall'ombra e dall'oscurità di quel posto. *L'uomo in più*, per Antonio, è quindi colui che deve cercare di coinvolgere i propri compagni all'azione e di favorire il successo della squadra più che prevaricare egoisticamente sugli altri.

L'azione di squadra, l'intesa collettiva, l'obiettivo da raggiungere sono anche mostrati nel cortometraggio di Sorrentino, *La partita lenta,* prodotto nel 2009. In questo specifico caso, il gioco del *rugby* si è fatto portavoce di principi morali, di trasformazione e di trovata maturità dell'essere umano. Dalla serie di inquadrature girate con la macchina da presa dal noto regista, vi sono mostrate sia le fasi pre-*match* della vita quotidiana di un padre di famiglia che quelle durante e dopo l'incontro sul campo da gioco: «un balletto estetizzante avvolto nel fango». L'intesa familiare quindi abbraccia perfettamente, nel corto, anche quella umana ed esistenziale; uno spirito di gruppo che lo stesso Antonio avrebbe preferito ci fosse.

Nella sequenza iniziale del film dell'*Uomo in Più*, il rozzo e becero allenatore della squadra, toltosi la giacca e lanciatala con fervore addosso al muro dello spogliatoio, in stretto rimando all'esasperazione populista per una "banale" partita di calcio, strillando contro i giocatori e incitandoli a fare meglio, non fa altro che provocare Pisapia a fronte di un intero *team* di pavidi, meschini e corrotti.

Figura 36 *Due fotogrammi dalla sequenza girata negli spogliatoi dello stadio: la rabbia dell'allenatore*

Questi ultimi, in un'altra sequenza del film girata a casa di Antonio, non perdono poi l'occasione di cercare di corrompere il giovane, invitandolo a partecipare al "totonero" e a fuorviarlo dal suo desiderio irremovibile di voler vivere l'intera sua vita giocando a calcio o rivestendo una futura carica di allenatore: «Qua da un momento salta fuori tutto [il totonero]. [...] Tempo due, tre anni, io faccio l'allenatore [...] e non me lo rovino il nome nell'ambiente».

La vita degli *ex* talenti del calcio, e il loro decadimento, sono poi stati inseriti da Sorrentino in altre sue opere, come in *Youth - La giovinezza* (Paolo Sorrentino, 2015). In quest'altra pellicola, nella sequenza girata all'hotel, sono osservabili una serie di ospiti dell'albergo tra i quali spicca un carismatico *ex* talento del calcio Sudamericano, ora obeso e asmatico, e probabilmente ispirato al fantasma sfatto del ben conosciuto calciatore argentino Maradona. Lo stesso verrà poi mostrato semidisteso su di un lettino a pensare malinconicamente al passato vissuto e alla tormentata visione di un campo da calcio deserto al cui centro vi è lui, inquadrato con la maglia numero dieci della nazionale Argentina.

Tornando all'*uomo in più*, probabilmente, l'eccesso di zelò di Pisapia provocò l'invidia dei suoi compagni che, accidentalmente, lo infortunarono durante un allenamento e lo costrinsero a ritirarsi dal calcio giocato anzitempo. Si dimostrò un infido ingannatore anche il Presidente della squadra, dispensatore di false promesse ed esclusivamente capace di alimentare le illusioni del povero e ignaro *ex* calciatore, ben sapendo che per lui non ci potrà mai essere alcun incarico prestigioso all'interno della squadra del Napoli. L'umiliazione di richiamare in panchina il suo *ex* allenatore, il Molosso, con a fianco il calciatore Palumbo come vice e le parole pronunciate dal Presidente, hanno fatto solo che accelerare la drastica decisione di Antonio di optare per il suicidio: «Penso che il calcio è un gioco, e tu sei un uomo fondamentalmente triste».

Figura 37 *Quattro fotogrammi, il primo in alto mostra l'infortunio del calciatore Antonio, mentre i successivi mostrano i tentativi di dialogare con l'avvocato e il Presidente della squadra del Napoli per farsi nominare allenatore*

Il Molosso era l'unico amico di Antonio rimasto, sostenendolo, incoraggiandolo e infondendogli fiducia, ma non riuscì a imporsi in un ambiente di per sé corrotto e crudele tale da farvi convivere anche i principi eticamente sani dello *sport*.

L'*ex footballer*, estromesso dalla squadra e dalla società sportiva e rimasto privo di ogni genere di aiuto economico, non volle adattarsi a una nuova situazione che precludesse lui la possibilità di lavorare all'interno del mondo del calcio e questo decreterà la sua rovina sia nei rapporti personali che professionali. Accortisi come totalmente fuori ruolo e fuori contesto, non restò a lui altro che vivere nel pensiero ossessivo della rivoluzione tattica provata e riprovata più volte al Subbuteo : un "surrogato" del campo da calcio[64].

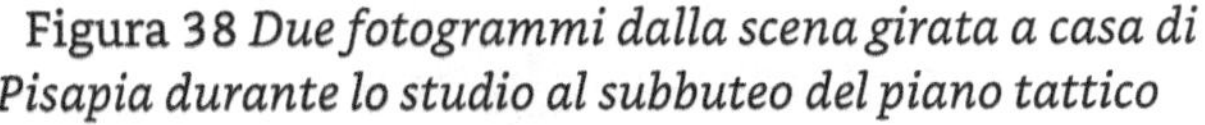

Figura 38 *Due fotogrammi dalla scena girata a casa di Pisapia durante lo studio al subbuteo del piano tattico*

Rovesciato è invece il racconto dell'altro Pisapia, Tony, la cui condotta, votata unicamente agli eccessi, è sembrata essere in contrasto con il repertorio colmo di canzoni d'amore e sentimentali da quest'ultimo proposte. Ciò che viene in esso incarnata è la voracità populista del periodo; la tendenza cioè a voler prevalere sugli altri e sulla moralità sociale, sino a rompere le consuetudini oramai prestabilite. L'assenza di moralità di Tony ha fatto sì di non curarsi o di non occuparsi di nulla, animato costantemente della sua vanità, sfamata dal successo, e dalla notorietà acquisite come celebrità. Secondo il pensiero di Servillo sul suo personaggio interpretato nel film de *L'uomo in più:*

«A parte l'idea eccellente, il mio personaggio era anche molto teatrale nel senso che era un cantante: mi si confaceva, mi dava modo di tirar fuori una mia nota istrionica. Fino al punto che ero io stesso a cantare le canzoni che venivano cantate nel film: molti lo scoprirono soltanto dopo, tra essi Lucio Dalla che mi chiese di duettare in quello che sarebbe poi stato il suo ultimo disco. La sfida e la bellezza del personaggio stavano nella commistione tra questa componente istrionica da una parte e dall'altra la grande malinconia del personaggio che però, come dimostra il suo sorriso finale, non si rassegna a perdere con la vita»[65].

Nella canzone "La notte" è stata decantata, durante la sequenza dell'esibizione a teatro, la sintesi perfetta dell'universo al quale Tony è riconducibile e di come di notte la trasgressione prendesse in lui il sopravvento, guidandolo nell'oscurità come se essa fosse un faro da seguire per raggiungere la felicità. Dopo il concerto, è stata perciò mostrata dalla macchina da presa la tipica notte di eccessi e di euforia: tra sniffate di cocaina, *alcool*, sigarette ed erotismo, culminanti infine nell'atto sessuale con ragazze giovanissime e stupidamente incoscienti.

Il cantante Pisapia aggredisce la vita e interpreta un ruolo di attaccante al centro dell'azione di gioco. Tuttavia vi è presente nel suo passato un'ombra che saltuariamente ha modo di ripresentarsi durante il sonno sotto forma di sogno onirico o d'incubo. In quegli istanti, connessi anche alla sequenza di apertura del film, Tony viene soverchiato dal passato e dal fatto di non esser riuscito a salvare il fratello dalla morte avvenuta sott'acqua durante la pesca subacquea di polipi. Le folle e il più ampio successo tutt'un tratto spariscono; il piacere e le trasgressioni rimangono solo un lontano ricordo nostalgico del quale, ora, l'anziano Pisapia ne è divenuto il portavoce. Del proprio passato ne parla con il suo *manager* nella sequenza della tavolata imbandita nella casa vuota di Tony traboccante di pietanze. Nella malinconia riecheggiante dal passato glorioso e nella sensazione di aver perso tutto ciò che in precedenza teneva tra le proprie mani, Pisapia s'immerse come all'interno di un acquario. L'acquario ha assunto nel film il simbolo dello spazio entro il quale il protagonista poteva fluttuare e annullarsi dalla realtà circostante sempre più in perenne deterioramento.

Figura 39 *Quattro fotogrammi della sequenza girata in discoteca e a casa di Tony: la notte degli eccessi*

Figura 40 *Due fotogrammi del film mostranti l'acquario e la condizione psicofisica d'immersione di Tony in esso*

Guastatasi la notorietà, non restò altro al nostro protagonista se non l'esibirsi in un ultimo spettacolo, come visto nella sequenza girata nella piazzetta di un paesino abruzzese, perdendo ciò che furono il suo pubblico e la sua folta schiera di *followers* e venendo umiliato da tutti.

La breve utopia di poter ritornare alla ribalta per ambo i personaggi è stata evidenziata nel film anche dalla canzone di sottofondo "*I will survive*" dei Cake, facendo da contrappunto ironico a entrambe le situazioni e alla loro tragica fine. L'*ex* calciatore non riesce a ottenere il ruolo di allenatore e Tony non ce la fa a ritornare in auge a seguito del disastroso concerto nel paesino abruzzese e all'impedimento di poter ricostruirsi una vita come proprietario di un ristorante di pesce per colpa della mafia.

Dopo aver perso moglie, la vecchia auto fuoriserie e l'ultima occasione di ricominciare una carriera musicale, supplicando il suo *manager* dopo aver rifiutato l'unica proposta possibile di esibirsi in una crociera, Tony è rimasto un uomo di mezz'età solo, in balia dei propri vizi per il pesce e la cocaina. È in questa situazione che le vite dei due Pisapia hanno avuto modo d'incrociarsi e convergere, sovrapponendosi anche per il destino narrativo di entrambi i soggetti. Tra similitudini, parallelismi e analogie, sostenute anche dalle inquadrature e dai movimenti di macchina e montaggio, le sequenze del film del prologo, ovvero del successo personale dei due personaggi, sono state testimonianza analoga addirittura della loro ripida caduta. Antonio è stato mostrato sul letto di un ospedale a seguito del suo infortunio al ginocchio, mentre l'altro si è ritrovato seduto davanti a un commissario di polizia comunicando le proprie generalità prima di essere incarcerato.

Figura 41 *Due fotogrammi aventi analogie tra gli spazi e la desolazione dei due Pisapia*

Il mezzo cinematografico ha scelto poi di esplorare gli ambienti domestici di entrambi, "rimbalzando da un ambiente all'altro"[66]: avvolti nella penombra di una metaforica prigionia psicologica. Sorrentino scelse coscientemente di arricchire il gioco di rimandi sui numeri Tre e Quattro, privilegiando la sceneggiatura dell'opera e i significati in essa celati. Quattro erano le punte del modulo di gioco di Antonio e tre sono stati i musicisti disposti per il concerto di Tony. Quattro sono poi stati gli anni di divisione dei due piani temporali che segnarono la perdita dei sogni dei due protagonisti, come anche il numero delle ballerine che formarono una figura romboidale con all'interno l'apparizione di una data: 1984. Potrebbero essere citate molte altre occasioni nelle quali è stato utilizzato questo gioco narrativo di contrappunti, ma il punto centrale è un altro: la "convergenza e sovrapposizione di identità"[67] nella scoperta dell'altro come doppio di se stesso.

Figura 42 *Due tra i fotogrammi affetti da simbolismi narrativi di carattere numerico presenti all'interno della pellicola*

In una nuova scena, tra le bancarelle del mercato del pesce, i due Antonio incrociano i loro sguardi in un'occhiata breve, ma intensa: capace di far loro capire quanto quelle due vite così distinte sono state, alla riprova dei fatti, molto simili fino a quel momento. La menzione fatta nel film da Antonio per ricordare l'altro Pisapia davanti la macchina da presa del programma "Confessioni Pubbliche"[68], parodia di ciò che veniva quotidianamente proposto sui canali del gruppo *Mediaset*, è stata risonanza e cortocircuito dei due protagonisti le cui vite, in quel preciso istante, conversero. Come ha detto l'attore Servillo a riguardo:

«In ogni film che ho fatto con Paolo, a un certo punto c'è un pezzo in cui il mio personaggio si apre a una dimensione quasi teatrale, monologante, accade anche a Jep Gambardella sulle terrazze della Grande bellezza. Quanto al gigioneggiare, un attore si deve divertire, certo. Come diceva Welles, bisogna far divertire gli attori e quando recitano bisogna far loro credere che sono i più bravi al mondo perché alla base di questo divertimento, di questa illusione di essere bravi c'è la necessità di tirar fuori la generosità, di darsi, di concedersi»[69].

Figura 43 *I due fotogrammi del gioco di sguardi tra i Pisapia*

Questa trovata corrispondenza a un certo punto sembra interrompersi. Antonio, da lì a poco, decide per l'appunto di farla finita con la propria vita. Per Tony il gesto dell'amico gli permette, invece, di acquisire una motivazione per vivere e riscattarsi, decidendo di vendicarsi dei soprusi che l'altro Pisapia dovette subire, e cioè l'impossibilità di allenare la squadra del *Napoli* per colpa del suo Presidente. Il torto viene perciò restituito al mittente durante la scena girata nell'ufficio della presidenza del Napoli *football club*.

Figura 44 *Quattro fotogrammi del film "L'uomo in più" nei quali viene fatto capire allo spettatore il cambiamento di Tony a seguito della morte dell'omonimo ex calciatore Pisapia*

La sera stessa, Tony decide di raccontare la sua vita al programma televisivo di Confessioni Pubbliche e ricostruire tutti i tasselli della sua mente per riappacificarsi con se stesso, guarendo dagli incubi che lo avevano fino ad allora perseguitato.

Dopo *l'uomo in più*, Sorrentino sarà alla regia di molti altri film e serie televisive, aprendo a una nuova stagione del cinema d'autore italiano. Per restare in tema di populismo nel cinema, si potrebbe infine qui trattare brevemente un altro film di Sorrentino del 2018, *Loro*.

Seppure non vi siano in esso tanti riferimenti al calcio (se non il rifiuto del ragazzo di colore a voler giocare con il *Milan* per denaro), come esposto nel secondo capitolo di questo breve libro, la nuova politica promossa da Berlusconi nella seconda Repubblica è stata sicuramente aiutata dal clima sociale creato anche dalla visione delle partite calcistiche del suo *Milan*. Nel dittico "*Loro 1*" e "*Loro 2*", Paolo Sorrentino ha dimostrato di aver raggiunto il suo massimo potenziale autoriale nella rappresentazione di un soggetto enigmatico e polisemico quale Silvio Berlusconi. Assieme agli altri due titoli dell'ultimo ventennio cinematografico, *Il Divo* (Paolo Sorrentino, 2008) e la pluripremiata serie di *The Young Pope* (Paolo Sorrentino, 2016), *Loro* completa la trilogia del potere scindibile in potere temporale, potere spirituale e infine potere mediatico.

L'ultima pellicola citata è uscita nelle sale cinematografiche proprio in un periodo di assoluto deterioramento fisico e psicologico di Berlusconi e la perdita di adesioni al partito di Forza Italia, ora non più guida del centrodestra. Di questa situazione di deperimento, la figura personale e pubblica dell'*ex* cavaliere viene messa in scena nel film rappresentando, secondo Kilbourn[70], l'apoteosi del soggetto sorrentinese nella figura di Silvio Berlusconi. In una delle scene iniziali del primo film, girate a casa di Cupa Caiafa (Anna Bonaiuto), viene analizzata oggettivamente da Santino Recchia, luce riflessa del *leader* di centrodestra, l'allora attuale situazione di Berlusconi/Servillo; ormai non più *leader* come una volta:

> «Noi stiamo già piangendo Cupa, anche quando ci fa ridere.
> In questi anni lui ci ha dato due cose che noi non eravamo in
> grado di produrre da soli. Forza economica ed entusiasmo,

ma non basta più [...] intendo dire che noi abbiamo perso perché la gente nel corso del tempo compie una specie di somma inconscia, hai capito, di tutte le cazzate, e quando poi fai il totale è costretta a concludere che si è rotta i coglioni. Tutti quei processi che deve sostenere Cupa, tutte le leggi ad personam per farla franca. Tu puoi anche aver controllato tutte e sei le reti nazionali, ma la gente lo viene a sapere comunque e si adombra. Tutte le promesse che non ha mantenuto, la gente se ne accorge. Il suo collaboratore condannato a nove anni per associazione mafiosa [...] ma ti sembra intelligente andare in televisione a dire che la media del pubblico italiano corrisponde al livello mentale di un ragazzino di seconda media che non sta neanche seduto nei primi banchi [...] non lo puoi dire. Cupa lui ha 70 anni, cuore e prostata a pezzi anche se si ostina a usarli lo stesso facendo prolificare tutti quei pettegolezzi».

L'orgiastica spettacolarità, costantemente esibita nell'opera, ha avuto la capacità di mostrare a tutti il corpo simbolico del *leader*, sempre al centro della macchina da presa anche quando non presente sul *set*, e la mercificazione della donna intesa come corpo e desiderio del possesso di essa. Quando è stato chiesto al Festival di Cannes nel 2017 come mai si fosse deciso di fare un film sull'*ex* cavaliere, Sorrentino rispose: «Perché io sono Italiano e voglio fare un film sugli italiani. Berlusconi è un archetipo dell'italianità»[71].

Sono stati perciò messi in luce l'ingombrante presenza del "capo osceno", la rappresentazione del regime economico neoliberista, scontri tra giovani donne, uomini impotenti e simbolismi religiosi. *Loro* ha inondato lo spettatore con un eccesso semiotico di giovani corpi femminili in mostra, venduti ai migliori offerenti sulla piazza, rendendolo consapevole dell'erotizzazione dei rapporti di potere tipici del neoliberismo economico e del "regime berlusconiano" per eccellenza. Per certi versi è possibile persino avvicinare tali raffigurazioni stilistiche a quelle usate in altre opere cinematografiche come *The Wolf of Wall Street* (Martin Scorsese, 2013), oppure in *Spring Breakers* (Harmony Korine, 2012).

Rispetto alla tradizione del film politico all'italiana, questa oscenità del potere satura *Loro* con una valenza simbolica particolare, cambiandone significativamente l'immagine della narrazione e il suo contenuto. "Il palazzo" non viene quasi mai inteso come elemento di ostilità per l'italiano medio, ma tutto è incentrato invece sulla figura del politico e sugli spazi privati in cui esso si muove: nella spettacolare Villa Certosa, a Palazzo Grazioli, in discoteche esclusive, in centri benessere e nei salotti dell'alta borghesia. In altri termini, l'allegoria politica in *Loro* cambia ambientazione, passando dal palazzo della politica alla vita trascorsa negli spazi privati. Ma chi sono i *Loro* ai quali si riferisce il titolo dell'opera di Sorrentino?

Nel primo film i *loro* sono un gruppo di arrampicatori sociali composti da Sergio Morra (Riccardo Scamarcio), sua moglie Tamara (Euridice Axen), Fabrizio Sala (Roberto De Francesco) e l'insieme delle giovani donne reclutate dal *leader*. Non manca inoltre da includere nell'appello i vari opportunisti come Santino Recchia (Fabrizio Bentivoglio) e la già citata Cupa Caiafa. In sostanza, nella prima parte del lavoro sorrentinese, i *Loro* sono un'entità collettiva composta da esemplari berlusconiani. Nella seconda metà del film, *Loro 2*, lo spettatore è invitato invece a far parte attiva del gruppo dei *noi* opposto ai *loro* onnipresenti in ogni relazione e pratica di potere.

Il corpo osceno del *boss*, fisicamente fuori campo, ma al tempo stesso presente fantasmaticamente, evoca un "*Lui*" in mezzo a "*Loro*". Con il corpo invecchiato dell'attore Servillo, il desiderio infantile e la voglia di gioco, e di sesso, sono i mezzi necessari all'italiano medio per comprendere la realtà della nostra società malata. In questo senso, si può intendere la politica come invecchiata, malata, morta.

Dal suo esordio in politica avvenuto nel 1992, Berlusconi si era descritto come un "*Uomo Nuovo*" in lotta per ottenere un futuro luminoso per l'Italia[72]. Dall'insegnamento impartito, in una sequenza del film *Loro*, da nonno Silvio/Toni al nipotino, possiamo comprendere come la verità possa essere facilmente manipolabile da astuti venditori e di come gli italiani si siano fidati di certe figure "nuove" che si sono erette populisticamente in favore del popolo:

> «Secondo un sondaggio che ho fatto commissionare, il trenta percento degli italiani vorrebbe che io andassi in carcere perché mi accusano di frode fiscale, falso in bilancio, corruzione giudiziaria. Tutti reati che commettono gli altri, non tuo nonno. [...] Il mondo che sogno è un mondo senza carceri. Le apparenze ingannano solo i mediocri. [...] Il nonno non ha mai pestato una cacca [anche se in realtà l'ha pestata davanti al nipote]. Hai imparato che una verità è il frutto del tono e della convinzione con la quale noi l'affermiamo. [..] L'unica cosa che importa è che tu mi hai creduto [come hanno fatto milioni di italiani]».

In una scena successiva, nel dialogo (finzionale) tra Ennio Doris e Silvio, vengono ulteriormente evidenziati i caratteri della politica berlusconiana che tanto ha fatto parlare di sé e ha convinto più volte l'elettorato a votare Forza Italia:

> «Rimborsiamoli [i cittadini], ce ne saranno grati. [...]Facciamolo Silvio, facciamolo. Essere buoni conviene dico sempre io e l'altruismo è il miglior modo per essere egoisti, questo è un altro dei miei principi. [...] Cosa abbiamo fatto tutta la vita Silvio? Abbiamo venduto, siamo venditori e siamo i migliori. Cos'è un venditore Silvio? Due cose. Un venditore è un uomo solo [...] un venditore è un uomo solo, forse è l'uomo più solo al mondo perché parla in eterno e non ascolta mai. A noi interessa l'altra cosa. Il venditore è un persuasore. Noi convinciamo il prossimo. La gente di base non vuole mai comprare, ha paura. Allora arriviamo noi e li convinciamo, e di cosa li convinciamo? Li convinciamo della bontà dei nostri sogni. Noi non ci alziamo dal tavolo della trattativa fin quando i nostri sogni non sono diventati anche i loro».

Queste regole, da Ennio esplicitate, sono successivamente messe in pratica da Berlusconi/Servillo nella chiamata telefonica tra il finto caporeparto vendite Augusto Pallotta e la signora Elide. La riottenuta forza per convincere le persone fa sì che Silvio induca con successo i pochi parlamentari, indecisi, a passare al suo partito per far cadere il governo e andare, in poco tempo, a nuove elezioni, ma uno scandalo giudiziario dopo l'altro non fa che peggiorare le cose. Pure la momentanea pace ritrovata con la moglie Veronica Lario (Elena Sofia Ricci) finisce nel nulla.

Con la formazione del nuovo parlamento e della maggioranza ritrovata, Silvio/Toni si sente parimenti infelice e vecchio, nostalgico del passato ormai lontano e che difficilmente sarebbe da lui tornato per essere rivissuto allo stesso modo. Veronica si presenta nel finale del film solo per divorziare e chiudere il sipario della sua vita coniugale con lui:

«Sei un uomo malato e hai bisogno di un aiuto psichiatrico. [...] Un uomo, un padre di famiglia che va con le minorenni cos'è? Il capo del governo di un paese che si riempie la casa di feccia e di puttane che lo ricattano cos'è? Un leader che candida alle elezioni europee delle veline cos'è? È un pazzo malato, ecco cos'è. [...] Sei un uomo malato Silvio [...] avevi una grande opportunità, occuparti degli italiani, e non lo hai fatto. Perché non ti è mai interessato degli italiani. Ti ha sempre solo interessato di te stesso, è questo che ti rende malato Silvio. E se c'è un Dio da qualche parte, sappi che non ti perdonerà mai per quello che hai commesso, mai. [...] Arrivato al governo hai fatto di peggio, hai svenduto. Hai svenduto la cultura, le speranze della gente, hai svenduto me. [...] e la vuoi sapere una verità? Non è vero, non è vero che sei abile come ti dipingi tu. La tua capacità come venditore consiste nell'aver barato tutta la vita. [...] Sei solo un bambino che ha paura di morire [...] tu non sei bravo, sei sopravvissuto grazie a Craxi e a delinquenti che facevano il lavoro sporco al posto tuo e che per questa ragione sono finiti in carcere. [...] sei sempre a vantarti ma vali molto meno di quello che pensi. [...] non ti riveli mai, neanche a me. Sei una lunghissima ininterrotta messa in scena Silvio».

La propaganda contenente simbolismi religiosi, i riferimenti aperti alla Bibbia, la promozione della politica come una battaglia in nome dell'amore e la pretesa di essere "l'unto del signore", il "Gesù della politica", sono stati inseriti in *Loro* sotto le spoglie di tre corpi sacrificali: l'agnello, Dio e il Cristo deposto. L'agnello, inquietante soggetto, è protagonista indiscusso delle sequenze girate a Villa Certosa: simbolo del sacrificio ecclesiastico per eccellenza. Esso può sicuramente essere servito a Sorrentino per riferirsi al corpo di Berlusconi/Servillo come a un *leader* da dover eliminare, da sacrificare per risolvere il malessere collettivo della società mediatica di consumo.

Con la figura di Dio, la divinità è astrazione dell'impotenza del corpo maschile che, invecchiando, si ritrova a essere svuotato da ogni residuo di buonsenso. La sauna, luogo che contiene Dio, è dunque quintessenza del vuoto sterile del palazzo della politica. Infine, il Cristo deposto che appare nella sequenza finale del film, trasportato da una gru, è raffigurazione della morte e della catastrofe: segno dell'uscita definitiva di Berlusconi/Servillo dal palcoscenico della politica italiana, ora ridotta in macerie come le case dell'Aquila.

CONCLUSIONI

Attraverso il percorso svolto all'interno di questo modesto testo si avrà avuto modo, senza alcun folle dubbio, di capire approfonditamente il concetto di populismo, la sua complessità e diffusione nella società Italiana per mezzo della lente del cinema e del fenomeno calcistico italiano e internazionale. Tuttavia, affermare di averne compreso qui tutte le sue possibili declinazioni in ambito cinematografico e calcistico risulterebbe pressocché sbagliato e potenzialmente fazioso. Il tema posto in oggetto richiederebbe senz'altro uno studio ancor più accurato, eseguito mediante un ben più considerevole numero di pellicole e di fonti dalle quali recuperare informazioni da correlare. Ciononostante, si cercherà ora di farvi ripercorrere brevemente quanto è stato finora scritto, consentendo d'individuare una serie di elementi chiave che sono risultati a seguito della ricerca compiuta.

Innanzitutto, nel primo capitolo si è cercato di definire il fenomeno calcistico a partire dalle sue origini popolari nell'Inghilterra Vittoriana e la sua lenta diffusione nel mondo. In particolare, nel primo paragrafo si è indagato sull'origine del *football* e sull'importanza avuta dai cosiddetti *manager* nel dover gestire *mass media*, dirigenze, calciatori e tifoserie: un vero e proprio ammasso di persone controllabili dal *leader* di turno. Ciò ha anticipato, in parte, le considerazioni fatte poi nel capitolo sul significato di populismo e sulla funzione, in esso, dei capi politici carismatici.

Nel secondo paragrafo si è proseguito con la narrazione degli eventi storici legati al mondo del pallone e alla politica a esso connessa. Si sono in seguito incentrati i propri sforzi per decifrare la situazione italiana dopo la fine della Prima Guerra Mondiale. Qui si è notato come il calcio fu utilizzato come strumento di associazione di persone già con i cattolici e i socialisti. Le condizioni *post* primo conflitto mondiale, non solo in Italia, sono state, purtroppo, perfette per la nascita dei totalitarismi.

Il rapporto tra calcio e i regimi totalitari è stato approfondito con maggior accuratezza nel terzo paragrafo del primo capitolo. In quel blocco specifico si è visto come il fascismo, e gli altri ismi a esso connessi, abbiano avuto mano libera dall'ente della *Fifa* sull'uso del semplice gioco del pallone come mezzo per ergere la propria nazione al rango di migliore al mondo, per attirare turismo internazionale, per strutturare il tempo libero delle persone e per sostituirsi al dibattito politico nei bar *sport*.

Con il quarto paragrafo ci si è spostati in avanti nel tempo, e cioè nel periodo seguente al secondo conflitto mondiale. In questo nuovo momento storico è avvenuta la rinascita economica, politica e calcistica degli stati, in precedenza legati a regimi di stampo totalitario, ora divenuti, quasi tutti, "repubbliche democratiche". Questo è stato il caso dell'Italia, della Germania, delle *Dynamo* comuniste, assieme ad altri "sopportabili" come Portogallo, Spagna e Argentina.

La nuova fase di sviluppo del *football* ha altresì consentito un maggior giro di affari con la vendita dei diritti di *broadcasting* delle partite. I calciatori sono divenuti essi stessi divi dello spettacolo, inseriti perfettamente nelle meccaniche delle industrie dell'intrattenimento. Questa nuova direzione intrapresa non ha però, secondo i più critici, aiutato nel rapporto tra comunità e *fandom*, alimentando un'insoddisfazione e un ripudio del *football*, poiché sempre più standardizzato a logiche economiche capitaliste. Si è quindi anticipata, riportando il pensiero di diversi sociologi, la credenza più pessimista, e al tempo stesso più oggettiva, relativa al gioco del pallone e di come noi oggi, nel *postmoderno*, lo "gustiamo". Il consumo smodato ci sta difatti assicurando un'assuefazione alla visione degli incontri, disconoscendo la differenza tra visione di un incontro sul piccolo schermo e sugli spalti degli stadi.

Dopo questo dilettevole scambio di opinioni sul ruolo dei *media* e l'influenza del calcio a livello planetario, nell'ultimo paragrafo del primo capitolo si è indagato sulle tifoserie per capire come esse si sono organizzate nel corso del tempo, assumendo connotati sia violenti che pacifici. Ecco dunque che la componente tanto decantata del populismo si è in loro insidiata, mossa da intenti di evasione dalla ragione, affidando la *leadership* esclusivamente ai capi di mestiere.

In Italia, l'eredità dei conflitti politici del passato ha solo che aiutato nella creazione di un conflitto sociale tra tifoserie opposte alla cui base vi è un efferato sfruttamento del soggetto *supporter*: fonte inesauribile di lauti consensi politici e guadagni economici. Le comunità di persone, non solo calcistiche, sono orbene luoghi perfetti per riconoscersi diversi dal resto della società decadente. Il calcio e il *fandom* si sono infine legati alla fede religiosa e alla ritualità: elementi capaci di costruire socialmente miti e leggende indelebili nella mente di tutti.

Nel secondo capitolo si è finalmente entrati nella "carne viva" del populismo diffusosi in Italia nel calcio, nella politica e nella cinematografia. Si è perciò provato, in un primo paragrafo, d'illustrare - prima - il populismo per mezzo di una serie di diverse definizioni fornite da studiosi e ricercatori internazionali nel corso del tempo. Si è frattanto compreso il rapporto tra populismo e democrazie, e i pericoli connessi alla libera espressione popolare. Da tali insidie, sono stati posti a confronto populismo e fascismo nel contesto italiano a partire dal Ventennio "Mussoliniano" fino a oggi: tra fascismo e antifascismo nella politica. Oltre a ciò, è stato altresì definito, in breve, il termine "popolare" in rapporto al cinema di commedia all'italiana: uno strumento in grado di far divertire, aggregare socialmente i popoli e trasferire loro un orizzonte di valori condiviso.

Per poter fare esempi concreti di cosa sia stato il populismo nella politica italiana dell'ultimo secolo, si è deciso di trattare, nel secondo paragrafo, la nascita ed evoluzione del fenomeno Berlusconi, del "Grillismo", del "Salvinismo" e del "Renzismo" a esso inconsciamente legati.

A seguito della visione di diverse pellicole cinematografiche (basandosi anche su di alcune constatazioni personali), nel terzo paragrafo si è osservato come il populismo si sia infiltrato nel cinema, a partire dal periodo del divismo maschile e femminile, sino a essere poi utilizzato nella propaganda mediatica del regime fascista e nel secondo dopoguerra nei film neorealisti e popolari; restituendovi le opportune citazioni in merito. Tutto ciò ha permesso qui di sostenere anche come il cinema popolare sia riuscito a mostrare sul grande schermo il mutamento economico, sociale e il "teatrino politico" dell'Italia del "*boom*", composta da classi sociali diverse, e a definire l'identità dell'italiano medio.

Nell'ultimo capitolo di questo elaborato scritto si è, come risorsa conclusiva, investigato sul legame esistente tra il gioco del *football* e il cinema popolare/d'autore italiano per poter rimarcare la presunta esistenza del populismo anche nel linguaggio calcistico ripreso dalla macchina da presa. Per fare ciò, sono stati personalmente analizzati quattro film aventi come sfondo narrativo il calcio e i suoi principali attori nel ruolo di protagonisti e/o comparse cinematografiche: il Presidente, l'allenatore, gli *ultrà* e il calciatore.

BIBLIOGRAFIA

Testi e articoli accademici:

Amadori Alessandro, *Mi Consenta, metafore, messaggi e simboli come Silvio Berlusconi ha conquistato il consenso degli italiani*, Scheiwiller, Milano 2002.

Aprà Adriano, *Materiali sul cinema italiano degli anni '50*, vol. 2, (Pesaro: Mostra internazionale del nuovo cinema) [per il dibattito su *L'Unità* dal novembre 1955 all'aprile 1956].

Augé Marc, *Football. Il calcio come fenomeno religioso*, EDB, Bologna 2016.

Baldi Alfredo, *Le molte vite di Lino Banfi*, Edizioni Sabinae, Roma 2021.

Bale John and Maguire Joseph (eds), *The Global Sports Arena: Athletic Talent Migration in an Interdependent World*, Frank Cass, London 1994.

Banfi Lino, Ercole Marco (a cura di), *Siamo tutti allenatori nel pallone*, Bibliotheka Edizioni, Roma 2020.

Barbagallo Francesco (a cura di), *Storia dell'Italia Repubblicana, La trasformazione dell'Italia. Sviluppi e squilibri*, vol. 2, Einaudi, Torino 1995.

Barker Ernest, *Reflections on Government*, Oxford University Press, Oxford 1967.

Bassetti Remo, *Storia e storie dello sport in Italia, Dall'unità a oggi*, Marsilio, Venezia 1999.

Bayman Louis, Rigoletto Sergio (a cura di), *Popular Italian Cinema*, Palgrave Macmillan UK, Londra 2013.

Bergamini Oliviero, *La democrazia della stampa, Storia del giornalismo*, Laterza, Roma-Bari 2013.

Berlin Isaiah, *To Define Populism*, in «Government and Opposition», III,2, 1968.

Berlusconi Silvio, *L'Italia che ho in mente*, Milano, Mondadori, 2000.

Bernardo Mario, *Girare con Pasolini*, Sedizioni, Mergozzo-

Viddalba 2016.

Biancini Bruno, *Dizionario Mussoliniano Mille Affermazioni e Definizioni Del Duce*, Hoepli, Milano 1939.

Bianconi Giovanni, Salerno Andrea, *L'ultima partita. Vittoria e sconfitta di Agostino Di Bartolomei*, Fandango, Roma 2010.

Birnbaum Pierre, *Genèse du populisme: Le peuple et les gros*, Flayard-Pluriel, Parigi 2012.

Bìspuri Ennio, *Ettore Scola, un umanista nel cinema italiano.* Bulzoni, Milano 2006.

Bonansea Barbara, *Il mio calcio libero*, Rizzoli, Milano 2018.

Bordignon Fabio, *Il partito del capo. Da Berlusconi a Renzi*, Apogeo Education, Rimini 2013.

Brancato Sergio, *La forma fluida del mondo. Sociologia delle narrazioni audiovisive tra film e telefilm*, Ipermedium Libri, Aversa 2013.

Brunetta Gian Piero, *Cent'anni di cinema italiano*, Laterza, Roma-Bari 1995.

Brunetta Gian Piero, *Identità italiana e identità europea nel cinema italiano dal 1945 al miracolo economico*, Fondazione Giovanni Agnelli, Torino 1996.

Brunetta Gian Piero, *Il cinema italiano contemporaneo: da La dolce vita a Centochiodi*, Laterza, Roma-Bari 2007.

Brunetta Gian Piero, *Il Cinema Neorealista Italiano*, Laterza, Roma-Bari 2009.

Busby Matt, *Soccer at the top: my life in football*, Sphere, London 1974.

Cannistraro Philip V, *La fabbrica del consenso. Fascismo e mass media*, Laterza, Roma-Bari 1975.

Canovan Margaret, *Populism*, Junction, Londra 1981.

Carson Mike, *The Manager. Inside the minds of football's leaders*, Bloomsbury, London 2014.

Carter Neil, *The Football Manager: A History (Sport in the Global Society)*, Routledge UK e US 2006.

Carter Thomas F., *The Quality of Home Runs: The Passion, Politics and Language of Cuban Baseball*, Duke University Press, London 2008.

Chiapponi Flavio, *Democrazia, populismo, leadership: il Movimento 5 Stelle*, Epoké, Novi Ligure 2017.

Chiapponi Flavio, *Il populismo come problematica della scienza politica*, Cormagi, Genova 2008.

Collovald Annie, *Le «populisme du FN», un dangereux contresens*, Ed. Croquant, Bellecombes-en-Bauge 2004.

Crampsey Robert Anthony, *The Scottish Footballer*, William Blackwood & Sons Ltd, Edinburgh 1978.

Crapis Giandomenico, *Matteo Renzi, dal pop al flop*, Mimesis Edizioni, Milano 2019.

Croce Guia (ed.), *tutto il meglio di Carosello (1957-1977)*, Einaudi, Torino 2008.

Curcio Valerio, *Il calcio secondo Pasolini*, Aliberti, Kindle Edition, Reggio Emilia 2018.

Damilano Marco, *La Repubblica del selfie: Dalla Meglio Gioventù a Matteo Renzi*, Rizzoli, Milano 2015.

De Biasi Rocco (a cura di), *You'll never walk alone. Mito e realtà del tifo inglese*, Shake, Milano 1998.

De Luna Giovanni, *Cinema Italia. I film che hanno fatto gli Italiani*, UTET, kindle edition, Milano 2021.

Della Casa Steve, Manera Paolo (a cura di), *Sbatti Bellocchio in sesta pagina: il cinema nei giornali della sinistra extraparlamentare 1968-76*, Donzelli Editore, Roma 2012 .

Delsol Chantal, *La nature du populisme on les figures de l'idiot*, Ovadia, Nizza 2008.

Dematteo Lynda, *"L'idiota in politica"*, Feltrinelli, Milano 2011.

Dematteo Lynda, La critica del populismo calcistico nella commedia all'italiana Il presidente del Borgorosso Football Club, in [Cinema e storia: rivista annuale di studi interdisciplinari: VIII, 2019] [Soveria Mannelli: Rubbettino, 2019.].

Desbordes Michel, *Marketing and Football. An International Perspective*, Elsevier, UK 2007.

Diamanti Giovanni, Pregliasco Lorenzo, *Fenomeno Salvini. Chi è, come comunica, perché lo votano*, Castelvecchi, Kindle Edition, Roma 2019.

Dietschy Paul, Campolongo Sabrina (traduzione di), *Storia del calcio*, PaginaUno, Roma 2016.

Doidge Mark, Kossakowski Radoslaw, Mintert Maria, *Ultras. The passion and performance of contemporary football fandom*, Manchester University Press, Manchester 2020.

Dubesset Éric, Majlátová Lucia (a cura di), *El populismo en Latinoamérica. Teorías, historia y valores*, Presses universitaires de Bordeaux, Bordeaux 2012.

Duke Vic, *The Sociology of Football: a Research Agenda for the 1990s'*, Sociology Review, 1991, 30 (3).

Dunning Eric and Rojek Chris (eds), *Sport and Leisure in the Civilizing Process*, Mcmillan, London 1992.

Durkheim Émile, *The Elementary Forms of The Religious Life*, Oxford University Press, Oxford 1964.

Fenu Giovanni, *C'era una volta il calcio: Aneddoti, storie e personaggi di uno sport che fa sognare*, Absolutely Free editore, Kindle Edition, Roma 2017.

Finchelstein Federico, Pauls Alan (tradotto da) *Del fascismo al populismo en la historia,* Penguin Random House, New York 2019.

Fini Massimo, Padovan Giancarlo, Storia Reazionaria del calcio. *I cambiamenti della società vissuti attraverso il mondo del pallone*, Marsilio, Kindle Edition, Venezia 2019.

Fishwick Nicholas, *English Football and Society, 1910-1950*, Manchester University Press, Manchester 1989.

Fiske John, *Reading The Popular*, Unwin Hyman, London 1989.

Fiske John, *Understanding Popular Culture*, Unwin Hyman, London 1989.

Fo Dario, Casaleggio Gianroberto e Grillo Beppe, *Il Grillo canta sempre al tramonto*, Chiarelettere, Milano 2013.

Forgacs David, Lumley Robert (eds), *Italian Cultural Studies: an Introduction*, Oxford University Press, Oxford 1996.

Furxhi Lia (a cura di), *L'uomo in più di Paolo Sorrentino*, Aiace FAICinema/2, Torino 2003.

Fusaro Diego, *Glebalizzazione. La lotta di classe al tempo del populismo,* Rizzoli, Milano 2019.

Gentile Emilio, *Fascismo. Storia e interpretazione*, Laterza, Roma-

Bari 2008.

Gentile Emilio, *Il culto del littorio*, Laterza, Roma 1993.

Germani Gino, *Autoritarismo, fascismo e classi sociali*, Il Mulino, Bologna 1975.

Ghirelli Antonio, *Storia del Calcio in Italia*, Einaudi, Torino 1990.

Giacovelli Enrico, C'era una volta *la commedia all'italiana. La storia, i luoghi, gli autori, gli attori, i film*, Gremese Editore, Roma 1995.

Gramsci Antonio, Gerratana Valentino (a cura di), *Quaderni del carcere*, Einaudi Editore, Torino 1975.

Gramsci Antonio, *Socialismo e fascismo: L'ordine nuovo 1921-1922*, Einaudi, Torino 1978.

Grande Maurizio, Caldiron Orio (a cura di), *La commedia all'italiana*, Bulzoni Editore, Roma 2003.

Greco Stefano, *Faccetta Biancoceleste. Lazio, neofascismo e nascita del movimento ultras nell'Italia degli anni di piombo*, Ultra, Kindle Edition, Roma 2015.

Harvey Adrian, *Football: The First Hundred Years. The Untold Story*, Routledge, UK e US 2005.

Hermet Guy, *La Trahison démocratique. Populistes, républicains et démocrates*, Flammarion, Parigi 1998.

Hobsbawm Eric and Ranger Terence (eds), *The Invention of Tradition*, Cambridge University Press, Cambridge 1983.

Huggins Mike, Tolson John, *The railways and sport in Victorian Britain. A critical reassessment*, Journal of Transport History, s.l. 2001, vol.22, n.2.

Ingham Roger (ed.), *Football Hooliganism: The Wider Context*, Inter-Action Inprint, London 1978.

Ionescu Ghita, Gellner Ernest, *Populism: Its Meaning and National Characteristics*, Macmillan, London 1969.

Jenkins Brian, Sofos Spyros A. (a cura di), *Nation and Identity in Contemporary Europe*, Routledge, London-New York 1996.

Johnes Martin, *Soccer and Society in South Wales, 1900-1939: That Other Game*, University of Wales Press, Cardiff 2002.

Jones Tobias, *Ultra. The Underworld of Italian Football*, Apollo Book, Kindle Edition, UK 2019.

Jospin Lionel, *Le mal napoléonien*, Seuil, Parigi 2014.

Joy Bernard, *Forward Arsenal*, Phoenix House, London 1952.

Joy Bernard, *Soccer Tactics*, Phoenix House, London 1956.

Kilbourn R. J. A., *The cinema of Paolo Sorrentino: commitment to style*, Wallflower, Kindle Edition, New York 2020

Knight Alan, *Populism and Neopopulism in Latin America, Especially Mexico*, in «Journal of American Studies», XXX, 2, maggio 1998.

Laclau Ernesto, *La ragione populista*, Laterza, Roma-Bari 2008.

Le Bon Gustave, *Psicologia delle folle*, Edizioni TEA, Milano 2004.

Lefort Claude, *Democracy and Political Theory*, University of Minnesota Press, Minneapolis 1988.

Lenzi Massimiliano, *Il caso Mattei (Salvini e Renzi)*, Aliberti, Reggio Emilia 2019.

Lerner Gad, *Operai. Viaggio all'interno della Fiat. La vita, le case, le fabbriche di una classe che non c'è più*, Feltrinelli, Milano 2010.

Lewis Lisa A. (ed.), *The Adoring Audience*, Routledge, London 1992.

Lichtner Giacomo, *Fascism in Italian cinema since 1945. The politics and Aesthetics of Memory*, Palgrave Macmillan, New Zealand 2013.

Liguori Guido, Smargiasse Antonio, *Ciak si gioca! Calcio e Tifo nel cinema Italiano*, Baldini & Castoldi, Milano 2000.

Linz Juan José, *Sistemi totalitari e regimi autoritari. Un'analisi storico-comparativa*, Rubbettino, Soveria Mannelli 2006.

Lits Marc, *Populaire et populisme: entre dénigrement et exaltation*, CNRS, Parigi 2009.

Lixey Kevin, Hübenthal Christoph, Mieth Dietmar, and Müller Norbert, *Sport & Christianity. A Sign of the Times in the Light of Faith*, The Catholic University of America Press, Washington D.C., 2012.

Lotti Denis, *Muscoli e frac. Il divismo maschile nel cinema muto italiano*. Rubbettino Editore, Soveria Mannelli 2016.

Lupo Salvatore, *Il fascismo. La politica in un regime totalitario*, Feltrinelli, Milano 2013.

Lupo Salvatore, *Il fascismo. La politica in un regime totalitario*,

Feltrinelli, Milano 2013.

Maione Giuseppe, *Il biennio rosso. Autonomia e spontaneità operaia nel 1919-1920*, Il Mulino, Bologna 1975.

Manzoli Giacomo, 2006, 170, *my italics*.

Martin Simon, *Football and Fascism. The national game under Mussolini*, Berg, Oxford 2004.

Mason Tony, *Association Football and English Society 1863-1915*, Harvester Press, Brighton 1980.

Mastrogiacomo Antonio, *Cantami o curva*, Armando Editore, Roma 2021.

Mastropaolo Alfio, *La mucca pazza della democrazia. La destra radical-populista e la politica italiana*, in «Meridiana», 38-39, novembre 2000.

Matteucci Nicola, *Dal populismo al compromesso storico*, Edizioni della Voce, Roma 1976.

McKibbin Ross, *Classes and Cultures: England 1918–1951*, Oxford University Press, Oxford 1998.

McLuhan Marshall, *Understanding Media*, McGraw-Hill, Canada 1964.

Melanco Mirco, *Mario Bernardo "Radiosa Aurora" e "L'"immagine filmata" : dal neorealismo agli effetti speciali cinematografici*, in «Protagonisti», 120, Giugno 2021.

Mény Yves e Surel Yves, *Democracies and Populist Challenge*, Basingstroke, Palgrave 2002.

Miccichè Lino, *Cinema Italiano. Gli anni 60' e oltre*, Marsilio, Venezia 1995.

Mingioni Laura, *Una storia italiana. La comunicazione politica di Forza Italia e del suo leader Silvio Berlusconi*, Civitavecchia, Prospettiva, 2007.

Moccagatta Rocco, *Carlo & Enrico Vanzina. Artigiani del cinema popolare*, Edizioni Bietti, Milano 2017.

Monetti Domenico, Pallanch Luca, *Divi & antidivi. Il cinema di Paolo Sorrentino*, Laboratorio Gutenberg, Roma 2010.

Montanelli Indro, *Ve lo avevo detto, Berlusconi visto da chi lo conosceva bene*, Rizzoli, Milano 2011.

Moorhouse H.F., 'Scotland against England: Football and Popular

Culture', *International Journal of the History of Sport*, 4, 2 Settembre 1987.

Mosse George L., Ledeen Michael A. (A cura di), *Intervista sul nazismo*, Laterza, Roma 1977.

Orsina Giovanni, *Il berlusconismo nella storia d'Italia*, Marsilio, Venezia 2013.

Parotto Giuliana, *Sacra officina: La simbolica religiosa di Silvio Berlusconi*, Franco Angeli, Milano 2007.

Pitkin Hanna Fenichel, *The Concept of Representation*, University of California Press, Berkeley-Las Angeles-London 1967.

Polley Martin, '*The Foreign Office and International Sport, 1918– 1948*',unpublished Ph.D. thesis, St David's University College, University of Wales, Cardiff 1991.

Polo Gabriele, Revelli Marco, *I tamburi di Mirafiori*, Cric Editore, Torino 1989.

Poppi Roberto, Mario Pecorari, *Dizionario del Cinema Italiano: I film. Vol.3\1:Tutti i film italiani dal 1960 al 1969. A-L.*, Gremese Editore, Roma 2007.

Poyer Alex, "*1854: aux origines de l'institutionnalisation de la gymnastique scolaire. Contexte et portée de l'arrêté Fortoul*" , Staps, s.l. 2006/1 (no 71).

Prospero Michele, *Il comico della politica, Nichilismo e Aziendalismo nella comunicazione di Silvio Berlusconi*, Ediesse, Roma 2010.

Quiroga Alejandro, *Football and National Identities in Spain*, Palgrave Macmillan, New York 2013.

Renzi Matteo, *Fuori!* , Rizzoli, Milano 2011.

Revelli Marco, *Dentro e contro. Quando il populismo è di governo*, Laterza Editori, Bari 2015.

Romano Sergio, *Morire di Democrazia. Tra derive autoritarie e populismo*, Longanesi, Milano 2013.

Rondolino Gianni, *È esistito un cinema fascista?* , in «Il presente e la storia», n.41, 1992.

Russell David, *Football and the English: A Social History of Association Football, 1863-1995*, Carnegie Publishing, Lancaster 1997.

Salvati Mariuccia, *L'inutile Salotto. L'abitazione piccolo-borghese nell'Italia fascista*, Bollati Boringhieri, Torino 1993.

Samuel Raphael, *People's History and Social Theory*, Routledge, Boston 2016.

Sandvoss Cornel, *A Game Of Two Halves. Football, Television and Globalization*, Routledge, London-New York 2001.

Schiller Kay, Rinke Stefan, *The FIFA World Cup 1930 – 2010, Politics, Commerce, Spectacle and Identities*, Wallstein Verlag, Göttingen 2014.

Servillo Toni, Mereghetti Paolo, *Le conseguenze dell'attore*, Corriere della Sera, Milano 2013.

Simmel George, *The Sociology of George Simmel*. Free Press of Glencoe, London 1950.

Smith Mack Denis, *Modern Italy*, Yale UP, New Haven 1997.

Solani Massimo, Luti Francesco, *Non solo coppe. Berlusconi e il Milan.* Lìmina, Milano 2010.

Sorlin Pierre, *Cinema e identità europea. Percorsi del secondo novecento,* La Nuova Italia, Perugia 2001.

Spinazzola Vittorio, *Cinema e pubblico*, Bompiani, Milano 1985.

Susmel Edordo, Susmel Duilio, *Opera omnia di Bernito Mussolini*, La Fenice, Firenze 1956-1967.

T. Adorno, *The Culture Industry: Selected Essays On Mass Culture*, Routledge, London 1991

Taguieff Pierre-André, *Le nouveau national-populisme*, CNRS, Parigi 2012.

Taguieff Pierre-André, *Le retour du populisme, Un dèfi pour les dèmocraties européennes*, Universalis, Parigi 2004.

Tarchi Marco, *Italia Populista. Dal qualunquismo a Beppe Grillo.* Il Mulino, Kindle Edition, Bologna 2015.

Taylor Matthew, *The Association Game. A History of British Football*, Pearson Education, Edinburgh 2008.

Taylor Rogan, *Football and Its Fans*, Leicester University Press, Leicester 1992.

Tomlinson Alan and Whannel Garry (eds), *Off the Ball: The Football World Cup*, Pluto, London 1986.

Tönnies Ferdinand, *Comunità e società*, Laterza, Milano 2011.

Traini Giorgio, *Bar Sport Italia. Quando la politica va nel pallone*, Elèuthera, Milano 1994.

Tranter Neil, *Sport, Economy and Society in Britain 1750-1914*, Cambridge University Press, Cambridge 2009.

Tsoukala Anastassia, *Football Hooliganism in Europe: Security and Civil Liberties in the Balance*, Palgrave Macmillan, Basingstoke 2009.

Tullio-Altan Carlo, *Populismo e trasformismo: saggio sulle ideologie politiche italiane*, Feltrinelli, Milano 1989.

Urbinati Nadia, *Un termine abusato, un fenomeno controverso*, Introduzione a Jan-Werner Muller, *Cos'è il populismo?* Università Bocconi Editore, Milano 2016.

Valentini Paola, *La scena rubata. Il cinema italiano e lo spettacolo popolare (1924-1954)*, Vita e Pensiero, Milano 2002.

Vamplew Wray, *Pay up and Play the Game. Professional Sport in Britain*, Cambridge University Press, Cambridge 1988.

Vigni Franco, *La maschera, il potere, la solitudine. Il cinema di Paolo Sorrentino*, Aska Edizioni, Kindle Edition, Arezzo 2012.

Walvin James, *The People's Game: The History of Football Revisited*, Mainstream Publishing, Edinburgh 2000.

Weyland Kurt, *Clarifying a Contested Concept: Populism in the Study of Latin American Politics*, in

Williams Graham, *The Code War: English Football Under the Historical Spotlight*, Yore Publications, London 1994.

Zanatta Loris, *il populismo. Sul nucleo forte di un'ideologia debole*, in «Polis», XVI, 2 agosto 2022.

Fonti da stampa, blog, istituzioni:

«Comparative Politics», XXXIV, 1, ottobre 2001.

Anon. (2017), '*Sorrentino, il mio film su Berlusconi*', Ansa.it, 22 May, https://www.ansa.it/sito/notizie/cultura/cinema/2017/05/22/sorrentino-il-mio-film-su-berlusconi_70885924-abd9-4703-a365-e22152a4d3af.html (ultimo accesso 1 marzo 2022).

Ben-Porat , *Soccer and Society,* 10(6).

Berselli Edmondo, *Quando la politica diventa un format,* "la Repubblica", 18/9/2008.

Berti Luisa, *Renzi-blob: le 4 volte in cui disse che col No lasciava la politica,* www.agi.it, 5 dicembre 2016.

Boeri Tito, Nannicini Tommaso, *Come il voto ha cambiato i partiti,* in «lavoce.info», 12 marzo 2013 http://www.lavoce.info/archives/7671/voto-cambiament-partiti-m5s-beppe-grillo-pd-pdl-monti.

Canovan Margaret, *Il populismo come l'ombra della democrazia,* in «Europa Europe», II, 1993.

Carratta Chiara, "back to the vintage: l'allenatore nel pallone", *IcrewPlay,* 15/07/2021, https://cinema.icrewplay.com/lallenatore-nel-pallone-cult-calcistico/ (ultimo accesso 24/08/2021).

Codelli Lorenzo, in «Positif», n. 528, febbraio 2005.

D. Falconi, *Prime visioni,* in "Il Popolo d'Italia", 17 gennaio 1935.

Falconi Dino, *Prime Visioni,* in «Il Popolo d'Italia», 17 gennaio 1935.

Francesco Mininni, "magazine italiano tv".

Freccero Carlo, *La comunicazione politica? Renzi ormai è il passato, impari da Varoufakis,*"linkiesta.it",7/7/2015.

Indipendent on Sunday (Sezione 2), 22 novembre 1998.

Islington Gazette, 28 ottobre 1932.

Lerner Gad, Gaber Giorgio: *"Canto i talenti del '68, perdenti come me",* Corriere della sera, 6 aprile 2001.

Mussolini Benito, «Blocco fascista anticagoiesco delle "teste di ferro!"», *Il Popolo d'Italia,* 24 ottobre 1919.

Palmieri Francesco, "Sergio Martino, l'anti-Potëmkin di Quentin Tarantino", *Il Foglio,* 11/07/2021,https://www.ilfoglio.it/cultura/2021/07/11/news/sergio-martino-l-anti-pote-mkin-di-quentin-tarantino-2656582/ (ultimo accesso 24/08/2021).

Paolo Sorrentino: il cinema, il divertimento, l'ossessione, in «Cinecritica», n. 34/35, aprile-settembre 2004.

Renzi Matteo, *Il nuovo Ulivo fa sbadigliare è ora di rottamare i nostri dirigenti,* int. a "la Repubblica", 29/10/2010.

Renzi si veste da Fonzie per "Chi", www.gadlerner.it, 21 maggio .
Tulllio kezich, "Panorama", dicembre 1986.

Altri siti internet consultati:

https://www.youtube.com/
https://www.treccani.it/enciclopedia/
https://www.rsi.ch/play/tv/
https://www.repubblica.it

FILMOGRAFIA

2061: un anno eccezionale (2007), di Carlo Vanzina

A Clockwork Orange (1971, *Arancia Meccanica*), di Stanley Kubrick

A noi! (1923), di Umberto Paradisi

Accadde al penitenziario (1955), di Giorgio Simonelli

Al Bar dello sport (1983), di Francesco Massaro

Al di là delle frontiere (2004), di Maurizio Zaccardo

Amici Miei (1975), di Mario Monicelli

Amore Mio Aiutami (1969), di Alberto Sordi

Anni Difficili (1948), di Luigi Zampa

Appuntamento a Liverpool (1988), di Marco Tullio Giordana

Audace colpo dei soliti ignoti (1959), di Nanni Loy

Buona Giornata (2012), di Carlo Vanzina

C'eravamo tanto amati (1974), di Ettore Scola

Caccia al tesoro (2017), di Carlo Vanzina

Caro papà (1979), di Dino Risi

Cicciolina e Moana "Mondiali" (1990), di Jim Reynolds

Cinque a zero (1932), di Mario Bonnard

Colpo di Stato (1969), di Luciano Salce

Comizi d'amore (1964), di Pier Paolo Pasolini

Contessa di Parma (1938), di Alessandro Blasetti

Controsesso (1964), di Marco Ferreri

Cuore di mamma (1969), di Salvatore Samperi

Detenuto in attesa di giudizio (1971), di Nanni Loy

Discutiamo, discutiamo (1969), di Marco Bellocchio

Don Camillo (1952), di Julien Duvivier

Don Franco e Don Ciccio nell'anno della contestazione (1970), di Mario Girolami

E adesso sesso (2001), di Carlo Vanzina

Eccezzziunale... veramente (1982), di Carlo Vanzina

Eccezzziunale... veramente. Capitolo secondo... me (2006), di Carlo Vanzina

Febbre da Cavallo (1976), di Stefano Vanzina

Fermate il mondo, voglio scendere! (1970), di Giancarlo Cobelli
Fichissimi (1981), di Carlo Vanzina
Fico D'india (1980), di Stefano Vanzina
Franco e Ciccio sul sentiero di guerra (1970), di Aldo Grimaldi
Fratelli d'Italia (1989), di Neri Parenti
Gli eroi della domenica (1953), di Mario Camerini
Gli imbroglioni (1963), di Lucio Fulci
Grandi magazzini (1986), di Castellano e Pipolo
Ha fatto 13 (1951), di Carletto Manzoni
I compagni (1963), Mario Monicelli
I corpi presentano tracce di violenza carnale (1972), di Sergio Martino
I due colonnelli (1962), di Stefano Vanzina
I due marescialli (1961), di Sergio Corbucci
I fichissimi (1981), di Carlo Vanzina
I mitici. Colpo gobbo a Milano (1994), di Carlo Vanzina
I mostri (1963), di Dino Risi
I nuovi mostri (1977), di Dino Risi, Ettore Scola e Mario Monicelli
I Prepotenti (1958), di Mario Mattoli e Mario Amendola
I soliti ignoti (1958), di Mario Monicelli
Il brigadiere Pasquale Zagaria ama la mamma e la polizia (1973), di Mario Forges Davanzati
Il carro armato dell'8 settembre (1960), di Gianni Puccini
Il cielo in una stanza (1999), di Carlo Vanzina
Il commissario Logatto (1986), di Dino Risi
Il Divo (2008), di Paolo Sorrentino
Il federale (1961), di Luciano Salce
Il gaucho (1964), di Dino Risi
Il generale Della Rovere (1959), di Roberto Rossellini
Il giovedì (1963), di Dino Risi
Il Marito (1958), di Nanni Loy e Gianni Puccini
Il Mattatore (1959), di Dino Risi
Il nemico di mia moglie (1959), di Gianni Puccini e Gabriele Palmieri
Il presidente del Borgorosso Football Club (1970), di Luigi Filippo D'Amico

Il Profeta (1968), di Dino Risi

Il ras del quartiere (1983), di Carlo Vanzina

Il Sindacalista (1972), di Luciano Salce

Il sorpasso (1962), di Dino Risi

Il tifoso, l'arbitro e il calciatore (1983), di Francesco Pingitore

In Nome del Popolo Italiano (1971), di Dino Risi

Io non scappo… fuggo (1970), di Franco Prosperi

Io so che tu sai che io so (1982), di Alberto Sordi

Italiani! È severamente proibito servirsi delle toilette durante le fermate (1969), di Vittorio Sindoni

L'allenatore nel pallone (1984), di Sergio Martino

L'arbitro (1974), di Luigi Filippo D'Amico

L'audace colpo dei soliti ignoti (1960), di Nanni Loy

L'ingorgo (1978), di Luigi Comencini

L'ombrellone (1965), di Dino Risi

L'onorevole con l'amante sotto il letto (1981), di Mariano Laurenti

La Cina è vicina (1967), di Marco Bellocchio

La classe operaia va in paradiso (1971), di Elio Petri

La domenica della buona gente (1953), di Antonio Giulio Majano

La donna del fiume (1954), di Mario Soldati

La doppia vita di Veronique (1991), di Krzysztof Kieślowski

La famiglia (1987), di Ettore Scola

La grande guerra (1959), di Mario Monicelli

La marcia su Roma (1962), di Dino risi

La mazurka del barone, della santa e del fico fiorone (1975), di Pupi Avati

La Moglie del prete (1970), di Dino Risi

La moglie in bianco, l'amante al pepe (1981), di Michele Massimo Tarantini

La partita lenta (2009), di Paolo Sorrentino

La pecora nera (1968), di Luciano Salce

La Vita Agra (1964), di Carlo Lizzani

La Voglia Matta (1962), di Luciano Salce

Ladri di biciclette (1948), di Vittorio De Sica

Le due tigri (1941), di Giorgio Simonelli

Le vacanze intelligenti (1978), di Alberto Sordi

Loro (2018), di Paolo Sorrentino

Lui è peggio di me (1984), di Enrico Oldoini

Maciste all'inferno (1925), di Guido Brignone

Milano Miliardaria (1951), di Vittorio Metz e Marcello Marchesi

Montecarlo Gran Casinò (1987), di Carlo Vanzina

Mordi e Fuggi (1973), di Dino Risi

Napoletani a Milano (1953), di Eduardo De Filippo

Novecento (1976), di Bernardo Bertolucci

Occhio, malocchio, prezzemolo e finocchio (1983), di Sergio Martino

Paisà (1946), di Roberto Rossellini

Pane e Cioccolata (1974), di Franco Brusati

Pappa e ciccia (1983), di Neri Parenti

Parigi è sempre Parigi (1951), di Luciano Emmer

Paulo Roberto Cotechiño centravanti di sfondamento (1983), di Nando Cicero

Piccoli Equivoci (1989), di Ricky Tognazzi

Piedipiatti (1991), di Carlo Vanzina

Polvere di Stelle (1973), di Alberto Sordi

Poveri ma belli (1957), di Dino Risi

Quando c'era lui… caro lei! (1978), di Giancarlo Santi

Quel ragazzo della curva B (1987), di Romano Scandariato

Riuscirà l'avv. Franco Benenato a sconfiggere il suo acerrimo nemico, il pretore Ciccio De Ingras? (1971), di Mino Guerrini

Rocco e i suoi fratelli (1960), di Luchino Visconti

Roma città aperta (1945), di Roberto Rossellini

Romanzo Popolare (1974), di Mario Monicelli

S.P.Q.R. 2000 e ½ anni fa (1994), di Carlo Vanzina

Sapore di mare (1983), di Carlo Vanzina

Scuola di ladri (1986), di Neri Parenti

Se vincessi cento milioni (1954), di Carlo Campogalliani e Carlo Moscovini

Spaghetti a mezzanotte (1981), di Sergio Martino

Spogliamoci così, senza pudor…(1976), di Sergio Martino

Spring Breakers (2012), di Harmony Korine

Superfantozzi (1986), di Neri Parenti

Testa o Croce (1982), di Nanni Loy

The Wolf of Wall Street (2013), di Martin Scorsese
The Young Pope (2016), di Paolo Sorrentino
Tifosi (1999), di Neri Parenti
Treno popolare (1933), di Raffaello Matarazzo
Tutti a casa (1960), di Luigi Comencini
Uccellacci e uccellini (1964), di Pier Paolo Pasolini
Ultimo Minuto (1988), di Pupi Avati
Ultrà (1991), di Ricky Tognazzi
Un borghese piccolo piccolo (1977), di Mario Monicelli
Un giorno in pretura (1954), di Stefano Vanzina
Un'estate al mare (2008), di Carlo Vanzina
Una giornata particolare (1977), di Ettore Scola
Una vita difficile (1961), di Dino Risi
Vacanze in America (1984), di Carlo Vanzina
Vecchia Guardia (1934), di Alessandro Blasetti
Vieni Avanti Cretino (1982), di Luciano Salce
Youth – La giovinezza (2015), di Paolo Sorrentino

NOTE

Introduzione

[1] L. Zanatta, *Il populismo. Sul nucleo forte di un'ideologia debole*, in «Polis», XVI, 2, agosto 2002.

[2] N. Urbinati, *Un termine abusato, un fenomeno controverso*, Introduzione a Jan-Werner Müller, *Cos'è il populismo?* Università Bocconi Editore, Milano 2016, p. VII.

[3] G. Liguori, A. Smargiasse, *Ciak si gioca! Calcio e Tifo nel Cinema Italiano*, Baldini&Castoldi, Milano 2000, p. 10.

1. Le Origini Del Fenomeno Calcistico

[1] Cfr. A. Poyer, *"1854: aux origines de l'institutionnalisation de la gymnastique scolaire. Contexte et portée de l'arrêté Fortoul"*, Staps, s.l. 2006/1 (no 71), pp. 53-69.

[2] Cfr. J. Walvin, *The People's Game: The History of Football Revisited*, Mainstream Publishing, Edinburgh 2000.

[3] Cfr. M. Huggins, J. Tolson, *The railways and sport in Victorian Britain. A critical reassessment*, Journal of Transport History, s.l. 2001, vol.22, n.2, p.108; W. Vamplew, *Pay up and Play the Game. Professional Sportin Britain*, Cambridge University Press, Cambridge 1988, Part II: The development of professional gate-money sport, pp. 51-72.

[4] Cfr. R. Bassetti, *Storia e Storie dello sport in Italia. Dall'Unità a oggi*, Marsilio, Venezia 1999, p. 31.

[5] Cfr. P. Dietschy, S. Campolongo, *Storia del calcio*, PaginaUno, Milano 2016 p. 26-27.

[6] Cfr. A. Harvey, *Football: The First Hundred Years. The Untold Story*, Routledge, UK e US 2005, p. 134.

[7] Cfr. M. Taylor, *The Association Game. A History of British Football*, Pearson Education, Edinburg 2008, Cap.1, Associations, cups and players; A. Harvey, Football: *The First Hundred Years. The Untold Story*, cit., p. 171.

[8] Cfr. M. Fini, G. Padoan, Storia Reazionaria del calcio. *I cambiamenti della società vissuti attraverso il mondo del pallone*, Marsilio, Kindle Edition, Venezia 2019, pp. 141-142.

[9] Cfr. M. Taylor, *The Association Game. A History of British Football*, cit., Cap. 1, Spectators, money and professionalization; A. Harvey, *Football: The First Hundred Years. The Untold Story*, cit., p. 66; W. Vamplew, *Pay up and Play the Game. Professional Sportin Britain*, cit., p. 55.

[10] Cfr. P. Dietschy, S. Campolongo, Storia del calcio, cit., p. 53.

[11] Cfr. T. Mason, *Association Football and English Society 1863-1915*, Harvester Press, Brighton 1980, pp. 2-3; G. Williams, *The Code War: English Football Under the Historical Spotlight*, Yore Publications, London 1994, p. 50; W. Vamplew, *Pay up and Play the Game. Professional Sportin Britain*, cit., p. 53, 63.

[12] Cfr. N. Tranter, *Sport, Economy and Society in Britain 1750-1914*, Cambridge University Press, Cambridge 2009, p.26.

[13] Cfr. T. Mason, *Association Football and English Society 1863-1915*, cit., p.53.

[14] Cfr. J. Walvin, *The People's Game: The History of Football Revisited*, cit., pp.59-61.

[15] Cfr. D. Russell, *Football and the English: A Social History of Association Football, 1863-1995*,

Carnegie Publishing, Lancaster 1997, p.23.

[16] Cfr. T. Mason, *Association Football*, cit., pp.72-81.

[17] Cfr. N. Carter, *The Football Manager: A History (Sport in the Global Society)*, Routledge UK e US 2006, p. 19.

[18] Ivi, p. 41.

[19] *Ibidem*, p. 49.

[20] Cfr. M. Busby, *Soccer at the top: my life in football*, Sphere, London 1974, p. 135.

[21] B. Joy, *Forward Arsenal*, Phoenix House, London 1952, p. 85.

[22] Cfr. B. Joy, *Football Tactics*, Phoenix House, London 1962, p.50.

[23] Islington Gazette, 28 ottobre 1932, p. 6.

[24] Indipendent on Sunday (Sezione 2), 22 novembre 1998, p. 7.

[25] M. Carson, *The Manager. Inside the minds of football's leaders*, Bloomsbury, London 2014, p.150.

[26] Ivi, p.159.

[27] Cfr. J. Walvin, *The People's Game: The History of Football Revisited*, cit., cap.5; Tony Mason, 'Some Englishmen and Scotsmen Abroad: The Spread of World Football', in A. Tomlinson and G. Whannel (eds), *Off the Ball: The Football World Cup*, Pluto, London1986, pp. 67–82.

[28] Cfr. Tony Mason, *Association Football and English Society 1863-1915*, cit., p.138.

[29] Cfr. P. Dietschy, S. Campolongo, *Storia del calcio*, cit., pp.91-96.

[30] Cfr. Tony Mason, *Association Football and English Society 1863-1915*.cit., p.141, 207; M. Polley, '*The Foreign Office and International Sport, 1918–1948*', unpublished Ph.D. thesis, St David's University College, University of Wales, Cardiff 1991.

[31] Cfr. H. F. Moorhouse, 'Scotland against England: Football and Popular Culture', *International Journal of the History of Sport*, 4, 2 (Settembre 1987), pp. 189–202; R. A. Crampsey, *The Scottish Footballer*, William Blackwood & Sons Ltd, Edinburgh 1978, p. 32; H. F. Moorhouse, 'Blue Bonnets over the Border: Scotland and the Migration of Footballers', in J. Bale and J. Maguire (eds), *The Global Sports Arena: Athletic Talent Migration in an Interdependent World*, Frank Cass, London 1994, p. 93.

[32] Cfr. M. Johnes, *Soccer and Society in South Wales, 1900-1939: That Other Game*, University of Wales Press, Cardiff 2002, pp.173-177.

[33] Tony Mason, *Association Football and English Society 1863-1915*, cit., p.154.

[34] Cfr. N. Fishwick, *English Football and Society, 1910-1950*, Manchester University Press, Manchester 1989,p.145; T. Mason, *Association Football and English Society 1863-1915*, cit., p.253.

[35] Cfr. R. McKibbin, *Classes and Cultures: England 1918–1951*, Oxford University Press, Oxford 1998, p.340.

[36] Cfr. R. Bassetti, *Storia e Storie dello sport in Italia. Dall'Unità a oggi*, cit., p.62.

[37] Cfr. S. Martin, *Football and Fascism, The national game under Mussolini*, Berg, Oxford 2004, p.21.

[38] Cfr. A. Ghirelli, *Storia del Calcio in Italia*, Einaudi, Torino 1990, p. 93.

[39] Cfr. Kay Schiller, Stefan Rinke, *The FIFA World Cup 1930 – 2010, Politics, Commerce, Spectacle and Identities, Wallstein Verlag*, Göttingen 2014, Globalizing Football in Times of Crisis, The first World Cup in Uruguay in 1930.

[40] Cfr. P. Dietschy, S. Campolongo, *Storia del calcio*, cit., pp.150-153.

[41] Cfr. R. Bassetti, *Storia e storie dello sport in Italia, Dall'unità a oggi*, Marsilio, Venezia 1999, pp.97-102.

[42] Cfr. R. Bassetti, *Storia e storie dello sport in Italia, Dall'unità a oggi*, cit., pp.101-102.

43 Cfr. S. Martin, *Football and Fascism, The national game under Mussolini*, Berg, Oxford 2004, p.181.

44 Cfr. G. Fenu, *C'era una volta il calcio: Aneddoti, storie e personaggi di uno sport che fa sognare*, Absolutely Free editore, Kindle Edition, Roma 2017, cap.20.

45 Cfr. D. M. Smith, *Modern Italy*, Yale UP, New Haven 1997, p.195; S. Martin, *Football and Fascism*, cit., p.195.

46 Cfr. P. Dietschy, S. Campolongo, Storia del calcio, cit., pp.186-189.

47 R. Bassetti, *Storia e storie dello sport in Italia, Dall'unità a oggi*, cit., p.81.

48 Ivi, p.84.

49 Cfr. P. Dietschy, S. Campolongo, *Storia del Calcio*, cit., pp.202-206.

50 S. Martin, *Football And Fascism*, cit., p.211.

51 Cfr. A. Quiroga, *Football and National Identities in Spain*, Palgrave Macmillan, New York 2013, p.31.

52 Ivi, p.32.

53 *Ibidem*.

54 Cfr. P. Dietschy, S. Campolongo, *Storia del calcio*, cit., p.215.

55 Ivi, pp.332,333.

56 S. Martin, *Football and Fascism*, cit., pp.55,56.

57 Cfr. M. Taylor, *The Association Game. A History of British Football*, cit., Rich and poor: the structure and economics of football.

58 Cfr. M.Taylor, *The Association Game. A History of British Football*, cit., Cap.4. The golden age of British football? 1939-1961.

59 Cfr. M. Taylor, *The Association Game. A History of British Football*, cit., Cap.6, Football's revolution, 1985-2000.

60 Cfr. P. Dietschy, S. Campolongo, *Storia del Calcio*, cit., pp.379-382.

61 M. Taylor, *The Association Game. A History of British Football*, cit., Cap.5, Glory and decline, 1961-1985, pp.264-269.

62 Cfr. P. Dietschy, S. Campolongo, *Storia del Calcio*, cit., p. 381-382.

63 R. Bassetti, *Storia e Storie dello Sport*,cit.,pp.293-299.

64 Cfr. M. Taylor, *The Association Game. A History of British Football*, cit., Cap.6, Football's revolution, 1985—2000, The media and 'virtual' fandom.

65 M. Desbordes, *Marketing and Football. An International Perspective*, Elsevier, UK 2007, p.72.

66 Cfr. M. McLuhan, *Understanding Media*, McGraw-Hill, Canada 1964.

67 C. Sandvoss, *A Game Of Two Halves. Football, Television and Globalization*, Routledge, London-New York 2001, p.146.

68 Ivi, p.149.

69 Cfr. R. Taylor, *Football and Its Fans*, Leicester University Press, Leicester 1992; V. Duke, *The Sociology of Football: a Research Agenda for the 1990s'*, Sociology Review, 30 (3), p.627-645; A. Clarke, Figuring a Brighter future in E. Dunning and C. Rojek (eds), *Sport and Leisure in the Civilizing Process*, Mcmillan, London 1992.

70 Cfr. T. Adorno, *The Culture Industry: Selected Essays On Mass Culture*, Routledge, London 1991.

71 Cfr. S. Hall, The Treatment of Football Hooliganism in the Press, in R. Ingham (ed.), *Football Hooliganism: The Wider Context*, Inter-Action Inprint, London 1978.

72 Cfr. J. Fiske, *Understanding Popular Culture*, Unwin Hyman, London 1989; *Reading The Popular*, Unwin Hyman, London 1989; The Cultural Economy of Fandom, in L. Lewis (ed.) *The Adoring Audience*, Routledge, London 1992.

[73] T.F. Carter, *The Quality of Home Runs: The Passion, Politics and Language of Cuban Baseball*, Duke University Press, London 2008.

[74] Cfr. E. Durkheim, *The Elementary Forms of The Religious Life*, Oxford University Press, Oxford 1964.

[75] Cfr. G. Simmel, *The Sociology of George Simmel*. Free Press of Glencoe, London 1950.

[76] E. Hobsbawm, Introduction: inventing traditions, in E. Hobsbawm and T. Ranger (eds), *The Invention of Tradition*, Cambridge University Press, Cambridge 1983, pp.1-14.

[77] Cfr. A. Ben-Porat, *Soccer and Society*, 10(6): 883-896.

[78] Cfr. A. Tsoukala, *Football Hooliganism in Europe: Security and Civil Liberties in the Balance*, Palgrave Macmillan, Basingstoke 2009.

[79] Cfr. M. Doidge, R. Kossakowski and S. Mintert, *Ultras. The passion and performance of contemporary football fandom*, Manchester University Press, Manchester 2020, pp.181-191.

[80] S. Greco, *Faccetta Biancoceleste. Lazio, neofascismo e nascita del movimento ultras nell'Italia degli anni di piombo*, Ultra, Kindle Edition, Roma 2015, p.20.

[81] Ivi, p.188.

[82] Cfr. T. Jones, *Ultra. The Underworld of Italian Football*, Apollo Book, Kindle Edition, UK 2019, p.48.

[83] V. Curcio, *Il calcio secondo Pasolini*, Aliberti, Kindle Edition, Reggio Emilia 2018, p.9.

[84] Vedi sito per intervista completa: https://www.rsi.ch/play/tv/redirect/detail/10534820?startTime=1105.964059 (ultimo accesso 27/02/2022).

[85] Marc Augé, Football. Il calcio come fenomeno religioso, EDB, Bologna 2016, pp.6-43.

[86] Cfr. K. Lixey, L.C.C. Hübenthal, D. Mieth, and N. Müller, *Sport & Christianity. A Sign of the Times in the Light of Faith*, The Catholic University of America Press, Washington D.C., 2012.

2. Il Populismo

[1] M. Tarchi, *Italia populista. Dal qualunquismo a Beppe Grillo*, Il Mulino, Kindle Edition, Bologna 2015, Introduzione.

[2] M. Canovan, Populism, Junction, London 1981, p. 11.

[3] C. Delsol, La nature du populisme ou les figures de l'idiot, Ovadia, Nice 2008, pp. 7-8.

[4] P.A. Taguieff, Le nouveau national-populisme, CNRS, Paris 2012, p. 8.

[5] P.A. Taguieff, *Le nouveau national-populisme*, cit., pp. 7-8.

[6] A. Collovald, Le «populisme du FN», un dangereux contresens, Croquant, Bellecombes-en-Bauge 2004, p. 9.

[7] A. Mastropaolo, La mucca pazza della democrazia. La destra radical-populista e la politica italiana, in «Meridiana», 38-39, novembre 2000, pp. 62-63.

[8] Cfr. M. Canovan, Populism, cit., pp.4,13,58,294,295,296.

[9] Donald MacRae, *Populism as an Ideology*, in G. Ionescu, E. Gellner, *Populism: Its Meaning and National Characteristics*, Macmillan, London 1969, pp.164,168.

[10] Peter Wiles, *A Syndrome, nota Doctrine: Some Elementary Theses an Populism*, in Ionescu, Gellner, *Populism* cit., pp. 163-179.

[11] M. Lits, *Populaire et populisme: entre dénigrement et exaltation*, CNRS, Paris 2009, p. 10.

[12] L. Zanatta, *Il populismo. Sul nucleo forte di un'ideologia debole*, in «Polis», XVI, 2, agosto 2002, pp.263-264.

[13] Cfr. I. Berlin *et al.*, *To Define Populism*, in «Government and Opposition», III, 2, 1968, pp. 173-178.

[14] Cfr. F. Tönnies, *Gemeinschaft und Gesellschaft*, Fues, Leipzig 1887; trad. it. *Comunità e società*, Laterza, Milano 2011.

[15] Cfr. F. Chiapponi, *Il populismo come problematica della scienza politica*, Cormagi, Genova 2008, p. 171.

[16] Cfr. G. Germani, *Autoritarismo fascismo e classi sociali*, Il Mulino, Bologna 1975, p. 226; M. Canovan, *Populism*, cit., p. 6.

[17] Ivi, p. 265.

[18] Cfr. E. Laclau, *On the Populist Reason*, Verso Books, London 2005; trad. It. *La ragione populista*, Laterza, Roma-Bari 2008, pp. 5-13 e pp. 111-112.

[19] Ivi, pp. 19 e 168.

[20] Cfr. A. Knight, *Populism and Neopopulism in Latin America, Especially Mexico*, in «Journal of Latin American Studies», XXX, 2, maggio 1998, pp. 223-248.

[21] Cfr. K. Weyland, *Clarifying a Contested Concept: Populism in the Study of Latin American Politics*, in «Comparative Politics», XXXIV, 1, ottobre 2001, pp. 1-22.

[22] F. Freidenberg, *¿Qué es el populismo? Enfoques de estudio y nueva propuesta de definición*, in É. Dubesset e L. Majlátová (a cura di), *El populismo en Latinoamérica. Teorías, historia y valores*, Presses universitaires de Bordeaux, Bordeaux 2012, p. 23.

[23] Cfr. M. Canovan, *Il populismo come l'ombra della democrazia*, in «Europa Europe», II, 1993, pp. 45-46.

[24] Cfr. G. Hermet, *La trahison démocratique. Populistes, républicains et démocrates*, Flammarion, Paris 1998, pp. 119-122.

[25] L. Zanatta, *Il populismo. Sul nucleo forte di un'ideologia debole*, cit., p. 9.

[26] Ivi, p. 10.

[27] J.J. Linz, *Sistemi totalitari e regimi autoritari. Un'analisi storico-comparativa*, Rubbettino, Soveria Mannelli 2006, pp. 237-240.

[28] Cfr. Pierre Birnbaum, *Genèse du populisme. Le peuple etles gros*, Fayard-Pluriel, Paris 2012.

[29] Cfr. L. Zanatta, *Il populismo. Sul nucleo forte di un'ideologia debole*, cit., p. 35.

[30] Per approfondire: Mény e Surel, *Democracies and Populist Challenge*, Basingstoke, Palgrave 2002, p. 11; Y. Surel, *Populisme et démocratie*, in Taguieff, *Le retour du populisme, Un défi pour les démocraties européennes*, Universalis Paris 2004, pp. 97-98; F. Chiapponi, *Il populismo come problematica della scienza politica*, cit., pp. 8 e 75-81; L. Zanatta, *Il populismo. Sul nucleo forte di un'ideologia debole*, cit., p. 17.

[31] M. Tarchi, *Italia populista. Dal qualunquismo a Beppe Grillo*, cit. pp.89-90.

[32] Il populismo come spettro della democrazia. Una risposta a Margaret Canovan, in «Trasgressioni», XIX, 1, n. 38, gennaio-aprile 2004, pp. 25-36.

[33] Cfr. E. Barker, *Reflections on Government*, Oxford University Press, Oxford 1967.

[34] H.F. Pitkin, *The Concept of Representation*, University of California Press, Berkeley-Las Angeles-London 1967, p.106.

[35] Ivi, p.106,107.

[36] C. Lefort, *The Question of Democracy*, in Id., *Democracy and Political Theory*, University of Minnesota Press, Minneapolis 1988, p.17.

[37] Ivi, p.18.

[38] E. Laclau, *La ragione populista*, cit.

[39] C. Lefort, *The Question of Democracy*, cit., pp.19-20.

[40] E. Laclau, *La ragione populista*, cit., p.161.

[41] C. Tullio-Altan, *Populismo e trasformismo: saggio sulle ideologie politiche italiane*, Feltrinelli, Milano 1989, p.49.

[42] F. Finchelstein, A. Pauls (tradotto da) *Del fascismo al populismo en la historia*, Penguin Random House, New York 2019, p.55.

[43] Véase Benito Mussolini, «Blocco fascista anticagoiesco delle "teste di ferro!"», *Il Popolo d'Italia*, 24 ottobre 1919.

[44] E. Susmel, D. Susmel, *Opera omnia di Bernito Mussolini*, La Fenice, Firenze 1956, vol. 21.

[45] A. Gramsci, *Socialismo e fascismo: L'ordine nuovo 1921-1922*, Einaudi, Torino 1978, p.55.

[46] E. Susmel, D. Susmel, *Opera omnia di Bernito Mussolini*, La Fenice, Firenze 1967, vol. 34, pp.119-121.

[47] Cfr. E. Gentile, *Il culto del littorio*, Laterza, Roma 1993; G. L. Mosse, M. A. Ledeen (A cura di), *Intervista sul nazismo*, Laterza, Roma 1977).

[48] B. Biancini, *Dizionario Mussoliniano Mille Affermazioni e Definizioni Del Duce*, Hoepli, Milano 1939, pp.45,88.

[49] E. Susmel, D. Susmel, *Opera omnia di Bernito Mussolini*, La Fenice, Firenze 1967, vol. 34, pp.119-121.

[50] N. Matteucci, *Dal populismo al compromesso storico*, Edizioni della Voce, Roma 1976, p.5.

[51] M. Melanco, Mario Bernardo *"Radiosa Aurora" e l'" immagine filmata": dal neorealismo agli effetti speciali cinematografici*, in «Protagonisti», 120, Giugno 2021, p.82.

[52] *Ibidem.*

[53] M. Bernardo, *Girare con Pasolini*, Sedizioni, Mergozzo-Viddalba 2016, pp.102-103.

[54] P. Sorlin, *Cinema e identità europea. Percorsi del secondo novecento*, La Nuova Italia, Perugia 2001, p. 91.

[55] Cfr. P. Valentini, *La scena rubata. Il cinema italiano e lo spettacolo popolare (1924-1954)*, Vita e Pensiero, Milano 2002.

[56] S. Hall "Notes on Deconstructing the Popular", in R. Samuel, *People's History and Social Theory*, Routledge, Boston, p.239.

[57] P. Valentini, *La scena rubata. Il cinema italiano e lo spettacolo popolare (1924-1954)*, cit., p. 96.

[58] S. Brancato, *La forma fluida del mondo. Sociologia delle narrazioni audiovisive tra film e telefilm*, Ipermedium Libri, Aversa 2013, pp. 42,67, 619.

[59] L. Bayman , S. Rigoletto (a cura di), *Popular Italian Cinema*, Palgrave Macmillan UK, Kindle Edition, London 2013, p.35.

[60] V. Spinazzola, *Cinema e pubblico*, Bompiani, Milano 1985, p. 345.

[61] G.P. Brunetta, Il cinema legge la società italiana, in F. Barbagallo (a cura di), *Storia dell'Italia Repubblicana, La trasformazione dell'Italia. Sviluppi e squilibri, vol. 2*, Einaudi, Torino 1995, pp. 781- 844.

[62] L. Bayman, S. Rigoletto, *Popular Italian Cinema*, cit. p.41.

[63] Ivi, p.43.

[64] Ivi, p.45.

[65] G.P. Brunetta, *Cent'anni di cinema italiano*, Laterza Editori, Roma-Bari 1995, p.170.

[66] A. Gramsci, V. Gerratana (a cura di), *Quaderni del carcere*, Einaudi editore, Torino 1975, Quaderno 6 (VIII), § 134.

[67] A. Aprà (a cura di), *Materiali sul cinema italiano degli anni '50, vol. 2*, (Pesaro: Mostra internazionale del nuovo cinema) [per il dibattito su L'Unità dal novembre 1955 all'aprile 1956], pp. 207-211.

[68] E. Giacovelli, *C'era una volta la commedia all'italiana. La storia, i luoghi, gli autori, gli attori, i film*, Gremese, Roma 1995, p. 21.

[69] G. P. Brunetta, *Cent'anni di cinema italiano*, cit., p.178.

[70] Ivi, p.179.

[71] Ivi, p.181.

[72] G. Manzoli, 2006, 170, my italics.

[73] A. Nove, "Il paradiso da comprare", in G. Croce (ed.), *tutto il meglio di Carosello (1957-1977)*, Einaudi, Torino 2008, cap. XVIII.

[74] Cfr. S. Romano, *Morire di Democrazia. Tra derive autoritarie e populismo*, Longanesi, Milano 2013.

[75] William Brierley, Luca Giacometti, Italian National Identity and the Failure of Regionalims, in B. Jenkins, S. A. Sofos (a cura di), *Nation and Identity in Contemporary Europe*, Routledge, London-New York 1996, pp. 172-197.

[76] Cfr. M. Solani, F. Luti, *Non solo coppe. Berlusconi e il Milan*. Lìmina, Milano 2010.

[77] Citato da G. Gaber in G. Lerner, Gaber: *"Canto i talenti del '68, perdenti come me"*, Corriere della sera, 6 aprile 2001.

[78] M. Tarchi, *Italia populista. Dal qualunquismo a Beppe Grillo*, cit., p.338.

[79] A. Amadori, *Mi Consenta, metafore, messaggi e simboli come Silvio Berlusconi ha conquistato il consenso degli italiani*, Scheiwiller, Milano 2002, Il potere della televisione come fattore di successo, p.86.

[80] M. Tarchi, *Italia populista. Dal qualunquismo a Beppe Brillo*, cit., p.341.

[81] Cfr. M. Prospero, *Il comico della politica, Nichilismo e Aziendalismo nella comunicazione di Silvio Berlusconi*, Ediesse, Roma 2010, Cap.1.

[82] S. Berlusconi, *L'Italia che ho in mente*, Milano, Mondadori, 2000, pp.26,27.

[83] M. Prospero, *Il comico della politica, Nichilismo e Aziendalismo nella comunicazione di Silvio Berlusconi*, cit., p.124.

[84] Per capire meglio il fenomeno vedi: Cfr. L. Mingioni, *Una storia italiana. La comunicazione politica di Forza Italia e del suo leader Silvio Berlusconi*, Civitavecchia, Prospettiva, 2007, pp. 6, 12, 26, 36, 94-137.

[85] M. Prospero, *Il comico della politica, Nichilismo e Aziendalismo nella comunicazione di Silvio Berlusconi*, cit., p.124.

[86] Ivi, p.50.

[87] Ivi, p.107.

[88] Cfr. Ivi, p.207.

[89] A riprova di alcune tra le tante dichiarazioni vittimiste fatte da Berlusconi nel corso degli anni, vedi I. Montanelli, *Ve lo avevo detto, Berlusconi visto da chi lo conosceva bene*, Rizzoli, Milano 2011, La guerra dei martiri.

[90] U. Eco, *A passo di gambero. Guerre calde e populismo mediatico*, La nave di Teseo, Milano 2016, cap. Demonizzare Berlusconi?

[91] *Ibidem*.

[92] A. Amadori, *Mi Consenta, metafore, messaggi e simboli come Silvio Berlusconi ha conquistato il consenso degli italiani*, cit., p. 146.

[93] M. Damilano, *La Repubblica del selfie: Dalla Meglio Gioventù a Matteo Renzi*, Rizzoli, Milano 2015, p.153.

[94] D. Fo, G. Casaleggio e B. Grillo, *Il Grillo canta sempre al tramonto*, Chiarelettere, Milano 2013, pp.191,192.

[95] M. Revelli, *Dentro e contro. Quando il populismo è di governo*, Laterza Editori, Bari 2015, p.17.

[96] T. Boeri, T. Nannicini, *Come il voto ha cambiato i partiti*, in «lavoce.info», 12 marzo 2013, http://www.lavoce.info/archives/7671/voto-cambiament-partiti-m5s-beppe-grillo-pd-pdl-monti.

[97] F. Chiapponi, *Democrazia, populismo, leadership: il Movimento 5 Stelle*, Epoké, Novi Ligure 2017, p.115.

[98] Per approfondire vedi G. Orsina, *Il berlusconismo nella storia d'Italia*, Marsilio, Venezia 2013.

[99] Cfr. M. Tarchi, *Italia populista. Dal qualunquismo a Beppe Brillo*, cit., p.451.

[100] G. Diamanti, L. Pregliasco, *Fenomeno Salvini. Chi è, come comunica, perché lo votano*, Castelvecchi, Kindle Edition, Roma 2019, p.141.

[101] M. Lenzi, *Il caso Mattei (Salvini e Renzi)*, Aliberti, Reggio Emilia 2019, p.23.

[102] G. Diamanti, Lorenzo Pregliasco (a cura di), *Fenomeno Salvini, chi è, come comunica, perché lo votano*, cit., p.36.

[103] Ivi, p.19.

[104] G. Crapis, *Matteo Renzi, dal pop al flop*, Mimesis Edizioni, Milano 2019, p.5.

[105] Ivi, p.9.

[106] M. Renzi, *Il nuovo Ulivo fa sbadigliare è ora di rottamare i nostri dirigenti*, int. a "la Repubblica", 29/10/2010.

[107] E. Berselli, *Quando la politica diventa un format*, "la Repubblica", 18/9/2008.

[108] Cfr. L. Jospin, *Le mal napoléonien*, Seuil, Parigi 2014.

[109] Cfr. M. Renzi, *Fuori!*, Rizzoli, Milano 2011.

[110] Cfr. G. Orsina, *Il berlusconismo nella storia d'Italia*, cit.

[111] *Renzi si veste da Fonzie per "Chi"*, www.gadlerner.it, 21 maggio 2013.

[112] C. Freccero, *La comunicazione politica? Renzi ormai è il passato, impari da Varoufakis*, "linkiesta.it",7/7/2015.

[113] Cfr. F. Bordignon, *Il partito del capo. Da Berlusconi a Renzi*, Apogeo Education, Rimini 2013.

[114] L. Berti, *Renzi-blob: le 4 volte in cui disse che col No lasciava la politica*, www.agi.it, 5 dicembre 2016.

[115] M. Salvati, *L'inutile salotto. L'abitazione piccolo-borghese nell'Italia fascista*, Bollati Boringhieri, Torino 1993.

[116] Cfr. P. Cannistraro, *La fabbrica del consenso. Fascismo e mass media*, Laterza, Roma-Bari 1975, p. 28.

[117] Cfr. E. Gentile, *Fascismo. Storia e interpretazione*, Laterza, Roma-Bari 2008; Cfr. S. Lupo, *Il fascismo. La politica in un regime totalitario*, Feltrinelli, Milano 2013.

[118] Cfr. D. Falconi, *Prime visioni*, in "Il Popolo d'Italia", 17 gennaio 1935.

[119] Cfr. G. Maione, *Il biennio rosso. Autonomia e spontaneità operaia nel 1919-1920*, il Mulino, Bologna 1975.

[120] D. Lotti, *Muscoli e frac. Il divismo maschile nel cinema muto italiano*, Rubbettino Editore, Soveria Mannelli 2016, pp.213-214.

[121] Cfr. G. Lichtner, *Fascism in Italian cinema since 1945. The Politics and Aesthetics of Memory*, Palgrave Macmillan, New Zealand 2013, p.49.

[122] Cfr. G. P. Brunetta, *Il Cinema Neorealista Italiano*, Laterza, Bari 2009, pp.35-50.

[123] Cfr. G. Lichtner, *Fascism in Italian cinema since 1945. The Politics and Aesthetics of Memory*, cit., p. 78.

[124] Cfr. L. Miccichè, *Cinema italiano. Gli anni 60' e oltre*, Marsilio, Venezia 1995, pp. 47,48.

[125] Cfr. G. Lichtner, *Fascism in Italian cinema since 1945. The Politics and Aesthetics of Memory*, cit., p. 91.

[126] Cfr. G.P. Brunetta, *Cent'anni di cinema italiano*, cit., pp.144,145.

[127] Ivi, p.145.

[128] Cfr. A. Ferrero, 'Il Federale', Cinema Nuovo, 155, gennaio/febbraio 1962, citato in R. Poppi e M. Pecorari, *Dizionario del Cinema Italiano: I film. Vol.3.\1: Tutti i film italiani dal 1960 al 1969. A-L.*, Gremese Editore, Roma 2007, p.247.

[129] Cfr. G.Lichtner, *Fascism in Italian cinema since 1945. The Politics and Aesthetics of Memory*, cit., p. 115.

[130] G.P. Brunetta, *Cent'anni di cinema italiano*, cit., pp.322-323.

[131] G. De Luna, *Cinema Italia. I film che hanno fatto gli Italiani*, UTET, Kindle Edition, Milano 2021, p.172.

[132] G. Rondolino, *È esistito un cinema fascista?* , in «Il presente e la storia», n. 41, 1992, p. 66.

[133] Cfr. E. Bispuri, *Ettore Scola, un umanista nel cinema italiano*. Bulzoni, Milano 2006, p.67.

[134] Cfr. G. De Luna, *Cinema Italia. I film che hanno fatto gli Italiani*, cit., p.200.

[135] Cfr. V. Vita, "Revisionista il film di Petri", 14 ottobre 1971, citato in S. Della Casa, P. Manera (a cura di), *Sbatti Bellocchio in sesta pagina: il cinema nei giornali della sinistra extraparlamentare 1968-76*, Donzelli Editore, Roma 2012, p. 182.

[136] Cfr. G. Lerner, *Operai. Viaggio all'interno della Fiat. La vita, le case, le fabbriche di una classe che non c'è più*, Feltrinelli, Milano 2010; Cfr. G. Polo, M. Revelli, I tamburi di Mirafiori, Cric Editore, Torino 1989.

[137] E. Giacovelli *C'era una volta la commedia all'italiana. La storia, i luoghi, gli autori, gli autori, i film*. Gremese Editore, Roma 2015, p.80.

[138] Ivi, p.141.

[139] E. Giacovelli, *C'era una volta la commedia all'italiana. La storia, i luoghi, gli autori, gli autori, i film*, cit., p.180.

[140] Cfr. M. Grande, O. Caldiron (a cura di), *La commedia all'italiana*, Bulzoni Editore, Roma 2003, p.246.

[141] M. Grande, O. Caldiron (a cura di), *La commedia all'italiana*, cit., p.247.

3. L'analisi dei Film "Calcistici"

[1] G. Liguori, A. Smargiasse, *Ciak si gioca! Calcio e Tifo nel Cinema Italiano*, cit., p.13.

[2] Cfr. G. P. Brunetta, *Il cinema italiano contemporaneo: da La dolce vita a Centochiodi*, Laterza, Roma-Bari 2007, pp.128, 132, 137, 360.

[3] 2008, 92.

[4] Cfr. M. Sinibaldi, "Introduzione", in Steve Della Casa, Paolo Manera (a cura di), *Sbatti Bellocchio in sesta pagina*, cit., pp. X-XI.

[5] G. Liguori, A. Smargiasse, *Ciak si gioca! Calcio e Tifo nel Cinema Italiano*, cit., p.8.

[6] *Ibidem.*

[7] Ivi, p.10.

[8] G. Liguori, A. Smargiasse, *Ciak si gioca! Calcio e Tifo nel Cinema Italiano*, cit., p.13.

[9] Cfr. P. Dietschy, S. Campolongo (traduzione di), *Storia del calcio*, PaginaUno, Roma 2016, pp. 386-404.

[10] Ivi, p. 393-394.

[11] Per approfondire il fenomeno della violenza negli stadi: M. Taylor, *The Association Game. A History of British Football*, cit., Cap.6; R. Bassetti, *Storia e storie dello sport in Italia, Dall'unità a oggi*, cit., pp.284-288.

[12] Cfr. P. Dietschy, S. Campolongo, *Storia del calcio*, cit., p.397; M. Taylor, *The Association Game. A History of British Football*, cit., Cap.4, Football's boom and beyond.

[13] Per approfondire il fenomeno degli Hooligans: P. Dietschy, S. Campolongo, *Storia del calcio*, cit., p.398; M. Taylor, *The Association Game. A History of British Football*, cit., Cap.6.

[14] Cfr. L. Dematteo, *"La critica del populismo calcistico nella commedia all'italiana Il presidente del Borgorosso Football Club"*, in [Cinema e storia: rivista annuale di studi interdisciplinari: VIII, 2019] [Soveria Mannelli: Rubbettino, 2019.], p.128.

[15] Cfr. L. Dematteo, *"L'idiota in politica"*, Feltrinelli, Milano 2011, Cap.4., "Il domino dei bistrattati".

[16] L. Dematteo, *"L'idiota in politica*, cit, Cap. 4., La Caccia Al «Bingo Bongo». "Dalle gradinate dello stadio alle poltrone del consiglio comunale".

[17] Ivi, Cap.4. "Il domino dei bistrattati" .

[18] Cfr. G. Liguori, A. Smargiasse, *Ciak si gioca! Calcio e Tifo nel Cinema Italiano*, cit., p.122.

[19] E. Giacovelli *C'era una volta la commedia all'italiana. La storia, i luoghi, gli autori, gli autori, i film*, cit., p.297.

[20] Ivi, p.296.

[21] *Ibidem.*

[22] Cfr. G. Le Bon, *Psicologia delle folle*, Edizioni TEA, Milano 2004.

[23] Ivi, p.143,144.

[24] Cfr. L. Dematteo, La critica del populismo calcistico nella commedia all'italiana Il presidente del Borgorosso Football Club", cit., La riapparizione comica del fantasma del Duce.

[25] Si veda il documentario della BBC Fascism and Football, 2003: https://www.youtube.com/watch?v=oS0yeCONIaM.

[26] Cfr. L. Dematteo, La critica del populismo calcistico nella commedia all'italiana Il presidente del Borgorosso Football Club", cit., Bagnacavallo.

[27] Intervista al regista Luigi Filippo D'Amico tratta da Bagnacavallo, un paese nel cinema, a cura di Gianfranco Casadio, Edizioni del Bradipo, 1994.

[28] *Ibidem.*

[29] L. Dematteo, La critica del populismo calcistico nella commedia all'italiana Il presidente del Borgorosso Football Club", cit., Alberto Sordi, il «mammone» trapiantato in Romagna.

[30] Cfr. P. Dietschy, S. Campolongo, *Storia del calcio*, cit., pp.178-188.

[31] Cfr. Simon Martin, *Football and Fascism, The national game under Mussolini*, Berg, Oxford 2004, Cap.3.

[32] G. P. Brunetta, *"Il cinema italiano contemporaneo: da La dolce vita a Centochiodi"*, Laterza, Roma-Bari 2007, p. 427.

[33] Ivi, p.428.

[34] A. Baldi, *Le molte vite di Lino Banfi*, Edizioni Sabinae, Roma 2021, p.57.

[35] Francesco Mininni, "magazine italiano tv".

[36] Tulllio kezich, "Panorama", dicembre 1986.

[37] L. Banfi, M. Ercole (a cura di), *Siamo tutti allenatori nel pallone*, cit, p.21-29.

[38] Ivi, p.30.

[39] Francesco Palmieri, "Sergio Martino, l'anti-Potëmkin di Quentin Tarantino", *Il Foglio*, 11/07/2021, https://www.ilfoglio.it/cultura/2021/07/11/news/sergio-martino-l-anti-pote-mkin-di-quentin-tarantino-2656582/.

[40] Chiara Carratta, "back to the vintage: l'allenatore nel pallone", *IcrewPlay*, 15/07/2021, https://cinema.icrewplay.com/lallenatore-nel-pallone-cult-calcistico/.

[41] L. Banfi, M. Ercole, *Siamo tutti allenatori nel pallone*, cit., p.49.

[42] G. Liguori, A. Smargiasse, *Ciak si gioca! Calcio e Tifo nel Cinema Italiano*, cit., p.187.

[43] Video di riferimento: https://www.youtube.com/watch?v=RalKtVwScOM.

[44] R. Moccagatta, *Carlo & Enrico Vanzina. Artigiani del cinema popolare*, Edizioni Bietti, Milano 2017, p.30.

[45] Ivi, p.36.

[46] Ivi, p.38.

[47] R. Moccagatta, *Carlo & Enrico Vanzina. Artigiani del cinema popolare*, cit., p.39.

[48] Ivi, p.258.

[49] *Ibidem.*

[50] Ivi, p.259.

[51] Ivi, p.195.

[52] R. Moccagatta, *Carlo & Enrico Vanzina. Artigiani del cinema popolare*, cit., p.262.

[53] C. Wagstaff, 'Cinema', in D. Forgacs and R. Lumley (eds), *Italian Cultural Studies: an Introduction*, Oxford University Press, Oxford 1996, p.223.

[54] Cfr. G. Liguori, A. Smargiasse, *Ciak si gioca! Calcio e Tifo nel Cinema Italiano*, cit., p.101.

[55] Cfr. R.J.A. Kilbourn, *The cinema of Paolo Sorrentino: commitment to style*, Wallflower, Kindle Edition, New York 2020, p.38.

[56] F. Vigni, *La maschera, il potere, la solitudine. Il cinema di Paolo Sorrentino*, Aska Edizioni, Kindle Edition, Arezzo 2012, p.8.

[57] *Ibidem.*

[58] N. Giuliano, Conversazione con Francesca Cima e Nicola Giuliano, intervista a cura di D.Monetti e L. Pallanch, in *Divi & antidivi. Il cinema di Paolo Sorrentino*, Laboratorio Gutenberg, Roma 2010, p. 162.

[59] N. Giuliano, Conversazione con Francesca Cima e Nicola Giuliano, intervista a cura di D.Monetti e L. Pallanch, in *Divi & antidivi. Il cinema di Paolo Sorrentino*, Laboratorio Gutenberg, Roma 2010, p. 162.

[60] P. Sorrentino, dichiarazioni estratte dalle seguenti interviste e scritti: *Entretien avec Paolo Sorrentino*, intervista a cura di Lorenzo Codelli, in «Positif», n. 528, febbraio 2005; *Paolo Sorrentino: il cinema, il divertimento, l'ossessione*, in «Cinecritica», n. 34/35, aprile-settembre 2004; P. Sorrentino, I figli di Frida, in Lia Furxhi (a cura di), *L'uomo in più di Paolo Sorrentino*, Aiace FAICinema/2, Torino 2003, p. 10.

[61] N. Giuliano, Conversazione con Francesca Cima e Nicola Giuliano, intervista a cura di D.Monetti e L. Pallanch, in *Divi & antidivi. Il cinema di Paolo Sorrentino*, cit., p.162.

[62] F. Vigni, *La maschera, il potere, la solitudine. Il cinema di Paolo Sorrentino*, cit., p.34.

[63] P. Sorrentino, I figli di Frida, in Lia Furxhi (a cura di), *L'uomo in più di Paolo Sorrentino*, cit., pp.8,9.

[64] Cfr. F. Vigni, *La maschera, il potere, la solitudine. Il cinema di Paolo Sorrentino*, cit., p.40.

⁶⁵ T. Servillo, P. Mereghetti, *Le conseguenze dell'attore*, Corriere della Sera, Milano 2013, p.11.
⁶⁶ F. Vigni, *La maschera, il potere, la solitudine. Il cinema di Paolo Sorrentino*, cit., p.47.
⁶⁷ Ivi, p.49.
⁶⁸ Cfr. R.J.A. Kilbourn, *The cinema of Paolo Sorrentino: commitment to style*, cit., p.42.
⁶⁹ T. Servillo, P. Mereghetti, *Le conseguenze dell'attore*, cit., p.11.
⁷⁰ Cfr. R.J.A. Kilbourn, *The cinema of Paolo Sorrentino: commitment to style*, cit., p.152.
⁷¹ Anon. (2017), 'Sorrentino, il mio film su Berlusconi', Ansa.it, 22 May,https://www.ansa.it/sito/notizie/cultura/cinema/2017/05/22/sorrentino-il-mio-film-su-berlusconi_70885924-abd9-4703-a365-e22152a4d3af.html. (ultimo accesso 1° marzo 2022).
⁷² Cfr. G. Parotto, *Sacra officina: La simbolica religiosa di Silvio Berlusconi*, Franco Angeli, Milano 2007, pp.33-40.

9 798841 208563